普通高等教育 “十三五”师范类应用型人才培养实训规划丛书
培养模式创新实验教材

总主编 王卓华
副总主编 蒋丽萍 唐世纲 崔海波 赖兴珲

教育信息技术应用实训教程

主 编 陈佐瓒 蒋炎华
副主编 翁国秀
编 者 罗邓华 谭 曲 严 树
谢紫娟 杨柳青 陈艳芳

西南交通大学出版社
·成都·

图书在版编目（CIP）数据

教育信息技术应用实训教程 / 陈佐瓒，蒋炎华主编.
—成都：西南交通大学出版社，2015.8
普通高等教育“十三五”师范类应用型人才培养实
训规划丛书　培养模式创新实验教材
ISBN 978-7-5643-4236-4

Ⅰ.①教… Ⅱ.①陈… ②蒋… Ⅲ.①信息技术－应
用－高等教育－高等学校－教材 Ⅳ.①G649.2-39

中国版本图书馆 CIP 数据核字（2015）第 199156 号

普通高等教育“十三五”师范类应用型人才培养实训规划丛书
培养模式创新实验教材

教育信息技术应用实训教程

主编　陈佐瓒　蒋炎华

责任编辑　黄淑文
封面设计　米迦设计工作室

出版发行　西南交通大学出版社
（四川省成都市金牛区交大路 146 号）
发行部电话　028-87600564　028-87600533
邮政编码　610031
网　　址　http://www.xnjdcbs.com

印　　刷　四川森林印务有限责任公司
成品尺寸　185 mm × 260 mm
印　　张　12
字　　数　295 千
版　　次　2015 年 8 月第 1 版
印　　次　2015 年 8 月第 1 次
书　　号　ISBN 978-7-5643-4236-4
定　　价　30.00 元

课件咨询电话：028-87600533
图书如有印装质量问题　本社负责退换

丛书编委会

总 序

教育是人类社会发展的重要基础，学校教育出现之后，这种重要的基础性作用就体现得更为明确和显著。教育通过培养人才、传播知识等方式作用于人类社会，进而对人类知识传承、保障社会和个体持续向前发展作出贡献。

“教育大计，教师为本。”教师是开展教育教学活动的主体力量。作为教育教学活动的承载者、实施者和主导者，教师在教学理念的确立、教学内容的组织和转化、教学方法的选择、教学手段的运用以及教学组织形式的把握等方面发挥着至关重要的作用。因此，高质量的教育离不开高水平的教师，教师的教育智慧和专业素养是教育质量的根本保障。

教学能力是教师专业能力的重要构成。尽管教师的专业能力包括多方面的内容，但从基本的方面来看，主要有教学能力和科研能力。与科研能力相比，教学能力是教师更为基本也更为重要的一种能力，特别是对于中小学教师而言，这种情况更是如此。作为一名现代教师，其不仅要有高尚的师德、深厚的学科专业知识，还要有精湛的教学技能。良好的教学技能不仅是教师走向成功的基本尺度之一，也是其提高教学质量、获致身份认同的重要条件。

师范生是未来的教师，其教学技能的出色与否在某种程度上决定着其任教学生的知识获取、素质提升和人格养成。因此，为了全面提高师范生的教学技能，玉林师范学院结合地方教育实际和学校教师培养实际，组织相关力量编写了这套师范生教学技能实训教材。总体来看，这套教材具有以下几个突出特点：

一是应用性。这套教材没有过多地聚焦于相关教师教育理论的阐发，而是将关注的重心放在师范生教学技能的“实训”上，即通过可操作的“实训”，切实提高师范生的教学技能。

二是地方性。不同地方、不同学校培养教师的理念和模式各不相同。基于地方基础教育和我校培养教师的实际情况，我们编写了这套师范生教学技能实训教材，其具有鲜明的地方色彩。

三是时代性。不同的时代对教师培养的关注点是不同的。在现时代，社会和国家对教师的要求日益提高。作为现代教师，其不仅要有高尚的师德、深厚的学科专业知识，还要有精湛的教学技能。我们正是基于现时代的教师教育精神，组织力量编写了与之相应的实训教材。

四是师范性。这套教材的主要对象是在校的师范生，其基本目的是为了全面提高师范生的教学技能。因此，其师范性的特点是不言而喻的。

编写这套实训教材，我们参考、借鉴了大量的相关研究成果。在此，对这些研究成果的作者表示真诚的感谢。同时，我们深知，尽管我们作了最大的努力，但这套教材仍然还存在这样或那样的不足和缺陷，敬请各位专家、读者批评指正。

丛书编委会

二〇一五年七月

前　言

随着现代教育信息化的不断发展，计算机、网络等硬件配套设施在中小学越来越普及，教育环境和手段也因此发生了潜移默化的转变，这些转变要求现代教师必须具备足够的教育技术应用能力。现代教育技术的灵活运用能够促使教师教学手段多元化，带给学生不同的视听感受，提高教学效果，从而更好地培养学生的学习兴趣和学习意识。然而目前很多教师对教育技术只有浅显的认知，上课教学手段单一，或者只是用 PPT 演示些简单的文字和图片内容，并不能充分地将教育技术与教学工作相结合。

因此，为了提高教师对教育技术的认知，我们编写了本书，期望本书能切实提高广大教师应用教育技术的能力与水平。本教材的特点如下：

1. 以实例带动理论学习

教育技术涉及的面相当广，大部分非计算机专业的教师制作多媒体课件时都感觉心有余而力不足，面对五花八门的软件使用方法毫无头绪，实际上制作好的课件并不需要全面系统的专业知识，因此本书抛弃了长篇大论的理论知识，以经典实用的例子为出发点，详细讲解如何使用各种软件来达到自己想要的教学设计效果。选出的实例追求实现“学习者一见就能上手，一上手就不想丢”的目标，让学习者制作课件比原来用纸笔备课还要快捷省事。

2. 与教师实际教学需要相结合

全书结合教师在实际教学中的需求来设计安排，除了基本的多媒体课件制作教学，还安排了 FLASH、音频/视频剪辑处理、教学平台使用等与多媒体紧密相关的学习内容，这些学习教材不仅能满足大部分课程设计与使用需要，同时符合认知规律，适合教师和学生学习。

3. 内容编排实用与新颖兼具

本书的内容都是经过精心选择和合理组织的，主要体现在以下几个方面：① 更多关注与现代科学技术有关的课题，比如网络教学平台的应用、360 云盘的使用，等等；② 充分结合当前的热门教育技术和课题，比如 flash、音频/视频剪辑、微课程制作，等等；③ 吸收科学和系统思维方法，使本书内容更有时代特色，更科学化、系统化。

4. 注重互动性的学习活动

采用“教学目标——教学重点——实例讲解——评价反思——学习资源”的编排结构，引导学习者系统、深入地学习和参与，以体验和思考的方式完成整个学习过程。在部分实例中还安排了思维拓展延伸的内容，以此方式开拓学习者思维模式。

以计算机多媒体技术和网络技术为核心的现代教育技术，是时代发展的必然趋势，希望读者通过学习本书，可以更好地掌握和运用现代教育技术，使自己的教学水平更上一层楼，为教学改革贡献微薄之力。

在这里，要感谢各参考文献的编者给予我们很大的帮助，还有百度公司给我们提供的相应资源。

作者

2015 年 6 月

目　录

第 1 章　信息技术概述

1.1　教育信息技术的概念和本质

事物是发展变化的，概念也不是一成不变的。对于学术问题，每个学者因个人研究的角度不同、个人价值观不同，有不同的看法也是正常的，但对于学科的基本概念应该保持相对稳定性，应有统一认识。因为明晰稳定的基本概念是学科理论体系大厦的基石，是一个学科成熟的标志。正如世界著名的教育学家 W.布列钦卡（W.Brezinka）所说的那样："没有准确的概念，明晰的思想和文字也就无从谈起。大凡寻求可以解决教育问题之科学理论的人，都不会容忍传统教育学中的概念混乱。"

1.1.1　教育信息技术的定义

学者李祺认为，教育信息技术包含这样两层意思：一是在教育过程、教育系统中传递教育信息的技术；二是在教育过程、教育系统中应用信息的技术。这两种解释从技术角度看没有什么区别，但在主体性上认识是不同的。前者的技术是从属于教育的，后者的技术是借用于教育的。前者强调了教育信息，技术是为传播教育信息服务的；后者对教育的强调不突出，似乎更偏重技术。在后者要表达前者的意思时，往往采用"信息技术教学应用"、"信息技术在教育（教学）中的应用"、"信息技术教育管理应用"之类的说法，这些说法都是可以的。而在这样的情况下，用教育信息技术比用信息技术更能明确、简便地表达主题。

教育信息技术的定义可以有以下 4 种表述方式：

（1）教育信息技术是运用教育科学、信息科学的原理和方法，获取、处理、传播、控制和利用教育信息的方法体系。

（2）教育信息技术是人类在教育活动中所运用的一切信息技术手段和方法的总和。

（3）应用教育科学、信息科学的原理和方法来同教育信息打交道的技术，都叫作教育信息技术。

（4）在教育系统和教育过程中，凡是与教育信息密切关联、共同作用的技术，都叫作教育信息技术。

也有学者这样认为，教育信息技术是教育技术和信息技术结合的产物。所谓教育信息技术，是指在教育中普遍运用现代信息技术，开发教育资源，优化教育过程，以培养和提高学生的信息素养，促进教育现代化。这个定义跟教育信息化密不可分，即教育信息化是教育信息技术推广应用的过程和结果，就如同网络化是网络技术的推广应用，多媒体化是多媒体技术的推广应用一样。表示教育信息化基本特征的"五化"，即教育信息显示多媒化、教育信息处理数字化、教育信息存储光盘化、教育信息传输网络化和教育信息管理智能化等都是各种教育信息技术推广应用的过程和结果。

从信息化的角度可以说，教育信息技术是实现教育信息化所运用的各种技术的总称。国家信息化建设花费巨资搞一些信息化工程，其目的就在于推广应用信息技术，使之成为生产力倍增器，产生先进高效的社会功能。国家搞教育信息化工程的目的和作用也是如此。教育信息化的伟大事业，需要为服务教育而进行信息技术研发活动的一支力量来支持，也就是教育信息技术。因此，从本质上说，教育信息技术是客观存在的。提出教育信息技术的概念是科学的、必然的。

张景中院士认为教育信息技术的定义如下：简单地说，就是为推进教育信息化和教育改革而从事的信息技术研发活动。这些研发活动包括理论和实践、创新与推广、基础研究与应用研究。创新包括原始创新、集成创新和应用中的再创造。

教育信息技术的学科定位属于信息技术，它应当是信息技术学科的一个分支。从历史上看，从事符号计算研究和动态几何研究的人，其学科背景是在信息技术相关的领域，但他既然要服务于教育，也就应当对教育有所了解，他所要做的事大多不涉及不同流派的教育思想和理论的争议，无论老师和学生遵循哪种教育理论来从事教学和学习，教育信息技术的成果都应当能够起到积极的作用。

教育信息技术的研究更着眼于教学实践的需求，着眼于教师和学生具体困难的解决。这些具体的困难，往往因学科的不同而不同。但不同的学科之间是有联系的。符号计算技术的研究，首先是为了数学教学和研究的需求，但对所有的理科和工科，其意义是不言而喻的。

简单地说：教育信息技术是信息技术的一个分支；它面向各科教学的实际过程，着眼于适用于教育的信息技术的研究、开发和应用，目的是为了使信息技术能够更好地服务于教育。

教育信息技术的学习不是从定义或理论体系出发，而是从具体的成功案例出发。例如，要学习动态几何技术的原理和应用，要学习有关符号计算技术的原理和应用，要学习自动推理技术的原理和应用；要掌握有关软件的操作，在使用中体会这些技术的教育价值；在了解多个案例的基础上，选择一个方向做更深入地研究。

结合这些成功案例，教育信息技术的学习者可以探索其成功的根据和应用的策略方法，这自然涉及现代教育的思想和理论。这样学到的教育学的思想和理论主要不是由老师和书本简单地传授给他们，而是通过具体事件和实际活动在他们的头脑中建构起来的。

教育信息技术作为一个学科，尚在形成之中。但是，教育信息技术的活动，自有计算机之后就开始出现，并且日益发展和完善。了解其中若干成功案例，有助于认识教育信息技术的特点，有助于推动教育信息技术学科的形成和发展。

教育信息技术的成功案例，在基础教育领域，最值得一提的是动态几何图形技术。比如第一个动态几何软件《几何画板》（简称 GSP），出现于 20 世纪 80 年代，是美国国家科学基金支持的项目研究的成果。经过 20 多年的发展，各国研发的动态几何软件至少已有 40 多种，其功能也更加丰富，有些软件增加了跟踪、轨迹、测量、动画、迭代以及曲线作图的功能。我国自主研发了《Z+Z 智能教育平台——超级画板》。可见动态几何和信息技术密不可分，没有现代的信息技术，就不可能有动态几何。

教育信息技术另一个成功案例是符号计算软件的研发和普及。具有符号计算功能的软件如 MaPle、Mathematica、Matlab 已为大家熟知，还有免费的 Maxima 和 Reduce，也是功能强大的符号计算软件。教育信息技术研发成果的例子不限于软件图形计算器、模拟机器人游戏、教学用的电子白板、虚拟现实等这些针对教育需求，部分为教育而研发的软硬结合的设备，已经进入学校的教学和课外活动，在不同程度上起到积极的作用。

有意义的问题是推动学科发展的动力。教育信息化最基本的问题之一是运用信息技术的成果，为各科教师提供得心应手的教学工具，为学生提供方便实用的学习工具。这些工具要能够节省繁琐的机械劳动，提高学习课程的兴趣，有利于增进探索创新精神，激发创新意识；要使教师学生一见就能上手，一上手就不想丢；要让老师制作课件比原来用纸笔备课还要快捷省事。这个问题，也就是建立各科的智能知识平台的问题，对于中学的数学学科，解决得差不多了，主要是推广普及的工作。对于物理、化学、生物，对于语文、历史、地理等等，也有些进展，但远远没有达到现代信息技术所可能达到的水平，也没有达到使老师同学感到满意的水平，值得教育信息技术领域花力气逐步解决。

教育信息技术的学习者要了解教学，了解教师的工作，了解教师运用信息技术在教学时所遇到的问题和困难，从中发现自己的研究开发目标。为此，应当特别关注一个或两个学科的教学。只有深入具体学科的教学过程中，才能更好地体会或发现教育和信息技术结合的瓶颈或一般的规律。

教育信息技术的实践活动早已存在，但作为一个学科领域，尚未形成。要让它形成一个学科并向前发展，需要大家的共同努力。我们相信，教育信息技术会形成一个蓬勃发展的学科。一方面，这是教育信息化的需要，是社会的需要；另一方面，教育信息技术研发活动的成功历史给人们以信心，相信它能够为满足教育信息化的需要而提供有价值的成果。

提出教育信息技术概念有利于融合电化教育学、教育技术学、教育传播与技术学等各种学术派别的学术观点；有利于在对信息科学、信息化社会、信息技术具有共同认识的基础上，在实现教育现代化、信息化、最优化的共同任务上，达成一致。

1.1.2　教育信息技术的本质

从上述的讨论和定义中可以看出，教育信息技术具有这样几方面的内涵：

（1）教育信息技术是信息技术的一种类型，它具有信息技术的一切特征和教育的属性。在实践过程中，它遵循教育信息的运动规律，发挥其技术的功能。

（2）教育信息技术的理论基础是教育科学、信息科学、教育信息论和“三论”（系统论、信息论和控制论），它的实践基础是信息资源、信息技术和人的智能。

（3）教育信息技术实践以教育信息为核心，以充分开发、利用教育信息谋取最佳功能为目的，以恰当运用先进科学技术为关键，在实践中求发展，在发展中提高其地位和作用。

（4）教育信息技术理论与实践强调教育信息及其技术的共同作用，强调教育信息化的实现。其技术是实现教育信息功能的方法手段，是解决教育中有关问题的系统方法。

（5）教育信息技术跟广义的信息技术一样，是由多种技术组成的技术体系。

1.2　现代信息技术环境下的学与教

随着以多媒体和网络为代表的现代信息技术的发展，新的技术不断产生和成熟并被用于教育领域，将对教学手段、教学方法、教学模式和学习方式产生深远影响。随着教育信息化的快速发展，各类学校的信息化基础设施建设已日臻完善，大多引进了网络教学平台，建设了众多国家和省级精品网络课程以及多媒体资源库等。因此，在现代信息技术环境下，如何使教师、学生尽快适应日新月异的数字化生存环境和学习条件，改变传统的学与教方式，是当前教学改革必须着重研究和解决的问题。

1.2.1 现代信息技术环境下教育面临的挑战

在当今的信息时代，教育正逐步走向多元化、终身化、全民化，受此影响，教育教学也越来越体现信息化、多媒体化、网络化等特点，推进教育改革，就是要改变传统的教学模式，切实提高教育教学质量，实现综合素质教育，使学生掌握基本理论知识和实践应用技能。信息技术的发展影响着教育的发展，反过来教育的进步又推动着技术的革新，如果没有现代信息技术作为坚强后盾，教育改革必将显得苍白无力，学生也不可能得到更好的发展。因此，在现代信息技术环境支持下，要转变教育观念，改变传统的学与教的方式，才能更好地适应当今的教育教学形势。

现代信息技术以其多样性、综合性、高效性等特点，正迅速改变着传统的教学模式和教学手段，从而引起了一场教学革命。在教学改革不断深入的教育环境下，如何改变传统的学与教的方式成为关乎未来教育的重要问题。

1.2.2 现代信息技术环境下的学与教变革新动向

（1）关注信息时代学习者的能力结构

21 世纪的今天学习者应该具备什么样的技能才能适应信息时代的数字化生存？美国新加坡联合国教科文组织等的教育信息化政策文件中均反复提到信息时代学习者能力结构这个问题，并尝试为其建立概念框架。2002 年美国 Partnership for 21st Century Skills 组织率先提出“21 世纪技能”学习者能力框架中明确包含了信息媒介和技术技能。在联合国教科文组织亚太地区教育部发布的一份区域性指导手册信息技术变革教育中也明确将“21 世纪技能”框架作为指导学习者在信息技术环境下应该具备的能力模型。新加坡在 2010 年提出的“21 世纪竞争力”教育目标框架也是关注信息时代学习者的能力结构问题。

（2）构建个性化网络学习空间以培育新型学习方式。

在今天，学习者要形成新的能力结构，需要采取新的学习方式予以支撑。个性化网络学习空间，有人将其定义为一个由工具、服务及社群组成的个人教育平台。它能帮助推动学习共同体的创建，可以促进社群隐性知识的挖掘和共享，能够聚焦丰富的信息技术工具，能够帮助学习者实现个性化和自主学习，具有支持新型学习方式的巨大潜力。

在个性化网络空间中，学习者是处于中心位置的，技术随时随地提供可以帮助学习者理解和学习的环境和工具，如信息管理沟通工具、知识建构工具、数据库及资源等；技术还可以随时帮助学习者超越教室的局限，自由接入更大范围内的在线学习共同体及资源库；技术还可以将除教师以外的其他教学相关人员如在课堂外的家长专家和导师等参与其中。

（3）挖掘教育大数据以分析学习者行为。

信息时代，学习者的活动越来越多地出现在互联网上，网络学习空间中将保存下大量学习者学习行为的相关数据。通过对这些数据进行分析，我们可以掌握学习者的学习行为、学习进程、学习偏好等特征信息，为实现真正的个性化学习提供可能。

（4）倡导以学习者为中心的创新教学模式。

在基础设施、教育资源、人员培训等条件到位的情况下，并重新明确了学习者能力结构、学习者学习方式、学习者行为分析等问题后，现代信息技术支持的教学模式的创新作为一种结构性的变革，是教育信息化发展从量变走向质变的关键环节。总体来说，不管是我国还是教育信息化水平较高的国家，信息技术支持的教学模式都在朝着以学习者为中心的趋势发展。

1.3　多媒体课件设计理论

课件设计是一项软件工程，多媒体课件能从多个角度向学习者呈现教学内容。多媒体课件设计已成为教学设计的重要环节，课件设计的优劣直接影响到教学过程的效果。

1.3.1　多媒体课件的概念内涵

多媒体课件（Multimedia Courseware），通常是指采用多媒体技术综合处理文本、图形图像、动画、音频、视频等多媒体信息，并根据教学目标的要求表达某一课程或若干门课程教学内容的计算机软件。多媒体课件的主要特点包括丰富的表现力、良好的交互性、极大的共享性。我们可以从以下几个角度来认识它。

其一，多媒体课件是一种根据教学目标设计、表达特定教学内容，反映一定教学策略的计算机教学程序。

其二，多媒体课件是一种可以用来存储、传递和处理教学信息，允许学生进行人机交互操作，取得反馈，并能够对学生的学习效果做出适当评价的教学媒体。

其三，多媒体课件的规模可大可小。一般来说，多媒体课件作为一种教材，都具有教材的结构。

1.3.2　多媒体课件的类型

多媒体课件的分类方法很多。根据多媒体课件的内容和作用的不同，可以将其分为以下几种类型：

（1）课堂演示型。

课堂演示型多媒体课件，注重对学生的启发、提示，反映问题解决的全过程，体现教学重点与教学难点。

课堂演示型多媒体课件是为了解决某一学科的教学重点与教学难点而开发的，知识点可以不连续，主要用于课堂演示教学。

（2）自主学习型。

自主学习型多媒体课件具有完整的知识结构，反映一定的教学过程和教学策略，提供相应的练习供学生进行学习评价。

自主学习型多媒体课件通过界面的设计，让学习者进行人机交互操作，可以让学生自主进行学习。

（3）实验型。

实验型多媒体课件是利用计算机仿真技术，提供可更改参数的指标项，供学生进行模拟实验。

学生使用实验型多媒体课件，当输入不同的参数时，能随时真实模拟对象的状态和特征，例如，模拟各种仪器的使用、多种技能的训练等。

（4）考试型。

考试型多媒体课件通过试题的形式用于训练、强化学生某方面的知识和能力。教学课件中显示的教学信息主要由数据库提供。这种类型的教学软件在设计时要保证具有一定比例的知识点覆盖率，以便全面训练和考核学生的能力水平。

（5）资料工具型。

资料工具型课件包括各种电子书、辞典和积件式课件，一般仅提供某种教学功能和某类教学资料，并不反映完整的教学过程。

这种类型的课件可供学生和教师进行资料查阅，也可以根据教学需要对其中的资料进行编辑和集成，形成新的更加适用的多媒体课件。

1.3.3 多媒体课件的设计原则

多媒体课件是利用多种媒体形式实现和支持计算机辅助教学的软件。多媒体课件的制作必须服务于教学，其目的是改革教学手段和提高教学质量。一味地照搬课本内容和教学环节，盲目追求新技术，把课件搞成素材展示，都是不正确的。在设计和制作多媒体课件时应遵循以下几项基本原则：

（1）科学性。科学性原则是设计多媒体教学课件必须并且是首要遵守的原则，特别是对于化学等一些实验性较强的科目来说，科学性是一定要具备的。在课件的设计过程中，要杜绝与事实和科学不相符的内容，而且课件中所涉及到的内容应尽量在学生该阶段的认知能力与知识面之内。除此之外，在陈述一些定义、公式以及符号时要清晰、准确，不能为学生带来错误的指导。

（2）教育性。进行多媒体教学的最主要目的就是加快我国教育事业的发展，因此多媒体课件在设计时必须要遵循教育性原则。在设计过程中，要注意以下问题：

第一，要有明确的目标。即回答为什么要制作这个课件，这个课件要解决教学上的什么问题，要在学生的知识、能力、思想品德方面引起哪些变化。

第二，根据教学大纲，围绕解决教学重点、难点而设计。即在设计过程中，首先要想到设计的是教学课件，是教学内容的一部分，必须符合教学大纲的要求。设计的教学课件要有助于解决教学重点和难点问题。

第三，适合学生接受水平。即回答这个课件是哪个年级、年龄和发展水平的学生使用的，它是否适合学生原有的知识基础和接受能力。

（3）艺术性。从某一个角度来说，多媒体课件就是一件艺术品，它将人们的思想与艺术感进行了有机的结合，并应借助现有条件，尽可能的做好多媒体课件的设计工作。在设计这一件艺术品时，需要特别注意的就是怎样才能在保证在遵循教育原则与达到教学目标的基础上实现艺术品的“美感”。站在心理学的角度来讲，当学生处于一种极富审美情趣的教学环境中时，其身体的多个器官将会兴奋起来，从而提高了教学效率。在设计过程中，要注意多媒体课件内容真实，画面优美流畅，构图要清晰匀称，连贯合理，色彩适当，明暗适度，语音优美，配合协调。

（4）实用性。设计的多媒体课件是服务于教学的，当教师使用实用性极差的多媒体课件时，往往会感觉心力不足。从设计方面来讲，课件是否具有实用性还是取决于选题的，所以在正式的设计开始前要认真、全面的考虑课件的实用性。

（5）可操作性。多媒体课件在制作完成后的使用中要尽可能地做到灵活与简易，也就是课件的可操作性。课件的操作界面最好设置有比较直观的菜单选项或者链接，而且与键盘操作相比，鼠标操作相对来讲更具实用性。除此之外，在设置课件的功能上应尽量与大众的习惯靠拢，而且要特别注意操作键的统一。

1.3.4　多媒体课件的开发流程

多媒体课件开发的基本流程包括环境分析、教学设计、脚本设计、软件编写、评价与修改，如图 1-1 所示。

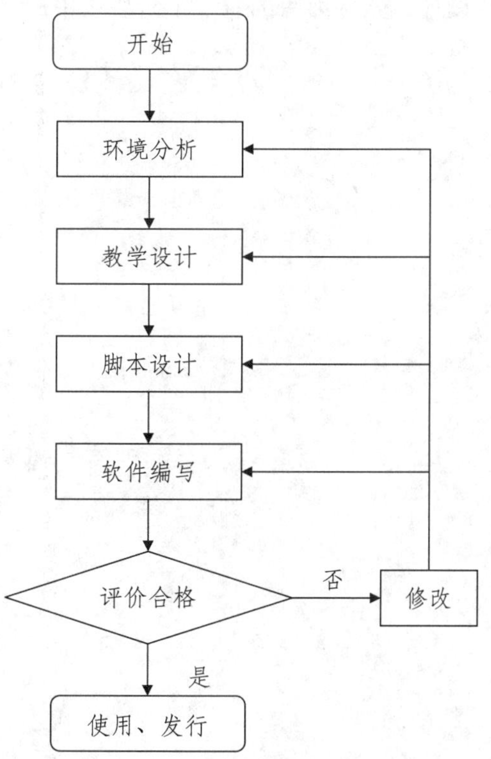

图 1–1　多媒体课件的开发流程

（1）环境分析。

多媒体课件的环境分析主要包括课件目标分析、课件使用对象分析和开发成本估算等任务。

（2）教学设计。

教学设计是课件开发过程中最能体现教师教学经验和教师个性的部分，也是教学思想最直接和具体的表现。该阶段的主要任务包括详细分析教学内容、划分教学单元、选择适当的教学模式等。

（3）脚本设计。

脚本是在教学设计基础上所做出的计算机与学生交互过程方案设计的详细报告，是下一阶段进行软件编写的直接蓝本，是课件设计与实现的重要依据。因此，脚本设计阶段也是课件开发过程中从面向教学策略的设计到面向计算机软件实现的过渡阶段。

（4）软件编写。

该阶段的任务是将教学设计阶段所确定的教学策略以及脚本设计阶段所得出的制作脚本，用某种计算机语言或多媒体软件工具加以实现。

课件程序编写完成后应当进行仔细调试，其目的是为了找出程序中隐含的各种可能错误并加以排除，包括教学内容和计算机语言文法的各种错误。

一个完整的课件，除了程序中包含联机帮助功能以外，还必须提供相关的文档，例如学生手册、教师手册、技术手册等，因此在课件程序编写和调试结束后，还必须编写相应的文档。

（5）评价与修改。

课件评价与修改是课件开发过程中的一项重要内容，该项工作实际上存在于课件开发的环境分析、教学设计、脚本设计、软件编写的每一个阶段之中。

第 2 章　信息化教学的准备

信息化教学离不开素材的准备，素材是多媒体课件的基础。在多媒体课件开发过程中，素材准备是课件目标确定后的一项基础工程。根据媒体的不同性质，一般把媒体素材分成文本、图形、动画、声音、视频等类型。制作多媒体课件就是综合处理多种媒体素材，并使各种素材之间建立逻辑联系，集成为一个具有交互性的整体。

2.1　文本素材处理

【情景导入】

文本是教学中使用最多也是最基本的一种多媒体素材，它具有最佳的直观传达作用以及最高的明确性。大量的教学信息是通过文字、字符及特殊的信息来实现的，如各种科学原理、概念、计算机公式、命题、说明等课程内容。

【训练项目】

项目 1　文本的输入与编辑

文本素材处理离不开文本的输入和编辑，通常采用以下几种方法。

1. 直接输入

文本在计算机中的输入方法很多，除了最常用的键盘输入外，还可以用语音输入、笔式书写输入等。常用的文本处理软件很多，如记事本、Word、WPS 等，在用这些工具软件编辑文本时，一般都存成非格式化的纯文本文件，以便在大多数课件制作软件中都能够调用。

除了常用的文本处理软件外，在 PowerPoint、Flash、Authorware 等软件中也可以直接编辑文本，不同的软件还具有特殊的文字编辑美化功能，利用 Flash 就可以做出如透明字、水晶字等文字效果。

2. 从其他电子资源网站复制粘贴

如果网页文字无法复制，可以用屏蔽网页代码的方法复制所需要的文字。选择文字所在的网页，单击浏览器的“查看”→“源文件”命令，如图 2-1 所示。在打开的记事本文件中就可以找到所需要的文字内容，经过排版就可复制粘贴了，如图 2-2 所示。

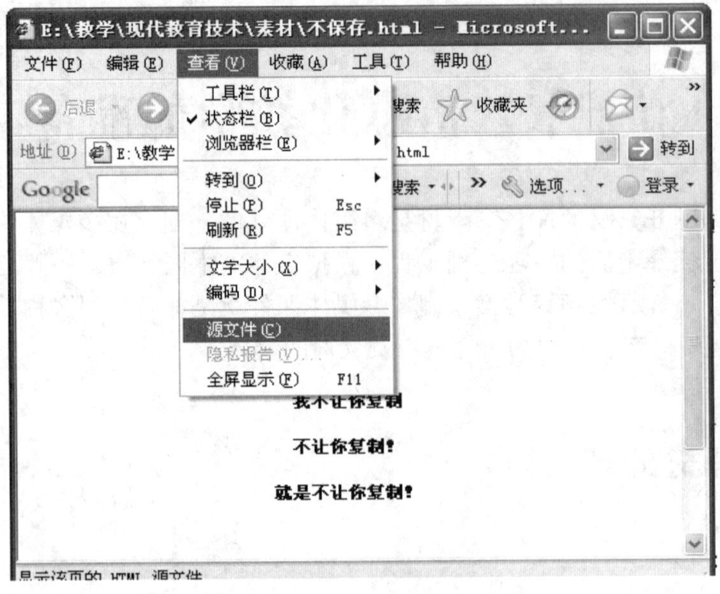

图 2-1 查看源文件

不保存.html - 记事本

文件(F) 编辑(E) 格式(O) 查看(V) 帮助(H)

```
location.reload();
}
MM_reloadPage(true);
//-->
</script>
</head>
<body leftmargin=0 topmargin=0 onmousemove='HideMenu()'
oncontextmenu="return false" ondragstart="return false" onselectstart
="return false" onselect="document.selection.empty()"
oncopy="document.selection.empty()" onbeforecopy="return false"
onmouseup="document.selection.empty()">
<p align="center"> </p>
<p align="center"> </p>
<p align="center"><strong>呵呵, </strong></p>
<p align="center"><strong>小样儿, </strong></p>
<p align="center"><strong>我不让你复制 </strong></p>
<p align="center"><strong>不让你复制! </strong></p>
<p align="center"><strong>就是不让你复制! </strong></p>
<p align="center"> </p>
<p align="center"> </p>
<p align="center"> </p>
<div align="center"></div>
<p align="center"> </p>
```

图 2-2 记事本窗口

知识拓展：刚才的办法几乎通用，但是大家会发现在繁杂的代码中寻觅几行文字过于麻烦，还有几种方法解决该问题。

方法一：在 IE 浏览器中选择“文件”→“另存为”命令，在弹出的对话框里保存类型选择“文本文件（*.txt）”，这时就可以在文本文件中复制所需要的文字了。

方法二：保存所需要的网页到电脑中，然后选择用 FrontPage 或者 Wrod 编辑，这样也可以屏蔽掉代码的控制。

3. 利用扫描仪进行文字扫描识别

当需要教科书、杂志、照片或其他印刷品上的图片或文字素材时，可以用扫描仪进行采集。扫描仪买来时会带有一张驱动软件光盘。先安装驱动程序，重启计算机后再把扫描仪与计算机连接好就可以正常使用了。现在的扫描仪基本上都有文字识别功能，当然专用的文字识别扫描仪效果会更佳。具体方法参照扫描仪说明书，本书不再赘述。

4. 利用图形处理软件制作图像化文字

可以选择拍照的方式，把效果图截下来，经过图形图像编辑软件进行处理。目前用于制作图像化文字的软件和方法很多。如 Windows 中的画笔，能用位图格式存储文字信息；文字处理软件 Word 能制作艺术字，并可以通过剪贴板粘贴到需要的位置。

2.2 图片素材的获取与加工

【情景导入】

图片是一种视觉语言形式，与文字不同，图片的视觉冲击力比文字大，它能准确地传达信息，同时能将作品艺术化，使整个页面活跃起来，弥补文本所带来的枯燥感觉，消除不同文化的民族间的语言障碍，拉近距离；表达信息一目了然，便于用户作比较式阅读。

【训练项目】

项目 1　获取图片

1. 从 Internet 上获取图片

网上有无穷无尽的图片资源，可以供用户借鉴或使用，从网上下载图像的操作十分简单。在网上浏览找到所需的图片时，可以在图片上右击，在弹出的快捷菜单中选择“图片另存为”命令，然后在弹出的对话框中确定文件名和存储位置（其文件扩展名一般是.jpg），即可将图片保存下来。

2. 用扫描仪获取图片

扫描仪是静止图像输入的主要设备，它可以用于扫描照片、图表，一般照片可以选择 300 dpi 扫描精度，对于印刷用图片选择去网纹方式扫描，高精度方式扫描时应先通过预览准确定位扫描区，以免扫描图像数据量太大，耗费处理时间。

3. 用数码相机获取图片

用数码相机获取图片是一种非常方便、灵活的方式，用户可以随时随地拍摄需要的画面，然后将其输入计算机，具体操作可以参考设备的使用说明。

4. 利用已有光盘中的静止图像素材

光盘中的图片可用 ACDSee 软件迅速查看，并根据需要对图像素材编辑加工后再使用。

5. 用屏幕抓图获取图片

在屏幕、动画、视频中有大量的界面图像，使用抓图技术可以方便地采集屏幕图像。这种采集屏幕图像并存为图片文件的方法称为屏幕抓图。

知识拓展：

（1）用键盘上的 PrintScreen 键就能进行抓图，这种直接按键取图的方法很简单，而且无需专门软件支持，质量非常高。按 Print Screen 键可以将当前全屏幕（桌面）图像复制到剪贴板上；按 Alt+Print Screen 组合键可以将当前活动窗口的图像复制到剪贴板上。然后再把剪贴板上的图像粘贴到课件的指定位置。

（2）用 SnagIt 抓取图片。SnagIt 是一个非常优秀的屏幕、文本和视频捕获与转换程序。它可以捕获 Windows 屏幕、DOS 屏幕、RM 电影、游戏画面、菜单、窗口、客户区窗口、最后一个激活的窗口或用鼠标定义的区域。图像可以存为 BMP、PCX、TIF、GIF 或 JPEG 格式，也可以存为系列动画。

（3）用 QQ 中的截图工具。还可以利用 QQ 中的截图工具捕捉图像。

项目 2　加工图片

获取到的图片不一定适合用于教学，需要对它做进一步处理，包括图片的变形、剪裁、合并等。

Windows 自带的“画图”程序看似简单，但其基本功能却不含糊。它可以编辑、处理图片，为图片加上文字说明，对图片进行挖、补、裁剪，还支持翻转、拉伸、反色等操作。它的工具箱包括画笔、点、线框及橡皮擦、喷枪、刷子等一系列工具，具有完成一些常见的图片编辑器的基本功能，用它来处理图片，方便实用，效果不错。如果能充分利用它的各种技巧，可以免去学习那些庞大的图像处理软件的劳累。

1. 启动画图程序

选择“开始”→“附件”→“画图”命令，启动画图程序，如图 2-3 所示。

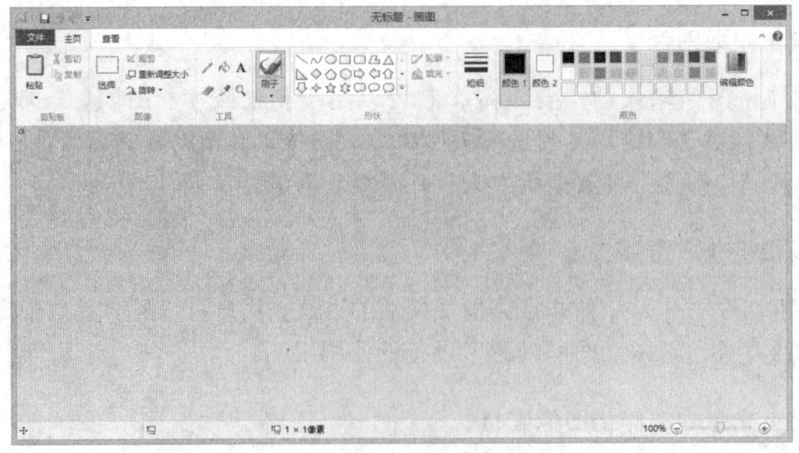

图 2-3　画图程序界面

2. 导入图像文件

单击“文件”→“属性”命令，打开“映像属性”对话框，设置默认区域高和宽都为 1 像素，如图 2-4 所示；然后打开一张图片，如图 2-5 所示。

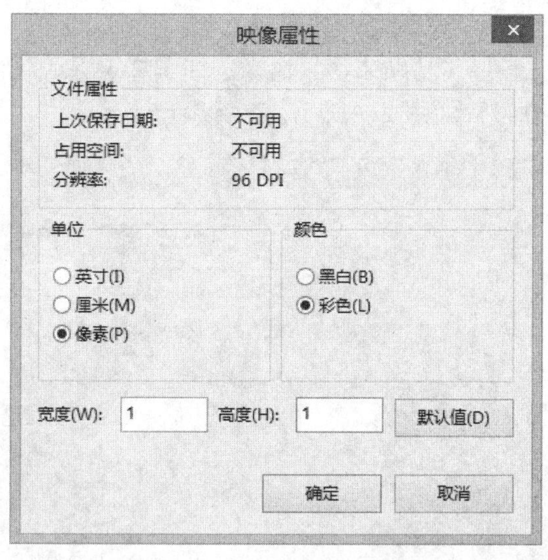

图 2–4　“属性”对话框

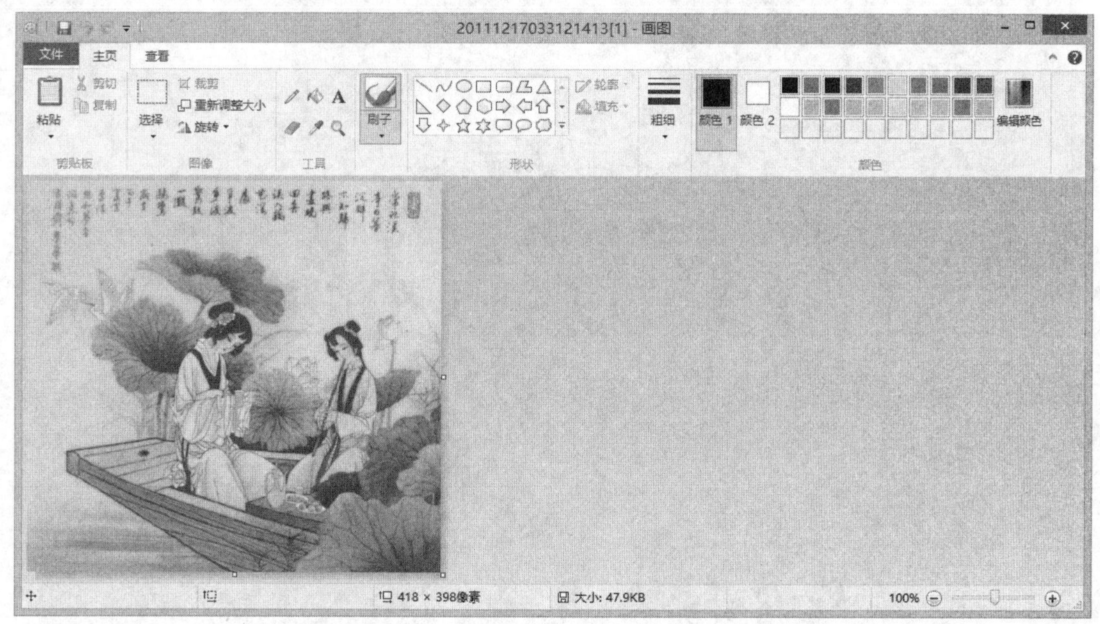

图 2–5　打开的图片

提示：设置属性的目的是为了防止在打开一张图片后，白色画布部分超过图像的大小，从而影响整个画面。如果不是打开一张图片，而是粘贴一张图片到画图中，按下 Ctrl+V 键粘贴图像时会打开一个对话框，询问“剪贴板中的图像比位图大，想扩大位图吗？”单击“是”按钮，即可以按当前剪贴板中的文件大小准确粘贴文件了。

> **学习导航：** 这里只有一张图片，有时想把另一幅图片贴到当前图片中，但又需要去掉其白色的背景，该怎么操作呢？如果还想把图像再旋转一下，又该怎么旋转呢？

3. 图片的透明处理和旋转设置

单击“粘贴”下的下三角→“粘贴来源”命令，如图 2-6 所示。然后打开要插入的图像文件，并缩放移动到合适的位置，如图 2-7 所示。

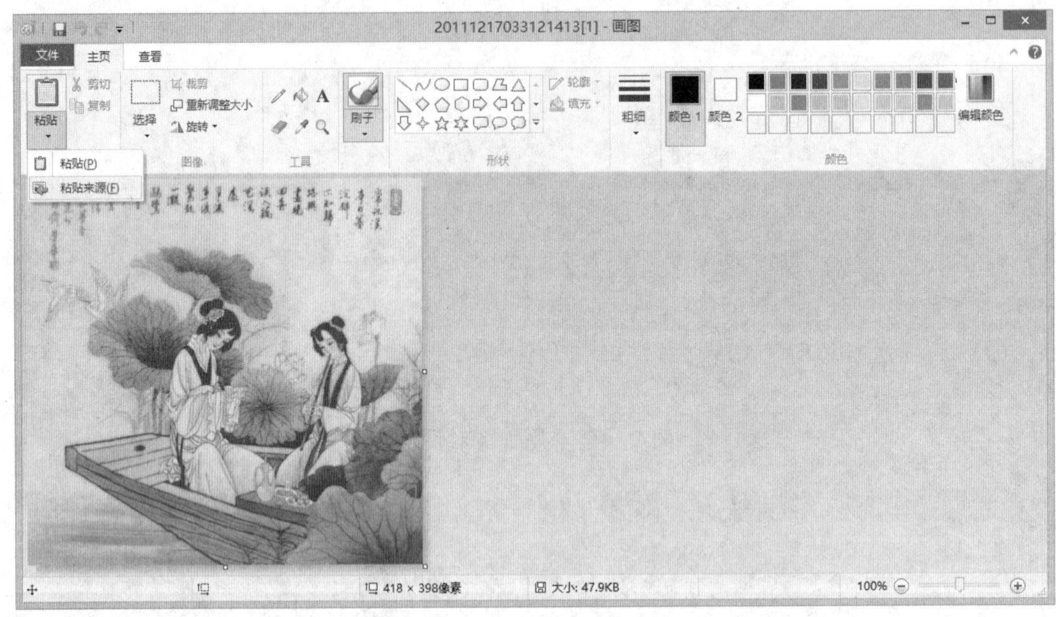

图 2–6 “粘贴来源”命令

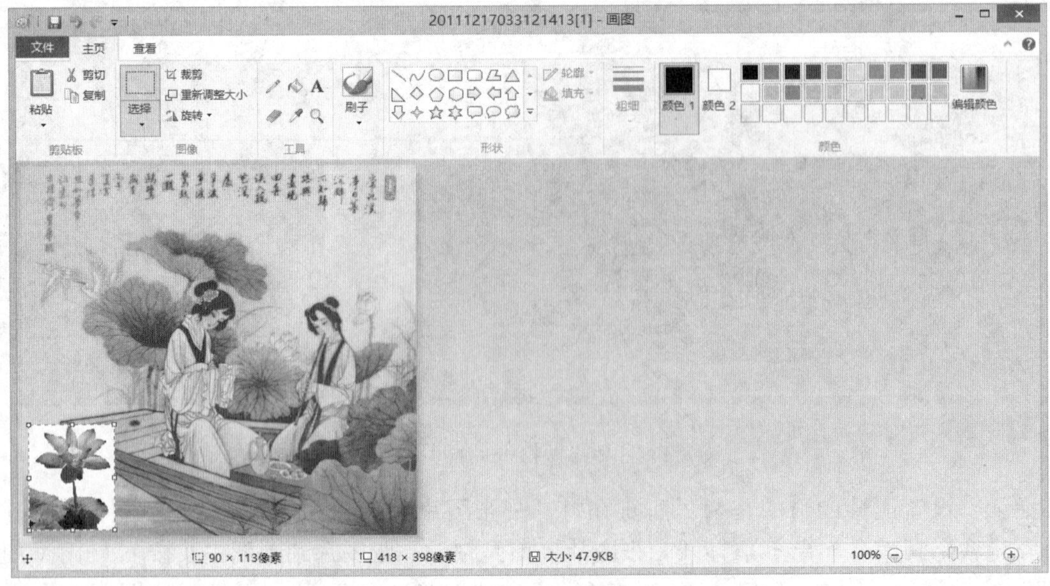

图 2–7 缩放图片

单击“选择”下的下三角→“透明选择”命令，插入图形文件中的纯白色背景即被过滤掉。选择“旋转”下的下三角，在弹出的对话框中可以选择相应的角度，如图 2-8 所示。

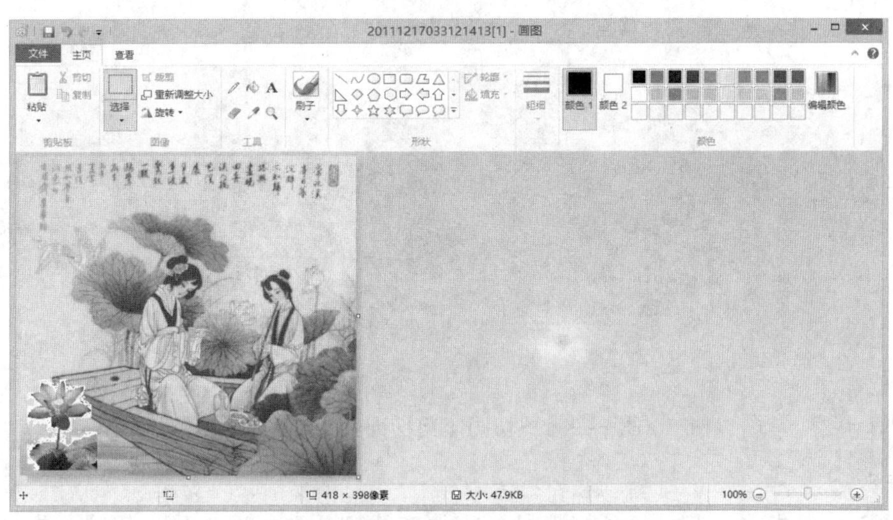

图 2–8　透明旋转处理

小技巧：在设置透明效果时，需要把图片完全缩小至背景内，不然超过背景的区域不能完成透明的效果。通过图片周围的控制点可以完成大小的缩放。

> **学习导航**：我们经常需要从一张图片中截出一部分来使用。一般情况下是通过专业图形处理程序进行剪裁，利用“画图”软件也可以完成吗？

4. 裁剪图片

单击“选择”下的下三角，选择“矩形选择”，然后按住鼠标左键不松开，拖动到预定区域即可，然后单击“裁剪”即可，如图 2-9 所示。

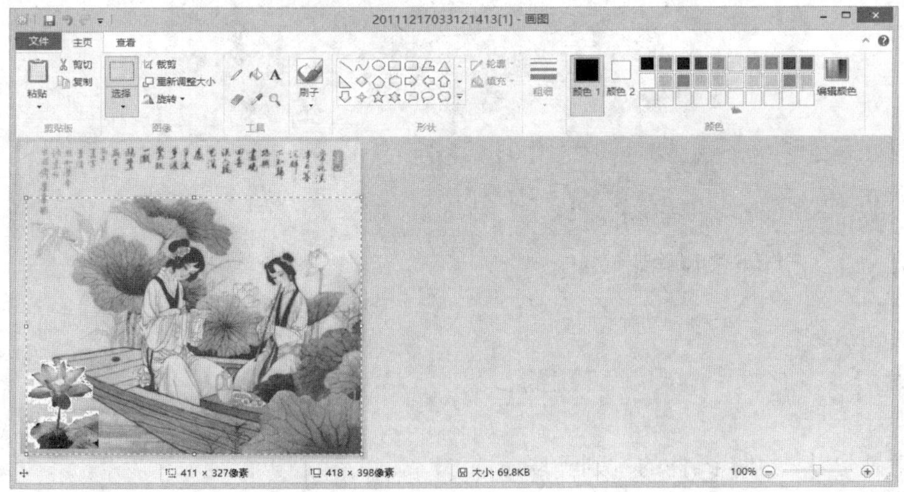

（a）

（b）

图 2-9 剪切图（剪切部分）部分

知识拓展：

（1）这个技巧在要用某一块位图填充一大块空缺时非常有用。另外可以在截取好的图像上面添加需要的文字，如图 2-10 所示。“画图”软件通常还可以用来创建图形文件和进行格式转换。

（2）一些专用的图形创作软件，如 Photoshop、AutoCAD、CorelDraw、Freehand、Illustrator 等都可以完成对图片的处理。

图 2-10 添加文字

2.3 Flash 动画制作基础

【教学目标】

（1）清楚形状、组、元件的区别和联系；

（2）了解 FALSH 的 5 大种类（大小、形状、颜色、位置、透明）的区别和联系；

（3）理解并掌握逐帧动画、形状补间动画、补间动画、传统补间动画、引导线动画、遮罩动画、按钮交互式动画的区别和联系。

【教学重点】

（1）引导线动画和遮罩动画的原理及应用。

（2）按钮动画的掌握和灵活应用。

2.3.1　Flash 基础理论

Flash 是一种制作动画的软件，Flash 加入了互动功能以后，它的应用不光在网页制作上，还可以应用于游戏、MTV、卡通短剧、商业广告和多媒体课件等领域。

通过 Flash 做出来的文件后缀名是.fla，但这并不是我们看到的最终的可以播放的 Flash 格式。我们在网页上看见的 Flash，应该是后缀名为.swf 格式的文件，这是在 Flash 格式中，将 fla 格式的文件发布出来的一种格式。

注意：将 fla 格式发布成 swf 格式，是一种有损压缩，会丢失原有的一些数据。这些数据可以通过某些软件（如闪客精灵）进行恢复，但经常出错。Flash 同样也可以将文件发布为 GIF 动画格式，但因为所发布成的 GIF 动画相当的大，因此不推荐将其发布为 GIF。

1. Flash 的工具箱

Flash 工具箱里的工具主要是用来画图的。但由于 Flash 主要用于制作动画，所以它的绘图功能不如其他绘图软件（如 CorelDraw）强大。因此，我们常常调用其他软件绘制出来的图形。

Flash 的绘图工具可以分别绘制对象和图形。对象是一个整体，而图形则是可以随意拆分的。

2. 时间轴和帧

时间轴如图 2-11 所示。

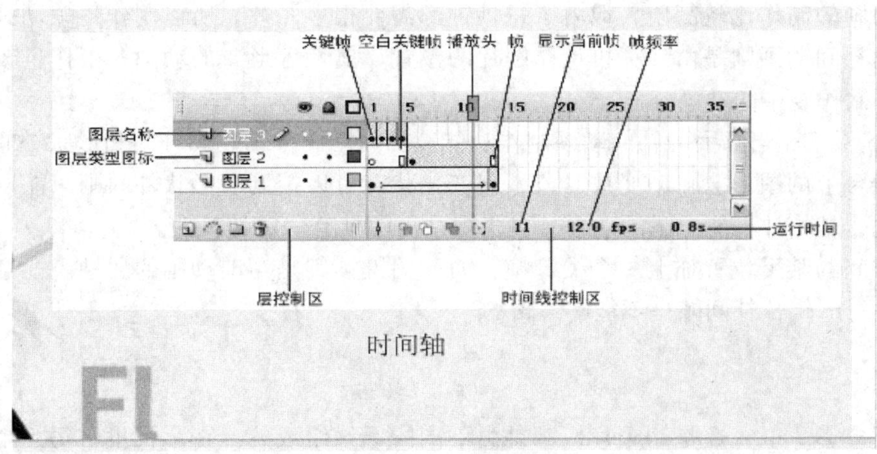

图 2–11　时间轴

帧是影像动画中最小单位的单幅影像画面，相当于电影胶片上的每一个镜头。Flash的帧就是在某一个瞬间Flash所播放的一个画面。帧频是指单位时间里所播放的帧数，也就是每1 s播放了多少幅图。

时间轴用于组织和控制文件内容在一定时间内播放。按照功能的不同，时间轴窗口分为左右两部分，分别为层控制区、时间线控制区。时间轴是代表时间流失的坐标轴。在时间轴上，分布了许多小方格，每一个小方格代表当时时间里场景中的事件。每一个小方格称为一帧。

当场景中什么元素都不选的情况下，可以在属性栏里改变帧频（fps）。

3. 帧的种类和帧的操作

关键帧：每个画面称为一帧（frame），在动画制作中为了提高效率，有些画面必须由制作者制作，称为关键帧（keyframe）。

空白关键帧：无任何内容的关键帧称为空白关键帧。

普通帧（延长帧、静态帧）：由计算机在关键帧后面产生的与关键帧画面相同的帧。

中间帧（补间）：创建两个关键帧（两帧之间有普通帧存在），计算机再根据作者的意图在两个关键帧之间产生若干个有变化过程的帧，称为中间帧。

插入普通帧：快捷键F5；

插入关键帧：快捷键F6；

插入空白关键帧：快捷键F7；

插入中间帧：在两个关键帧之间的普通帧上点击右键创建补间。

以上对帧的操作，都可以通过点击右键实现。

4. 逐帧动画与补间动画

逐帧动画是指由很多幅稍有差异的图画构成的动画，通常每秒钟播放24张不同的图片，形成连续的动作。通常我们所见的电影、GIF动画、影视动画以及卡通动画片都是逐帧动画。逐帧动画的所有帧都是关键帧。每一个瞬间都是一张图，由这些连贯起来就成了一个完整的动画。

补间动画则是指由第一张图片慢慢地过渡到另一张图片而形成的动画。

逐帧动画的制作比较简单，但由于每秒钟都需要很多图片，所以制作逐帧动画的工作量相当大。而补间动画则是由计算机计算图片的位置、属性等形成的动画，工作量较小，但补间动画无法制作复杂的动画。

Flash提供了相当强大的补间动画制作功能。补间动画分为动画补间和形状补间。做动画补间时，舞台上的图形会自动变成对象，其变化状态可以控制。形状补间则只能以图形的方式进行变化，是一种不能控制的动画，在变化过程中具有一定随机性。

可以补间的某个位置加上一个关键帧，而该关键帧则是当前动画的属性。注意：只能够对关键帧进行编辑，补间帧是不能够编辑的。

5. 场景

无论是电影、电视还是动画片，都是由不同的场景组成的。在影视里，每一个场景会演绎一个情节。在Flash里也有场景，场景是所有动画元素的最大活动空间，像多幕剧一样，场景可以不止一个。要查看特定场景，可以选择“视图 > 转到”命令，再从其子菜单中选择场景的名称。场景也就是常说的舞台，是编辑和播放动画的矩形区域。如图 2-12 所示，在舞台上可以放置、编辑向量插图、文本框、按钮、导入的位图图形、视频剪辑等对象，舞台还包括大小、颜色等设置。调出场景面板的快捷键是 Shift+F2。可以增加删除场景。播放动画时，是依次从上面的场景播放到下面的场景。

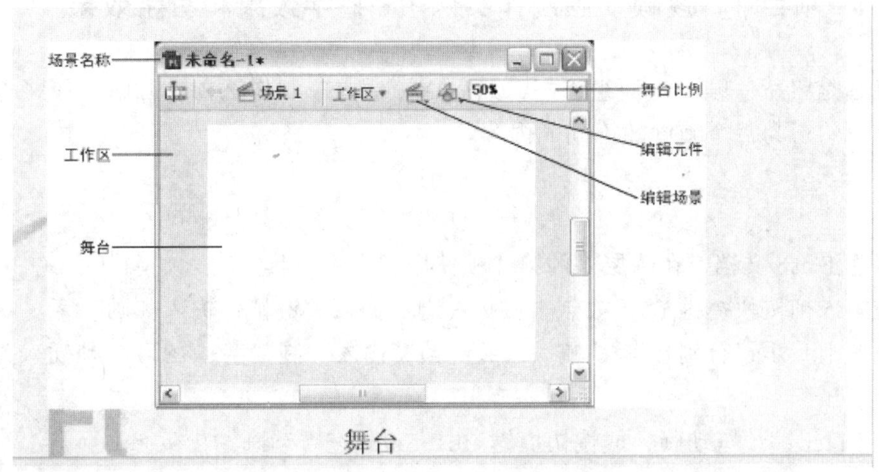

图 2-12　场景

6. 元件和库

在制作 Flash 的过程中，常常需要使用元件。元件可以是一个图形，也可以是一个动画。用元件做动画的特点如下：

（1）很复杂的动画，可以分割成很多细小的元件。

（2）可以单独对元件进行编辑，使操作更简单。

元件的分类：

（1）影片剪辑：通常情况下，我们都会将元件设置为影片剪辑。

（2）按钮：在需要对动画进行控制的时候，需要用到按钮元件。

（3）图形：在某些特殊的效果里，要用到图形元件。

将场景中的元素转换为元件：选中要转换为元件的图形，按快捷键 F8。转换时，注意选择元件的注册点。

新建元件：按 Ctrl+F8。在将动画转换成元件时，需要新建元件并且剪切、复制帧。剪切帧的快捷键是 Ctrl+Alt+X，复制帧的快捷键是 Ctrl+Alt+C，粘贴帧的快捷键是 Ctrl+Alt+V。元件可以包含元件。注意：每一个关键帧里所包含的元件都是不同的实例。

库：库是存放元件、补间和位图的地方。每一个动画里所用到的元件都存放在库里。打开库的快捷键是 F11。可以在库里对元件进行改名、删除、分类管理、更改属性等操作，还可以把库里的元件调到其他文件的库里去。

一般情况下，在做动画补间的时候，都会将要做补间的图形转换成元件。形状动画则只能用图形。如果没有转换成元件，那么就会在库里形成补间，这种补间是我们控制不了的。转换成元件后，库里就只有元件没有补间，我们可以对元件进行操作。

2.3.2 Flash动画制作实例

Flash 动画的基本类型主要有逐帧动画、补间形状、补间动画和传统补间动画。

项目 1　逐帧动画制作实例——打字效果和写字效果

逐帧动画是将每一帧的画面组织好，然后逐帧播放。制作逐帧动画时，应将每个帧都定义为关键帧，然后为每个帧创建不同的内容。

1. 打字效果

（1）新建 Flash 文档，在图层 1 的第 4 帧使用“文本工具”输入“动”字。

（2）在第 5 帧按快捷键 F6（或点击鼠标右键）插入关键帧，输入“画”字。

（3）仿照上一步，分别在第 6 帧插入关键帧，输入“制”字；在第 7 帧插入关键帧，输入“作”字。

（4）按 Enter 键预览动画，或按快捷键 Ctrl+Enter 查看动画输出效果。

（5）若希望改变播放速度，可以在时间轴状态栏的“帧速率”中直接输入具体值，值越小，播放速度越慢。

2. 写字效果

（1）在第一帧使用文本工具输入“明月松间照”，并选择合适字体。

（2）按两次快捷键“Ctrl+B”将文本两次分离。

（3）在第二帧按快捷键 F6（或点击鼠标右键）插入关键帧，然后用橡皮擦工具擦除“照”字的最后一个笔画。

（4）仿照上一步，在第三帧插入关键帧，然后用橡皮擦工具擦除“照”字的倒数第二笔。以此类推，对文字进行反笔画擦除。

（5）全部擦除完后，选中所有关键帧，点击鼠标右键，在弹出的菜单上选择“翻转帧”。

（6）按 Enter 键预览动画，或按快捷键 Ctrl+Enter 查看动画输出效果。

项目 2　形状补间动画制作实例——圆变成正方形

形状补间动画是在 Flash 的时间帧面板上，在一个关键帧上绘制一个形状，然后在另一个关键帧上更改该形状或绘制另一个形状等，Flash 将自动根据二者之间的帧值或形状来创建动画，它可以实现两个图形之间颜色、形状、大小、位置的相互变化。形状补间动画建立后，时间帧面板的背景色变为淡绿色，在起始帧和结束帧之间也有一个长长的箭头。

构成形状补间动画的元素多为用鼠标或压感笔绘制出的形状，而不能是图形元件、按钮、文字等。如果要使用图形元件、按钮或位图图像，则必先打散（Ctrl+B）后才可以做形状补间动画；若要对文本应用形状补间，应将文本分离两次（两次 Ctrl+B），使文本转为图形对象。

圆变成正方形的步骤如下：

（1）按住 Shift 键的同时用椭圆工具在舞台上绘一正圆。如图 2-13 所示。

（2）在时间轴面板的第一帧后面的第若干帧按 F6 插入一关键帧，删除舞台上的圆，按住 Shift 键的同时用矩形工具在舞台上绘制一正方形。如图 2-14 所示。

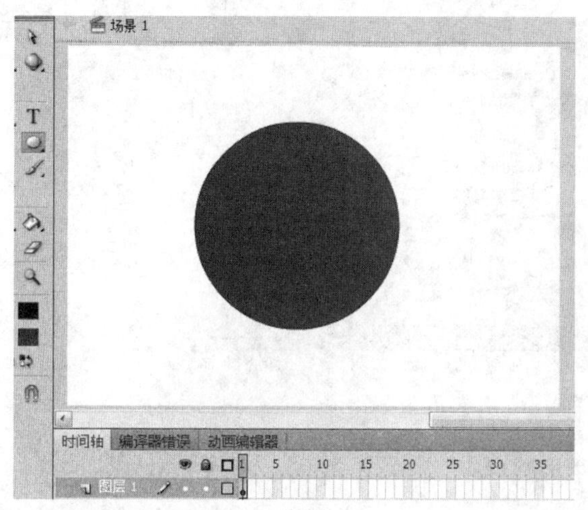

图 2-13　绘图

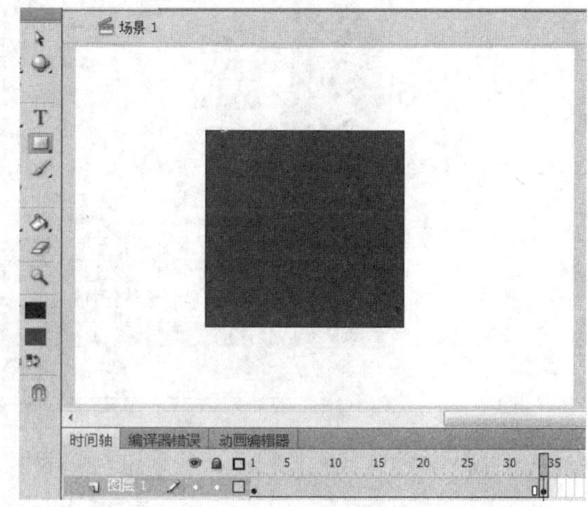

图 2-14　绘正方形

（3）在时间轴面板上的两个关键帧之间的任一帧上右键单击，在弹出的菜单中选“创建补间形状”，按 Enter 键测试影片。如图 2-15 所示。

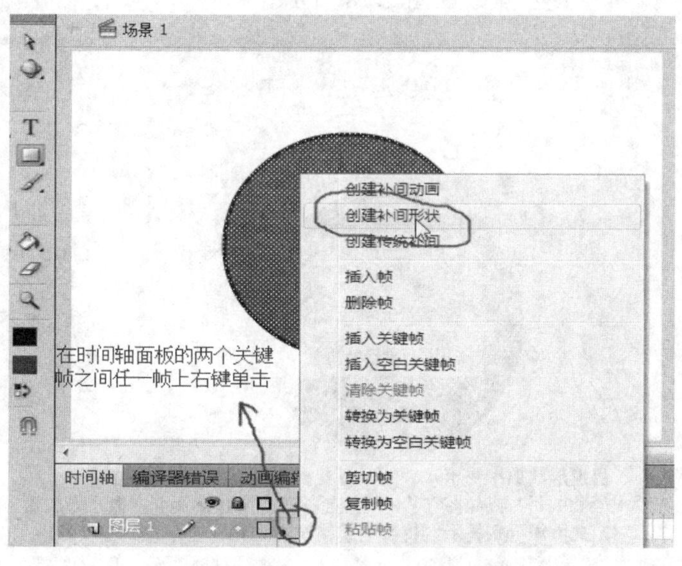

图 2-15　创建补间形状

在圆过渡到正方形的过程中，可能由于四个角的位置在变化而使效果不太满意，如果我们想要四个角的位置不变，则可按照图 2-16 所示通过添加形状提示的方法来解决。

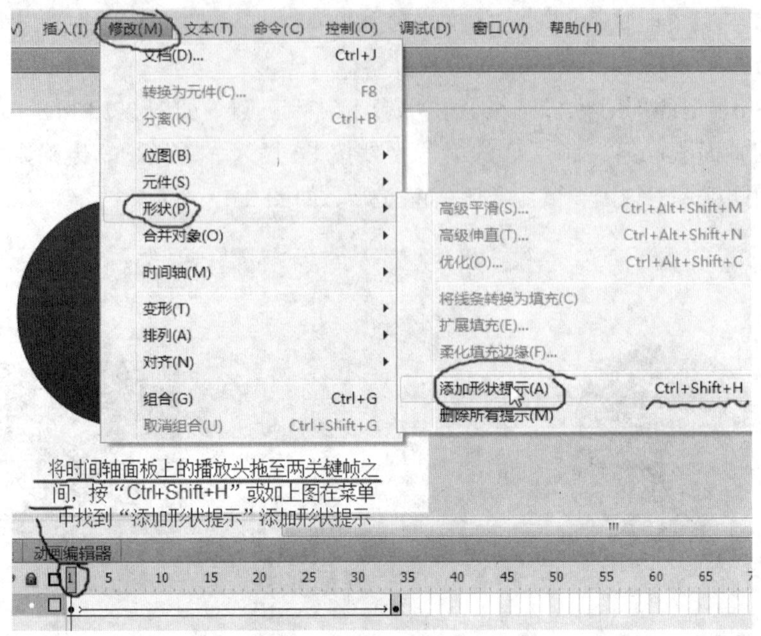

图 2-16 添加形状提示

（4）将时间轴面板上的播放头拖至两关键帧之间，按“Ctrl+Shift+H”或如图 2-16 所示在菜单中找到“形状”→“添加形状提示”。

圆形形状的中央出现“a”，将其拖到左上角，然后继续按“Ctrl+Shift+H”；或如图 2-17 所示在“a”上点右键，选右键菜单中的“添加提示”，来添加更多提示。将它们拖至右上角、左下角、右下角，添了 4 个提示点，如图 2-18 所示。

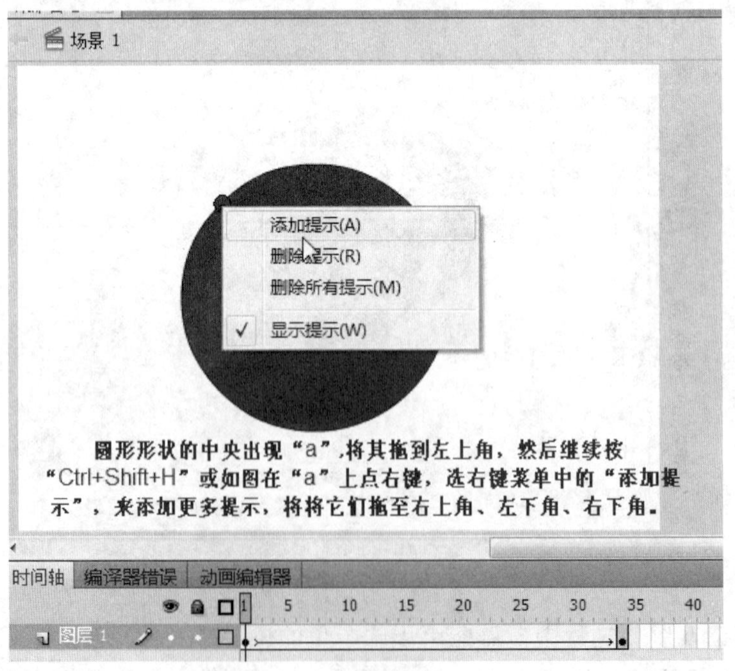

图 2-17 添加提示

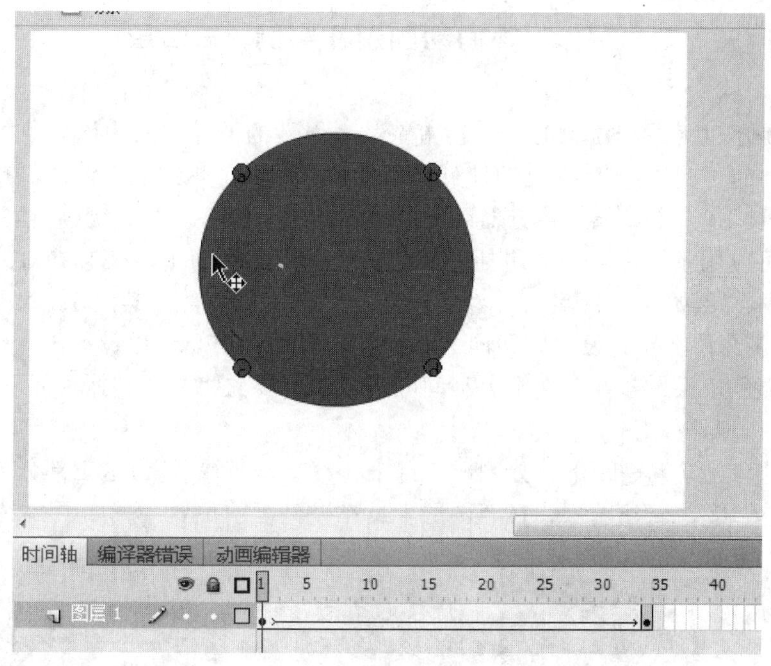

图 2–18　添加提示点

（5）将播放头拖至第二个关键帧，然后将第二个关键帧舞台上的“a”“b”“c”“d”拖至正方形的四个角，位置合适的话，它们将由红色变为绿色。按 Enter 键测试影片。如图 2-19 所示。

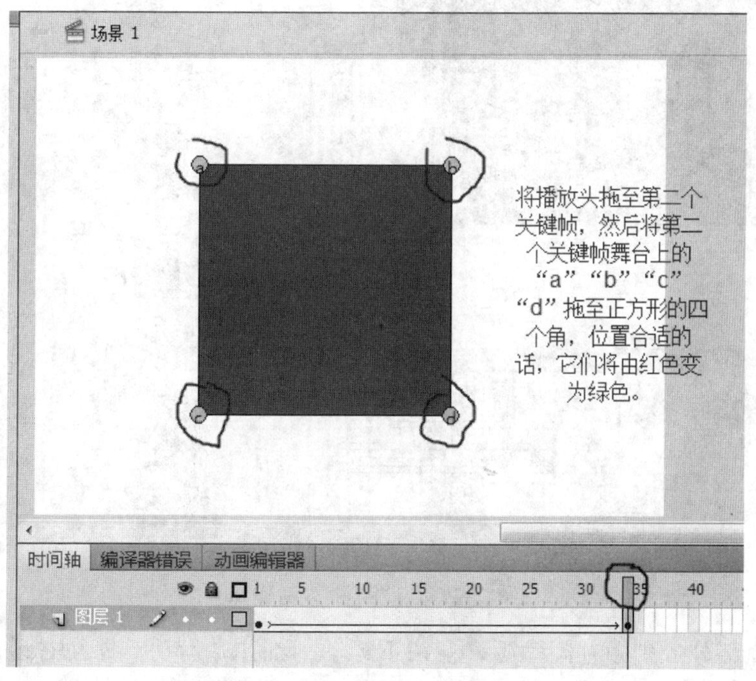

图 2–19　确定提示点位置

项目 3　补间动画制作实例——断层

补间动画是通过为一个对象的某一帧指定某个属性的值，从而为该对象的另一个帧来指定一个相关属性的不同值。Flash 自动计算这两个帧之间其他帧的该属性值。补间动画由属性关键帧组成，可以在舞台、属性检查器或动画编辑器中编辑各属性关键帧。

补间动画可应用于元件实例（包括影片剪辑、图形和按钮）以及文本对象。可补间的对象属性有：位置、旋转、倾斜、缩放、颜色效果以及滤镜属性等。其中 3D 动画要求对象仅限影片剪辑且 FLA 文件在发布设置中面向 Action Script 3.0 和 Flash Player 10。只能在元件和矢量图形上补间颜色效果，若要在文本上补间颜色效果，要先将文本转换为元件。

“断层”制作步骤如下：

（1）先在舞台上绘制一矩形，分割成三部分（红、蓝、绿），将这三部分分别单独放在不同的图层上（“剪切”，新建图层，在新图层上“粘贴到当前位置”），如图 2-20 所示。

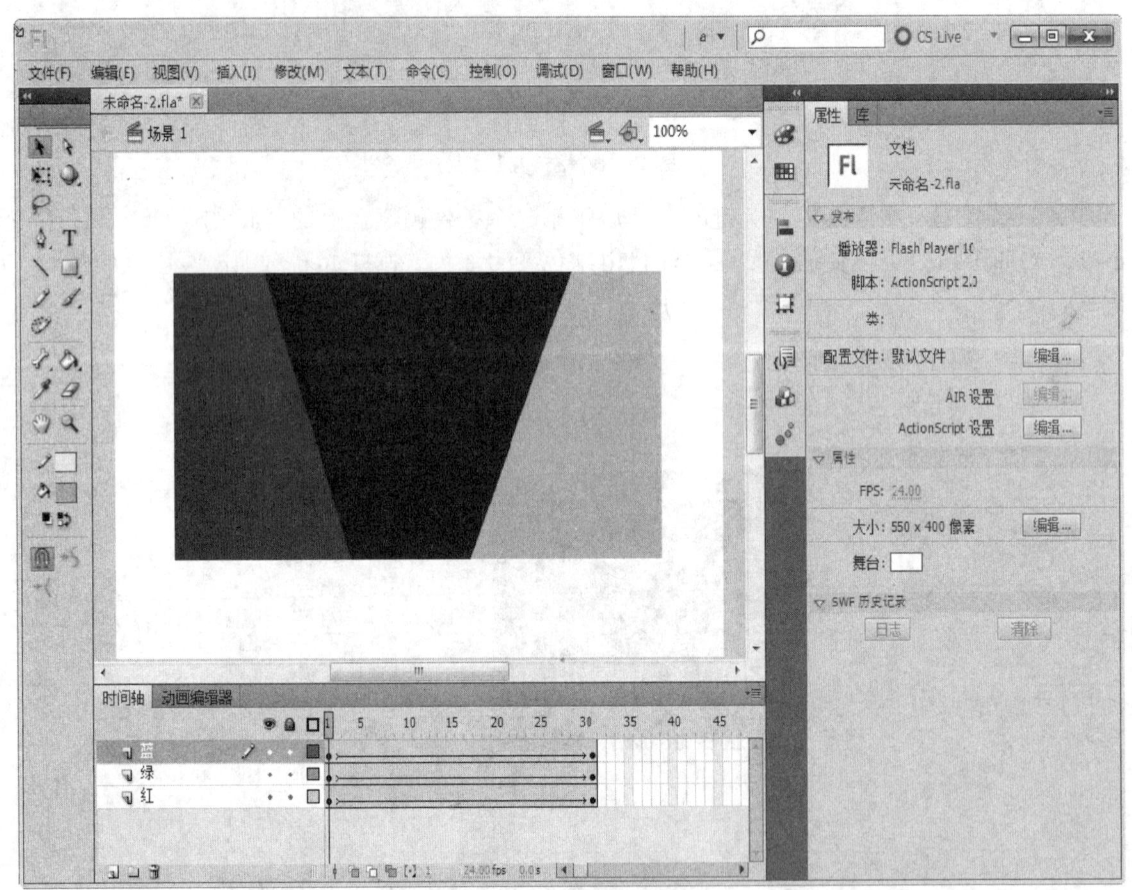

图 2-20　“断层”制作 1

（2）对三个部分分别做补间动画，蓝往下运动，红往左运动，绿往右运动。分别对红、绿、蓝三层在时间轴面板上的两个关键帧之间的任一帧上右键单击，在弹出的菜单中选“创建补间动画”。如图 2-21 所示。

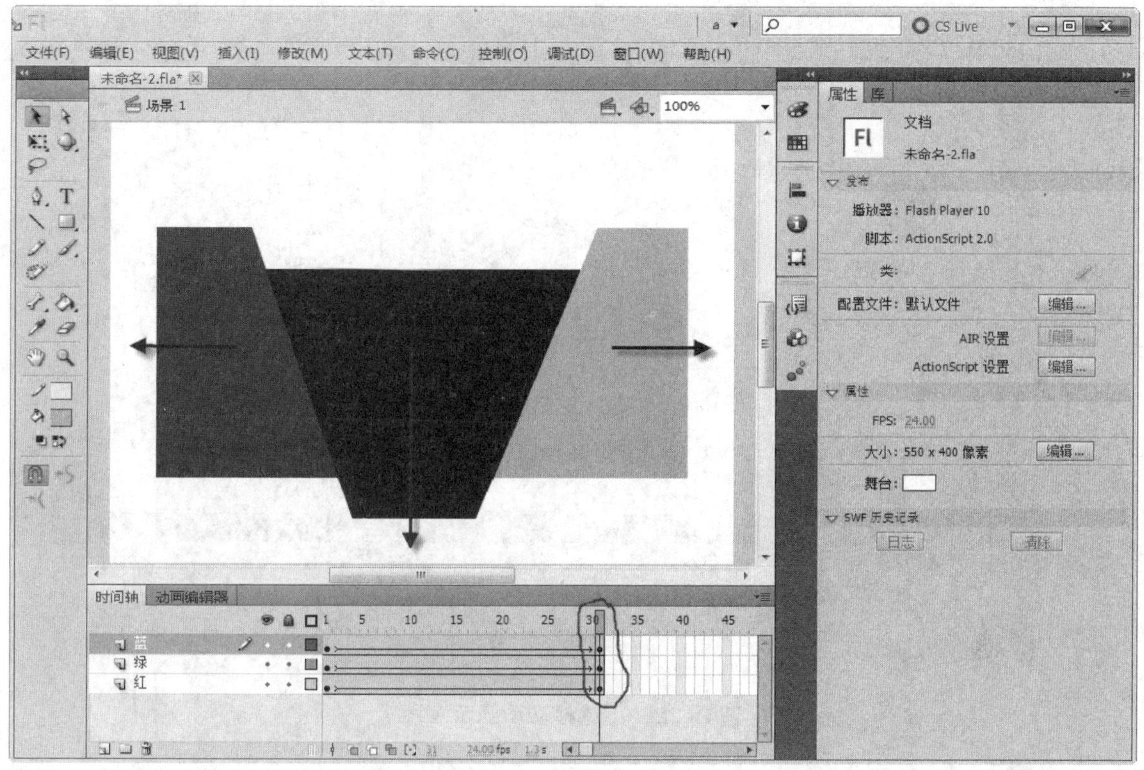

图 2-21　“断层”制作 2

项目 4　传统补间动画制作实例——沿引导线运动的小球

创建传统补间动画要求对象应是元件、组合或位图，而不能是形状，形状只有组合(Ctrl+G)或者转换成元件后才可以做传统补间动画。

制作一个小球移动动画的步骤如下：

（1）用工具面板上的椭圆工具按住 shift 键绘制一小圆，选择一径向渐变的填充颜色填充小圆，绘制出一小球。

（2）在时间轴面板上选择第一帧，鼠标右键点击，在弹出的菜单上选择“创建传统补间”。

（3）鼠标右键点击时间轴第 60 帧，在弹出的菜单上选择“插入关键帧”。

（4）将第 60 帧的小球向右拖动到新的位置。如图 2-22 所示。

（5）测试动画。

结果，小球向右做直线运动。

如果我们想让小球做曲线运动，按如下步骤：

（1）完成以上小球做直线运动的传统补间动画各步骤。

（2）为一个包含传统补间的图层添加引导层。在时间轴面板上选择小球直线运动所在图层，然后新建一图层（时间轴面板上有个新建图层的按钮），使其在球运动图层的上一图层，在该图层上用铅笔等画线工具绘制一曲线。如图 2-23 所示。

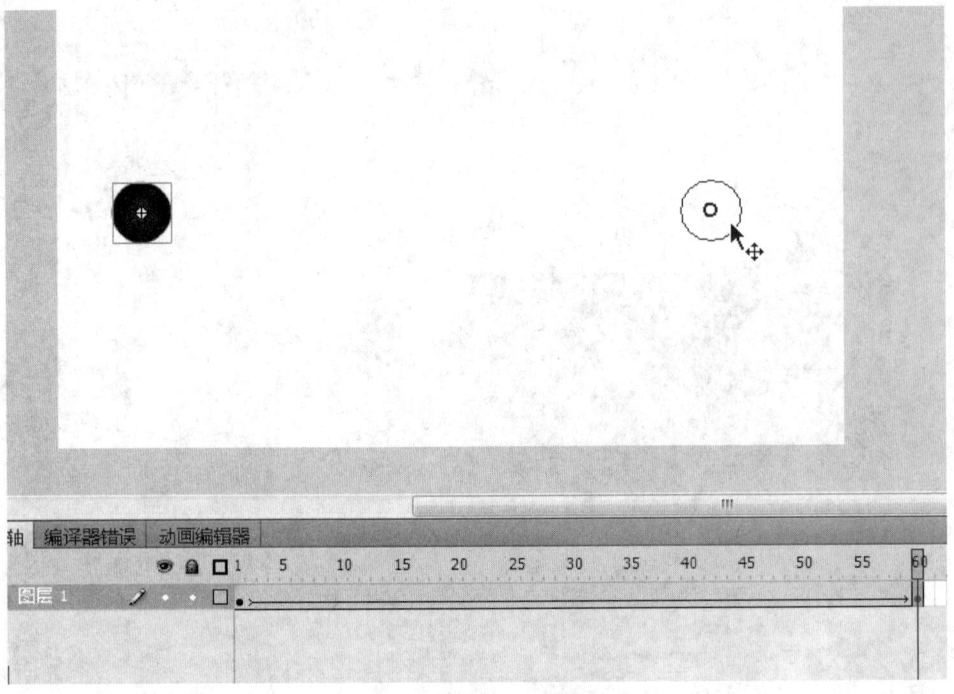

图 2-22 小球移动动画示意图

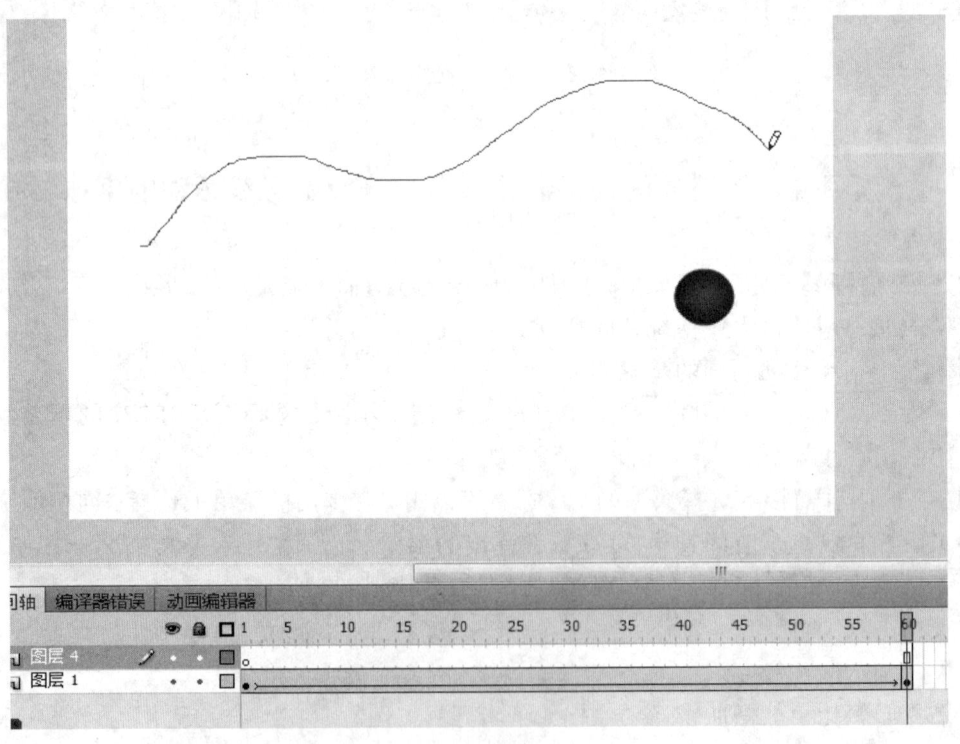

图 2-23 小球曲线运动示意图

（3）在时间轴面板上选择曲线所在图层，鼠标右键点击，在弹出菜单上选择“引导层”，使曲线变成引导线。如图 2-24 所示。

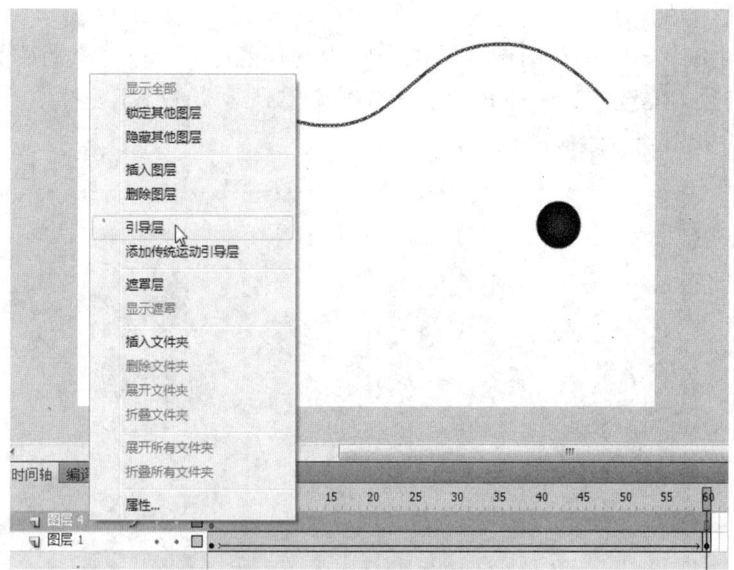

图 2-24　曲线变引导线示意图

（4）用鼠标左键按住小球直线运动所在图层稍向上拖动，使其被引导。如图 2-25 所示。

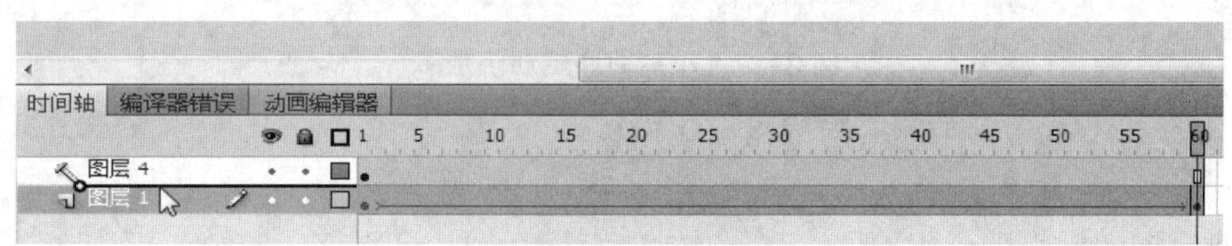

图 2-25　引导小球界面

（5）选择第一帧，拖动小球到引导线的第一个端点。如图 2-26 所示。

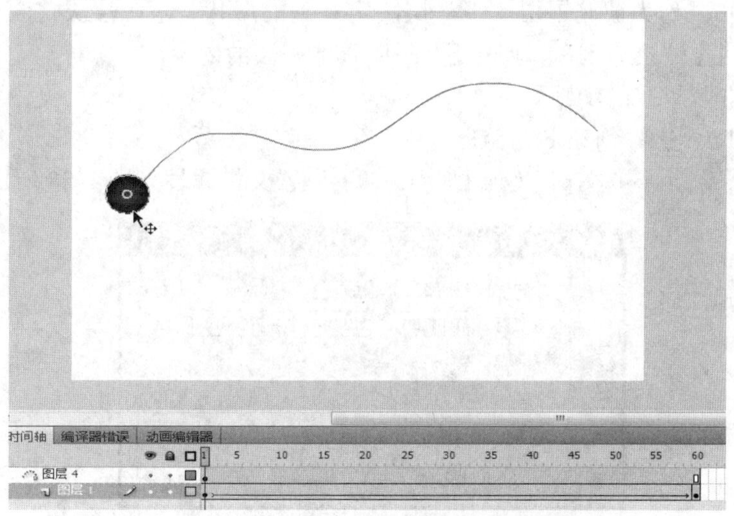

图 2-26　拖动小球至引导线第一端点示意图

（6）选择最后一帧，拖动小球到引导线的第二个端点，如图 2-27 所示。可以放大图形显示来更好地进行对齐。选中小球图层，单击补间内的任意一帧，在“属性”面板中勾选“贴紧”和“调整到路径”复选框，使补间元素的基线调整到运动路径上。按 Ctrl+Enter 键查看动画输出效果，此时看不到所绘制路径。

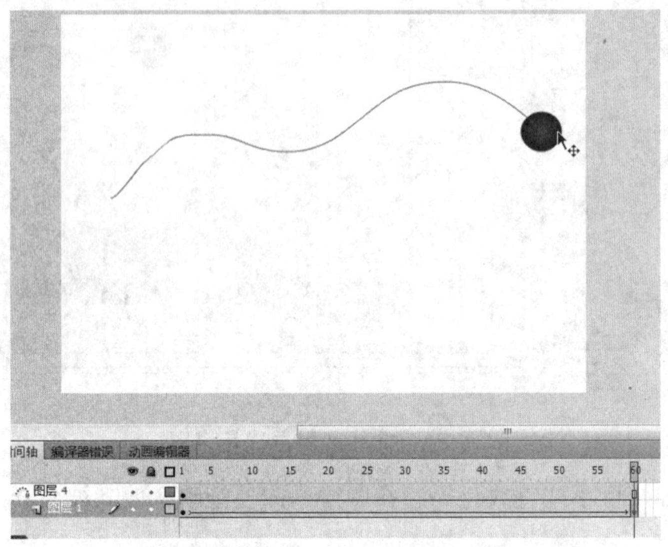

图 2-27 小球曲线运动示意图

项目 5 遮罩动画

遮罩动画可以使遮罩层显示下方图层中的全部或部分区域内容。遮罩层中的对象可以是填充的形状、文字对象、图形元件的实例或影片剪辑。遮罩是需要通过两层实现的，上一层称为遮罩层，下一层称为被遮罩层。上一层决定看到的形状，下一层决定看到的内容。我们通常也把遮罩层叫作“透通区”，即透过上一层看下一层的内容。

制作“探照灯效果”的步骤如下：

（1）先启动 FLASH，创建 FLASH；

（2）点击“修改”→“文档”（或 CTRL+J），设置文档属性如图 2-28 所示。

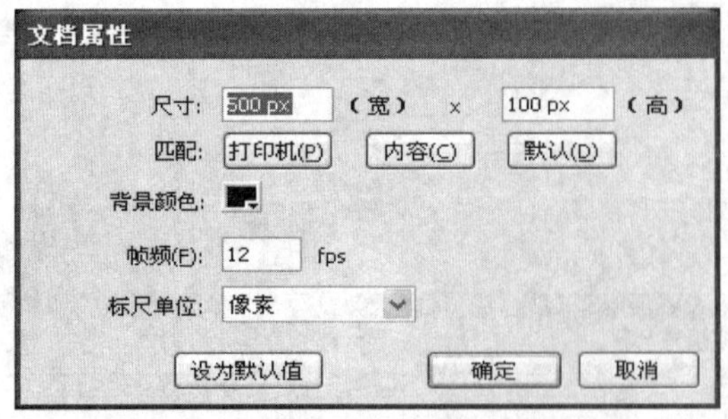

图 2-28

（3）选择文字工具 ，并在属性面板设置文字的属性，如图 2-29 所示，输入文字“FLASH 动画世界”。

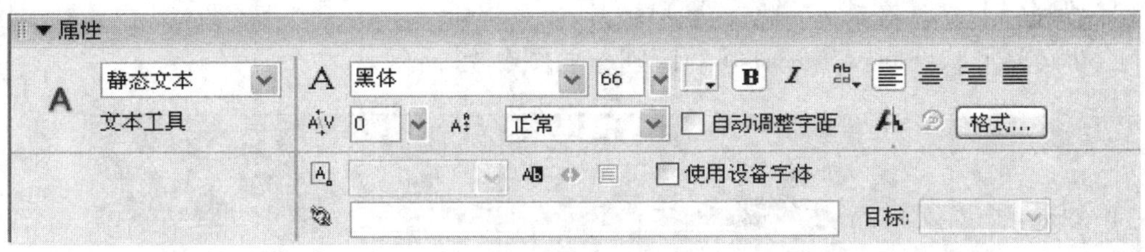

图 2–29

（4）新建一个层，在这一层用画圆工具 绘制一个不带边线的圆形作为遮罩，颜色可任选；并将绘制好的圆转换成“图形元件”。

（5）在圆形图层上单击鼠标右键，设置该层的属性为“遮罩层”，并改图层名称为“遮罩层”。

（6）把实例圆拖到文字的左面，如图 2-30 所示。

图 2–30

（7）在文字层的第 25 帧单击鼠标右键插入帧（或按 F5 键），如图 2-31 所示。

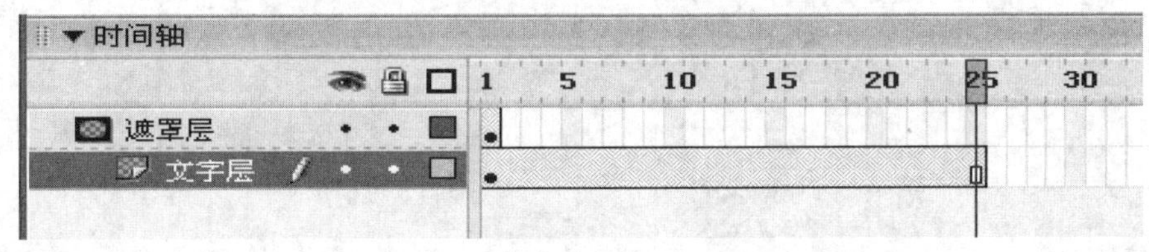

图 2–31

（8）在遮罩层的第 25 帧单击鼠标右键插入关键帧（或按 F6 键），并将圆拖至文字的右端，如图 2-32 所示。

图 2–32

（9）在“遮罩层”的第 1 到 25 帧之间设置补间动画，在时间轴面板上的两个关键帧之间的任一帧上右键单击，在弹出的菜单中选“创建补间动画”。

（10）保存 FLASH 文档，测试、导出影片。

补间动画、形状补间、传统补间的区别，如图 2-33 所示。

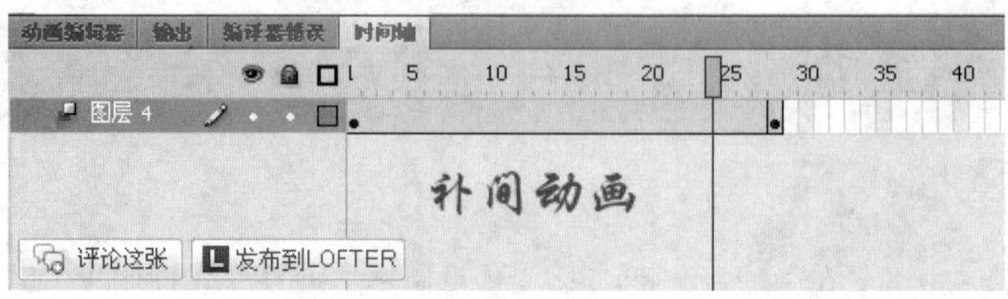

（a）补间动画

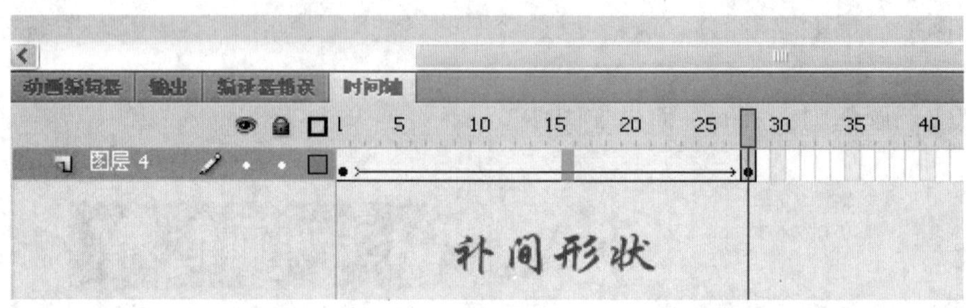

（b）补间形状

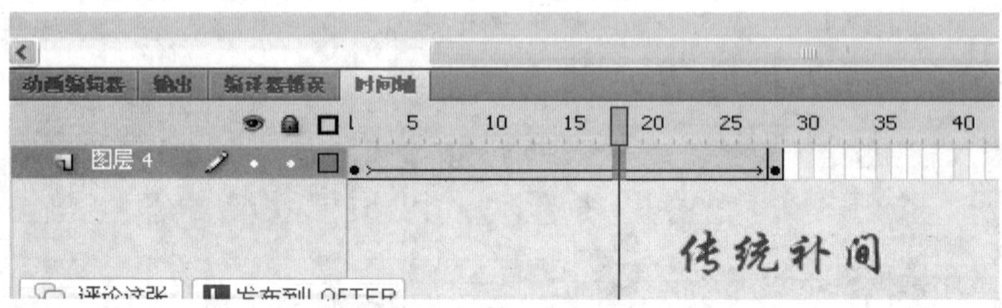

（c）传统补间

图 2-33　不同补间的区别

项目 6　制作按钮动画

按钮元件是 Flash 的基本元件之一，它具有多种状态，并且会响应鼠标事件、执行指定的动作，是实现动画交互效果的关键对象。从外观上，“按钮”可以是任何形式，比如，可能是一幅位图，也可以是矢量图；可以是矩形，也可以是多边形；可以是一根线条，也可以是一个线框；甚至还可以是看不见的“透明按钮”。

1. 新建按钮元件

新建一个影片文档，执行【插入】|【新建元件】命令，弹出一个【创建新元件】对话框，在【名称】中输入“圆形按钮”，选择【行为】为【按钮】类型，如图 2-34 所示。

图 2-34　新建按钮元件

单击【确定】按钮，进入到按钮元件的编辑场景中，如图 2-35 所示。

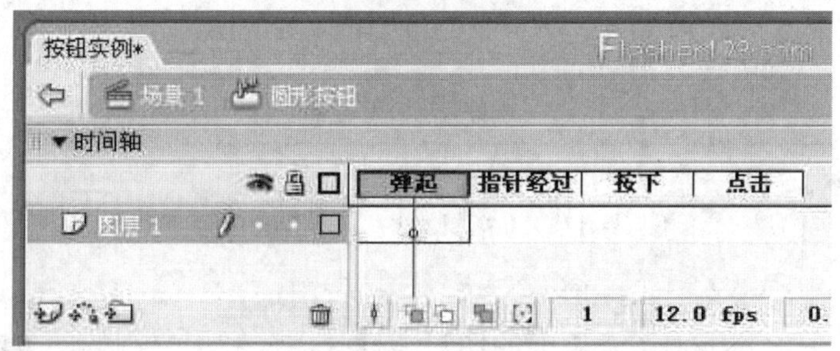

图 2-35　圆形按钮的编辑时间轴

2. 创建按钮

1）绘制按钮图形

步骤 1　创建【弹起】帧上的图形。

将【图层 1】重新命名为“圆形”，选择这个图层的第 1 帧（弹起帧），利用【椭圆工具】绘制出如图 2-36 所示的按钮形状。

图 2-36　【弹起】帧上的图形

这个形状是由一个蓝色圆形和一些小椭圆形状组合而成的，另外为了表现球的立体感，在蓝色圆形下边还绘制了一个椭圆阴影。

步骤 2 创建【指针经过】帧上的图形。

选择【指针经过】帧，按 F6 键插入一个关键帧，并把该帧上的图形重新填充为橄榄绿色，如图 2-37 所示。

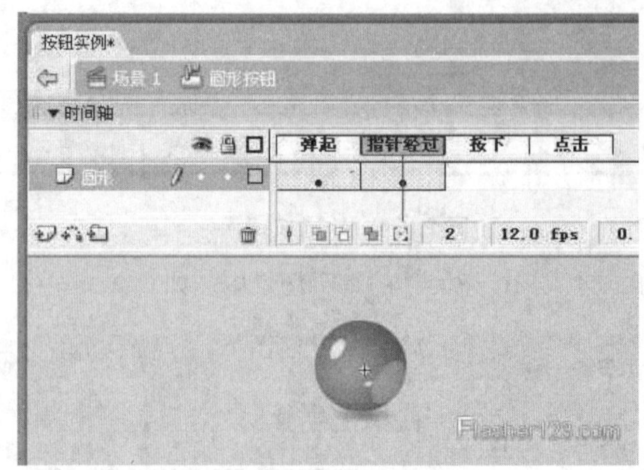

图 2-37 【指针经过】帧上的图形

步骤 3 创建【按下】帧上的图形。

【按下】帧上的图形和【弹起】帧上的图形相同，因此利用复制帧的方法即可得到。先用鼠标右键单击【弹起】帧，在弹出的菜单中选择【复制帧】命令，然后用鼠标右键单击【按下】帧，在弹出的菜单中选择【粘贴帧】命令即可。

步骤 4 创建【点击】帧上的图形。

选择【点击】帧，按 F7 键插入一个空白关键帧，这里要定义鼠标的响应区。用【矩形工具】绘制一个矩形，如图 2-38 所示。注意一定要让这个矩形完全包容前面关键帧中的图形。

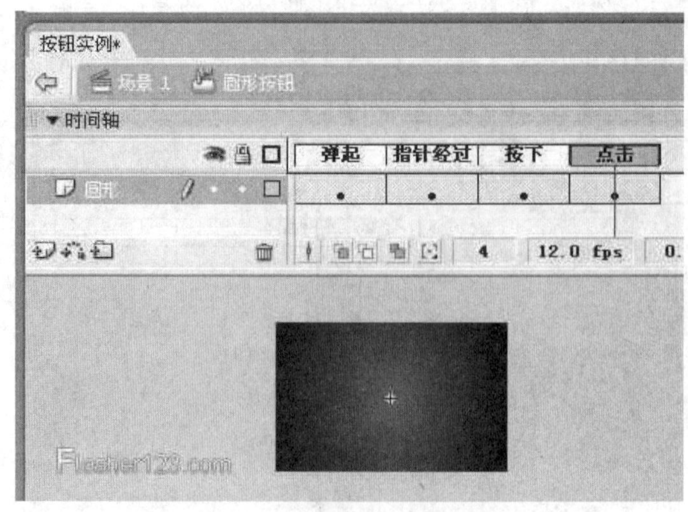

图 2-38 【点击】帧上的图形

说明:【点击】帧中的内容，在播放时是看不到的，但是它可以定义对鼠标单击所能够做出反应的按钮区域。也可以不定义【点击】帧，这时【弹起】状态下的对象就会被作为鼠标响应区。

2）创建文字效果

为了使按钮更实用并更具动感，下面我们在圆形按钮图形上再增加一些文字特效。

步骤 1　创建【文字 1】图层。

在【圆形】图层上新建一个图层，并重新命名为“文字 1”。在这个图层的第 1 帧，用【文本工具】输入“play”文字，字体颜色用黑色，如图 2-39 所示。

图 2-39　创建【文字 1】图层

步骤 2　创建【文字 2】图层。

在【文字 1】图层上新建一个图层，并重新命名为“文字 2”。先将【文字 1】图层上的文字原样原位置复制到【文字 2】图层的第 1 帧上。方法是，单击选择【文字 1】图层上的文字，执行【编辑】|【复制】命令，然后单击选择【文字 2】图层的第 1 帧，执行【编辑】|【粘贴到当前位置】命令即可。

除了【文字 2】图层，锁定其他图层，然后选择这个图层上的文字对象，按下向上方向键和向左方向键各两次，然后将文字的颜色更改为绿色。这样就形成了一个立体效果的文字，如图 2-40 所示。

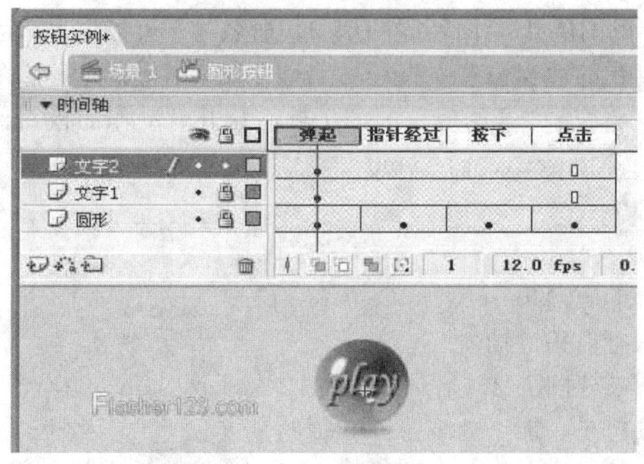

图 2-40　【弹起】帧的文字效果

选择【文字 2】图层的第 2 帧，按 F6 键插入一个关键帧，将这个关键帧上的文字颜色改为蓝色，如图 2-41 所示。

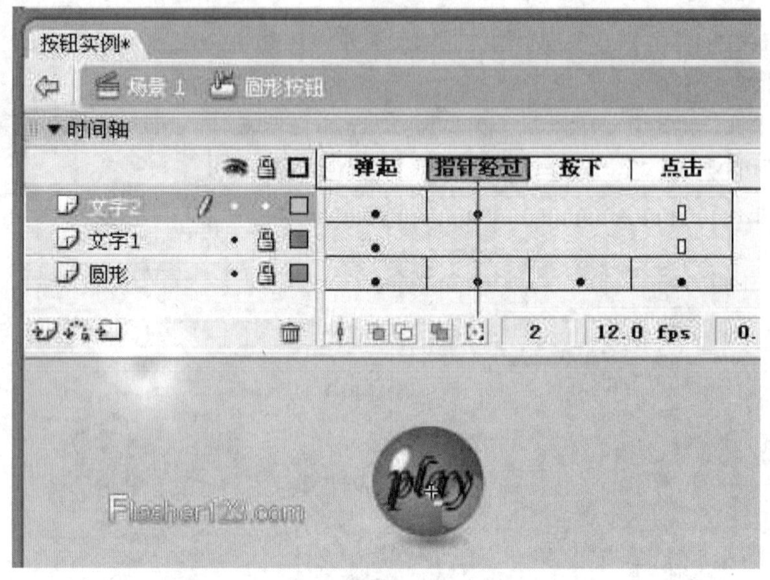

图 2-41 【指针经过】帧的文字效果

至此，这个按钮元件就制作好了。现在我们返回【场景 1】，并从【库】面板中将“圆形按钮”元件拖放一个实例到舞台上，然后按下 Ctrl + Enter 组合键测试一下。

项目 7 用按钮控制动画播放

1. 制作开始按钮

（1）将做好的动画影片剪辑放在“场景 1”的图层 1 的第 2 帧。

（2）新建一按钮元件，名“开始”，编辑“开始按钮”，居中对齐。

（3）在“场景 1”的图层 1 上面新建图层 2，命名为“开始”，将做好的“开始按钮”元件拖入第 1 帧并放在舞台的适当位置。打开“属性”面板，将<实例名称>改为 ksbtn。

（4）回到场景 1，点一下“开始层”的第 1 帧，打开“动作面板”，输入：

```
function pl ( event: MouseEvent ): void {
 play ( );
}
ksbtn.addEventListener ( MouseEvent.CLICK, pl );
```

（5）在第 2 帧插入空白关键帧。

（6）在图层 2 上面新建图层 3，名 AS，在第 1 帧输入 stop ( );

（7）把图层 1 的帧延长到那个动画影片剪辑的长度。

（8）这样“开始”按钮就做好了，测试看看吧。

2. 制作停止按钮

（1）新建一按钮元件，名“停止”，编辑“停止按钮”，全居中对齐。

（2）在“场景 1”的开始层上面插入一图层，名“停止”，将编辑好的“停止按钮”元件拖入第 2 帧（第 1 帧为空白关键帧）并放在舞台的适当位置。打开“属性”面板改为 tzbtn。

（3）回到场景 1，点一下“停止层”的第 2 帧，打开“动作面板”，输入：

```
function tz（event：MouseEvent）：void {
gotoAndPlay（1）
}
tzbtn.addEventListener（MouseEvent.CLICK，tz）;
```

这样停止按钮也做好了，保存，测试。

空白帧是不能加动作的，只有空白关键帧和关键帧才可以加动作。AS3 中不再允许在影片剪辑和按钮之上加动作，如果想在主时间轴控制舞台上的影片剪辑和按钮，只能在主时间轴的关键帧上加动作。影片剪辑里的关键帧上是可以加动作的，按钮里的时间轴不能加。

【评价反思】

选取所学学科某个适合做成动画的知识点制作成 flash 动画作品，作品评价标准如表 2-1 所示。

表 2–1　Flash 动画作品评价标准

指标	指标描述	得分	建议
科学性（15 分）	资源内容正确，主题明确		
教学性（15 分）	教学设计合理，能有效支持所属教学单元内容。		
技术性（60 分）	正确创建逐帧动画（10 分）		
	正确创建补间动画（10 分）		
	正确创建传统补间动画（10 分）		
	正确创建形状补间动画（10 分）		
	正确创建引导线动画（10 分）		
	正确创建遮罩动画（10 分）		
	正确创建按钮动画（10 分）		
艺术性（10 分）	画面内容美观、整洁，色彩搭配协调。		

【学习资源】

网站：金鹰电脑教程网 http：//www.xjke.com；闪客帝国 http：//flashempire.com。

工具：东师理想动画制作平台，物理电学实验平台。

2.4 音频/视频素材的获取与加工

2.4.1 音频素材的获取与加工

【教学目标】

（1）认识 Auditon 的工作界面。
（2）说出不同组成部分的名称及不同工具的作用。
（3）能够进行声音文件的录制和保存。
（4）尝试完成多轨混音文件的创作，可以自己录制诗歌、演讲或歌曲。

【教学重点】

录音并保存，多轨混音。

【情景导入】

音频制作软件 Audition 软件的前身是 Cooledit，后 Cooledit 被 Adobe 公司收购，之后 Adobe 推出了 Audition 1.5 的升级，Audition 2.0 和 Audition3.0 等，图 2-42 所示是 Audition 3.0 的基本界面。

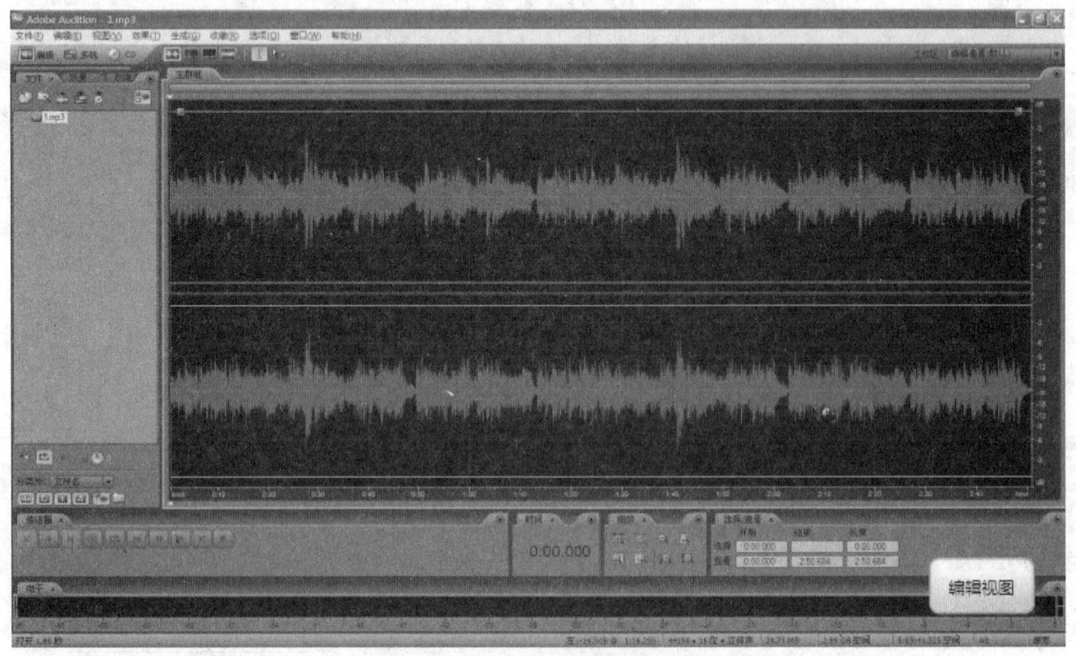

图 2-42 Audition 3.0 界面

同类的软件还有 Gold Wave，还有高级一些的 Cubase 和 Nuendo，等等。下面，我们将按照广播节目的制作顺序，由浅入深地逐步讲解 Audition 的使用。

【训练项目】

项目 1　音频硬件设置

正确地设置音频硬件是正常使用 Audition 的前提。Audition 3.0 提供了默认的音频输出设备 Audition 3.0 Windows Sound，如果没有专业声卡，建议选择此项，如图 2-43 所示但目前此设备对某些新的集成声卡的支持还不完善，如果无法使用，请暂时使用 Audition 1.5 或者其他音频软件。

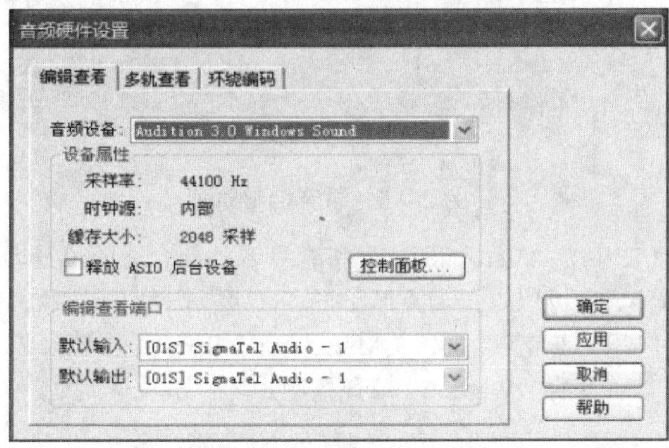

图 2-43　音频硬件设置界面

如果有兴趣的话，可以尝试 ASIO4ALL 驱动。这个由 Steinberg 开发的驱动，以 WDM 设备为基础，在当前计算机上虚拟出第二块声卡，利用 CPU 的运算，使虚拟声卡达到很低的延迟。但如果没有使用对声卡要求较高的 VSTi 软合成器的需求，默认的 Audition 3.0 Windows Sound 完全可以应付一般的情况。

硬件选择正确的情况下，还需要选择正确的音频输入通道才能将声音录入电脑。双击右下角音量图标打开音量控制面板，如图 2-44 所示。

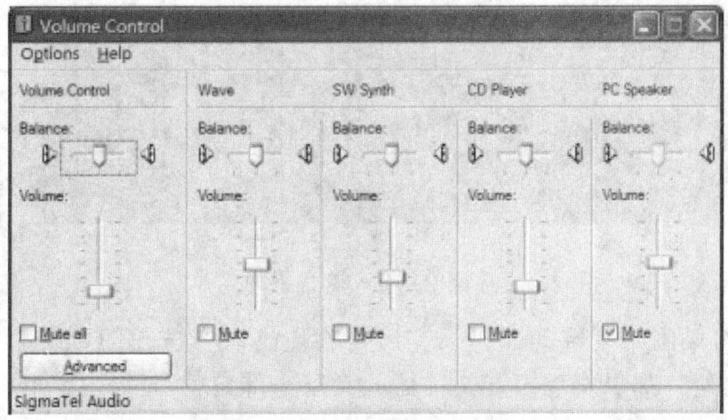

图 2-44　音量控制界面

然后切换到录音控制面板 1，如图 2-45 所示。

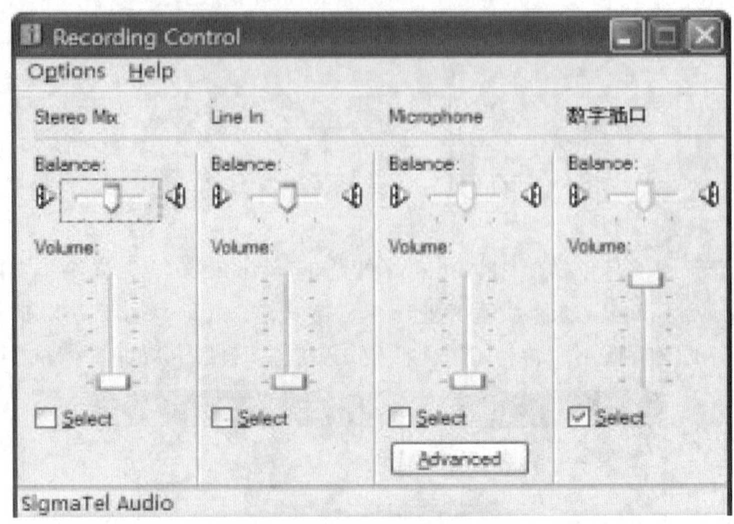

图 2-45　录音控制界面

选择“麦克风”（图中为 Microphone），将音量调整到合适的位置即可。如果将滑块调到最大音量声音仍然偏小，则可以点击麦克风下的“高级”按钮（要勾选“选项”菜单下的“高级控制”才可见），打开“麦克风加强”（Microphone Boost）功能。录音控制面板亦可通过 Audition 的“选项”菜单下的“Windows 录音控制台”调出。

项目 2　录音

录音是一套节目的基础，一般对录音有如下要求：音量大小合适；尽量减少爆音；背景噪音可以有但不能对人声产生较大的影响；录音要连贯、自然，尽量减少修改留下的痕迹。

打开 Audition，选择“文件”菜单下的“新建”命令，确定后点击“录音”按钮即可进行录音，如图 2-46 所示。

图 2-46　录音界面

点击录音按钮录制一段诗朗诵，录完后再次点击录音按钮即可结束。顺便一提，使用 Audition 1.5 的时候，如果发现声音文件播放到某一部位就自动停止，那么你可能会用到图 2-46 中的按钮。

项目 3　降噪

降噪是一个可选操作，如果录音质量足够好，完全可以不用降噪，以最大限度保留人声的特性。目前由于设备不达标和录音环境的问题，录音噪音都在-30dB 左右甚至更高。虽然我们不需要太专业的效果，但至少要保证背景噪音不要过高。

在将录错的部分删除后，即可进行降噪操作。先选中一段噪音，如图 2-47 所示。

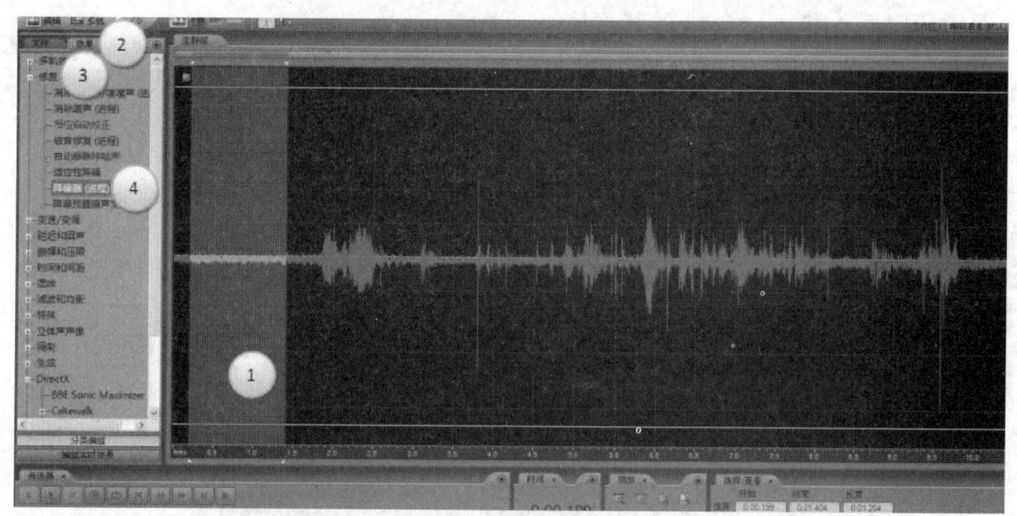

图 2-47　选中噪音

然后打开左侧“效果”面板，依次打开“修复”、“降噪器”，如图 2-48 所示。

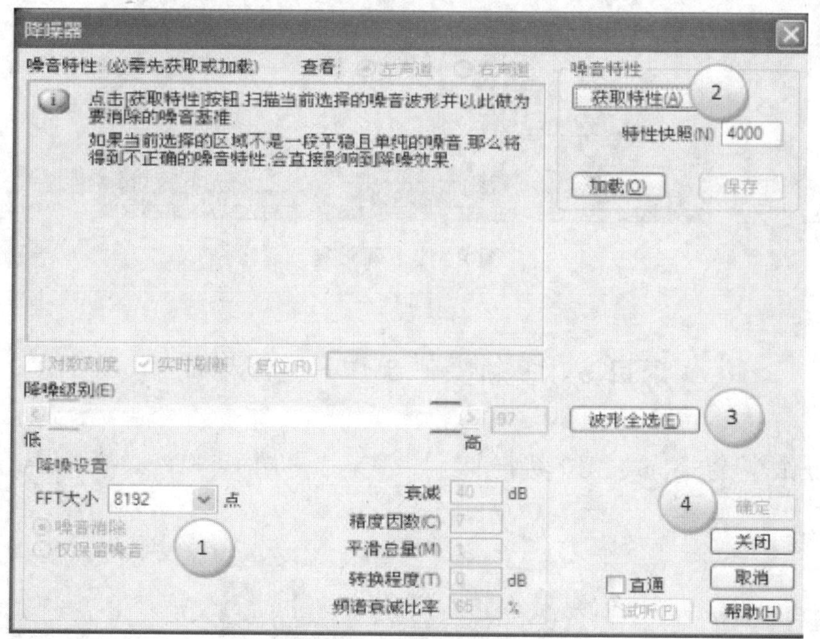

图 2-48　降噪器界面

FFT 即 Fast Fourier Transform。FFT 值越大降噪效果越差，降噪后声音失真越小；FFT 值越小降噪效果越好，但降噪后声音失真越严重。

更改 FFT 大小为 8192 点，之后点击获取特性，等待计算机执行噪音取样完成后，点击“波形全选”按钮，最后点击确定。等待处理完成即可。降噪器里还有很多选项，有兴趣的读者可以进行研究。

另外，降噪还可以通过对声音进行音量的限制来实现。通过将音量比噪音音量小的声音进行限制，也可以达到降噪的目的。许多 Audition 自带的或第三方插件都可以实现这个功能。如“电子管压限器”和 Ultrafunk 的 Sonitus：Gate 效果器。

项目 4　硬限制

硬限制其实是调整音量的手段之一。其原理是在保证没有爆音的前提下，在一定限度上提升声音的整体音量。在降噪完成之后或之前，我们经常需要调整音量大小使得前后音量平衡一些。

首先选中要处理的部分，依次打开“振幅和压限”、“硬性限制”，如图 2-49 所示，根据音频的音量大小进行设置，之后确定即可。

到这里录音的处理就基本完成了。

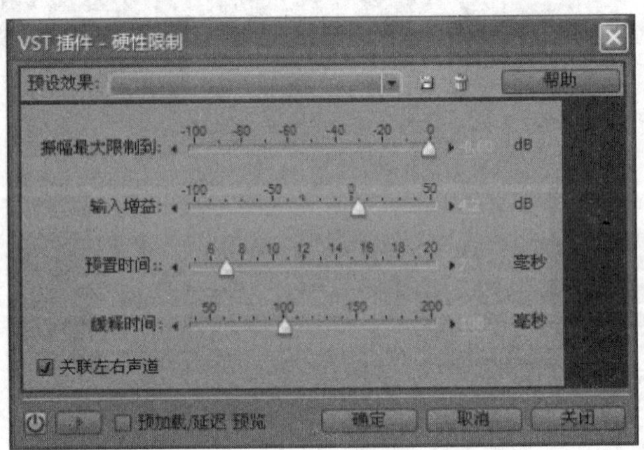

图 2-49　硬限制

项目 5　多轨操作制作一段配乐朗诵

之前的操作都是在编辑视图下进行的，要进行进一步的合成就必须要用到多轨视图。如图 2-50 所示。

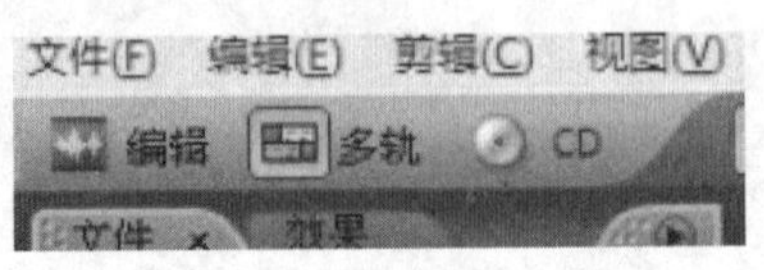

图 2-50

首先介绍一下多轨视图下最常用的工具：

选中的工具为混合工具，与其他的工具不同，使用此工具通过鼠标即可以完成大部分的操作。

鼠标动作的定义为：

左键——时间选取；

Ctrl+左键——选取剪辑；

右键——移动剪辑；

Shift+右键——复制剪辑；

Ctrl+右键——复制剪辑并建立音频副本；

Alt+右键——滑动剪辑中的音频。

下面我们通过制作一段配乐朗诵来说明多轨模式的使用。

（1）完成前面的用 Audition 录制诗朗诵后，点击按钮 ，切换到多轨视图。将一段背景音乐导入 Audition。

默认情况下 Audition 会建立 6 条空白音轨和一条主控音轨，使声音的合成更为方便。每条音轨在默认情况下都会发声。所以我们只要把音频拖入到任意轨道中并进行简单的调整就可以实现录音与音乐的合成。

（2）下面将这两段声音分别拖入到音轨 1 和音轨 2 中，并调整其位置，使音乐在前、人声在后，达到一种配乐朗诵的感觉。如图 2-51 所示。

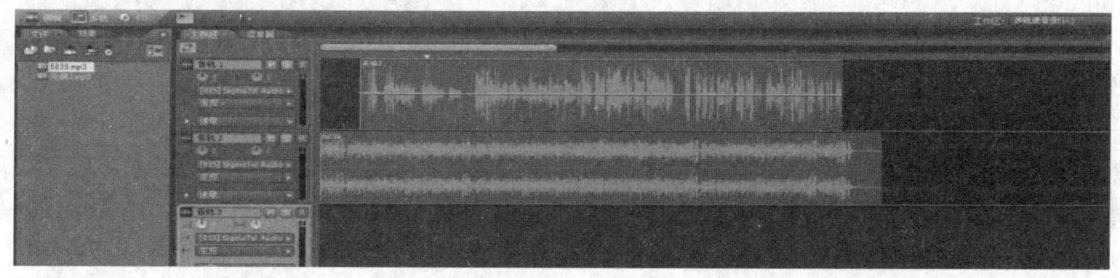

图 2–51

（3）按空格键播放试听效果，有可能会感觉背景音乐音量过大，遮住了人声，这时就需要将音乐的声音调小。调整音量有许多方法，我们可以拖动音轨标题下面的 来调节对应音轨的整体音量；或者右击该音频剪辑，选择剪辑属性，在弹出的面板左侧调整音量滑块；或者通过剪辑顶部的包络曲线来详细地控制剪辑音量。如图 2-52 所示。

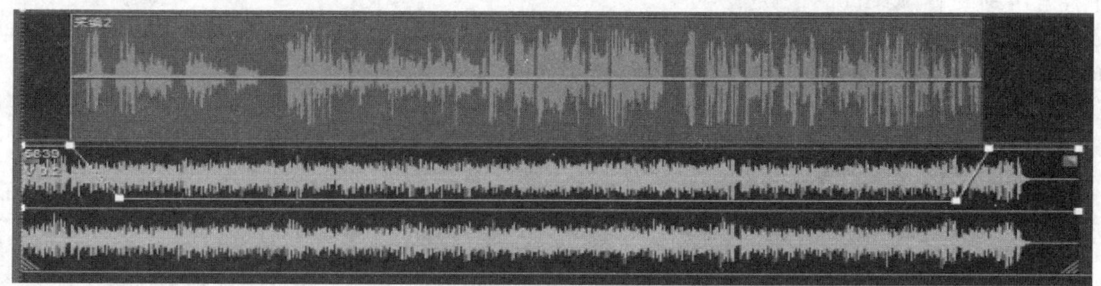

图 2–52

图中绿色的折线就是音量包络曲线，同样在剪辑块中部还有声相包络曲线，用于调整左右声道平衡。

其实图 2-52 中我们已经实现了音乐渐入的效果。还有一种更简便的方法可以达到类似的效果：选中背景音乐剪辑，然后将鼠标移动到剪辑块的左上角，当鼠标变为十字状的时候，点击并向右拖动鼠标，调整到合适的位置，如图 2-53 所示。（在编辑视图下同样可以进行类似的操作。）

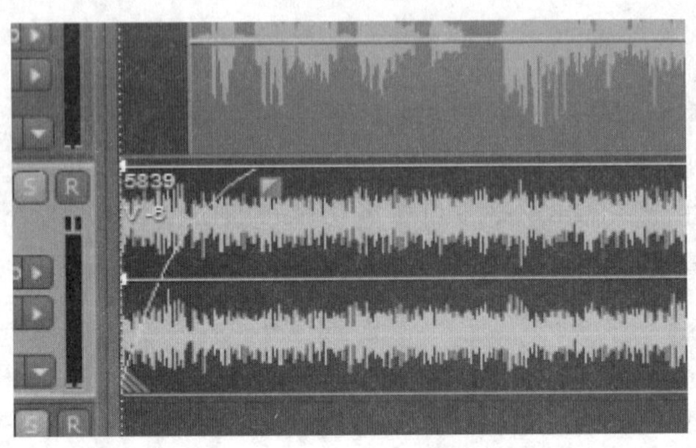

图 2–53

图 2-53 中黄色曲线即为淡入曲线，它形象地描述了音量随时间的变化情况，这也是 Audition 3.0 新增的功能。图中剪辑块左上角的“V-6”代表此剪辑块的音量为-6dB，通过上文中调整音量的第二种方法调整剪辑块的音量后会出现该提示。同理，音乐结尾也可以类似地做出淡出的效果。

（4）到这里，一段配乐朗诵就基本做完了。要做出一个成品，还差最后一步——导出。依次选择“文件”、“导出”、“混所音频”，选择好保存位置之后，还有一点需要特别注意，文件名下面的“保存为”列表中，为了减少不必要的麻烦，我们推荐使用名为 mp3PRO 的编码器，以保证导出 MP3 文件的质量。之后点击选项，无论选择 CBR 还是 VBR，请保证比特率在 128 ~ 320 之间。

设置完毕点击保存，编码完成后 Audition 会自动导入刚刚导出的文件。到此，一段简单的配乐朗诵就做完了。如果需要保存工程以便以后修改，需依次选择“文件”、“保存会话”，在弹出的窗口中选择好保存位置，如果不能保证工程中用到的声音在下次载入的时候依然存在，请勾选“保存所有关联文件副本”，选择此项之后，Audition 会在保存录制期的目录下保存所有用到的音频文件的最新副本。

2.4.2 视频素材的获取

【教学目标】

（1）了解 Camtasia Studio 菜单、面板、窗口、工具栏和按钮的功能；

（2）熟悉 Camtasia Studio 的基本操作流程。

【教学重点】

视频捕捉，视频输出。

【训练项目】

项目 1　使用 Camtasia Studio 8 软件录制屏幕

Camtasia Studio 是一个简单实用且功能强大的屏幕录像软件，推荐大家使用。

（1）点击“开始→所有程序→TechSmith”，这里面会有 2 个快捷图标，一个是视频录制 Camtsia Recorder 8，一个是视频编辑 Camtasia Studio 8。选择 Camtasia Recorder 8，如图 2-54 所示。

图 2–54

（2）打开后会有一个视频录制软件的面板，如图 2-55 所示，我们看 Select area（选择区域），Full screen（全屏模式），选择这个是录制整个屏幕。启用这个模式时，整个屏幕边缘就有绿色的虚线，这就是录制视频的范围。

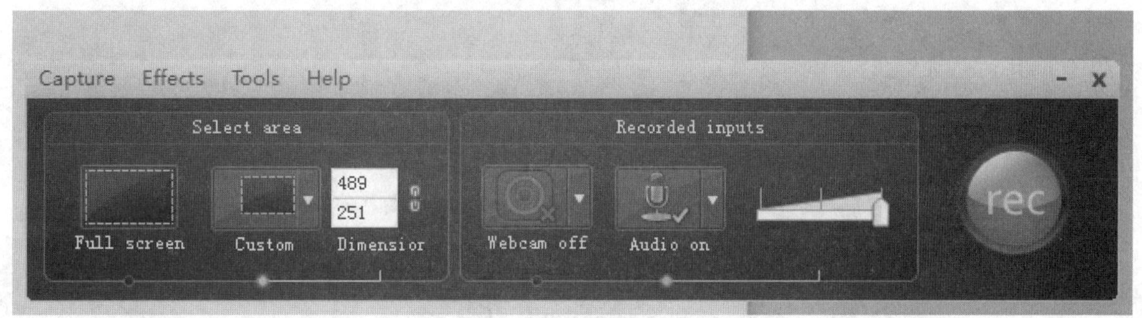

图 2–55　视频录制软件面板

Custom（常规）是可以自由选择区域，如图 2-56 所示。选择之后会出现一个范围框，可以左键按住中间的按钮自由拖动，也可以设置范围大小，宽度和高度在右侧会有显示数字，比如图 2-55 中显示 489 宽和 521 高。

点击 Custom(常规)右侧三角号，可以看到有几个常用的尺寸，如图 2-57 所示。Widescreen 宽屏（16：9）：1280×720、854×480；Standard 标准（4∶3）1024×768、640×480；Recent areas 最近使用尺寸：852×480、1920×1080。勾选 Lock to application（锁定应用）之后，视频录制范围就自动取消任务栏范围。比如，我的电脑视频为 1920×1080，点击全屏后录制的就是这个尺寸；如果勾选 Lock to application 选项，则录制的尺寸就是 1920×1040。

图 2-56

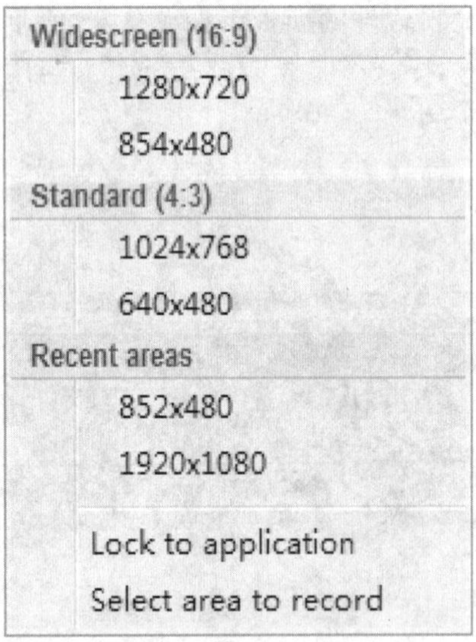

Widescreen (16:9)
1280x720
854x480
Standard (4:3)
1024x768
640x480
Recent areas
852x480
1920x1080
Lock to application
Select area to record

图 2-57

（3）Recorded inputs 记录输入（设备）。

Webcam：摄像头。如果电脑安装了摄像头就会显示 Webcam on，如果没有安装就显示 Webcam off。

Audio：音频。如果电脑安装了摄像头就会显示 Audio on，如果没有安装就显示 Audio off。

（4）rec 录制。点击  ，3 秒钟之后就会开始录制，并且提示按 F10 就停止录制。界面如图 2-58 所示。

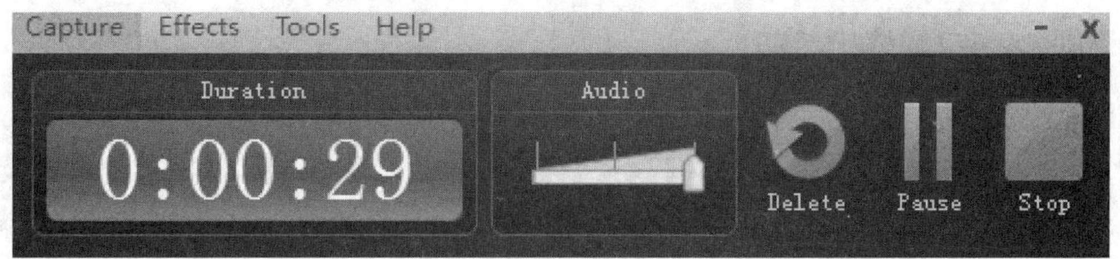

图 2–58　录制

（5）按 F10 之后就会自动出现 Preview 视频预览窗口。

Time：时间，当前播放时间、视频时间长度。

Shrink to Fit：缩放到适合尺寸。

View at 100%：百分百视图。

Save and Edit：保存并编辑；Produce 直接是保存为视频文件；Delete 删除。

（6）点击 Produce 之后，先保存一个文件，随后会弹出对话框（有可能需几秒钟）。选择自定义生成设置，如图 2-59 所示。

图 2–59　自定义生成设置界面

点击下一步：选择 MP4，如图 2-60 所示。

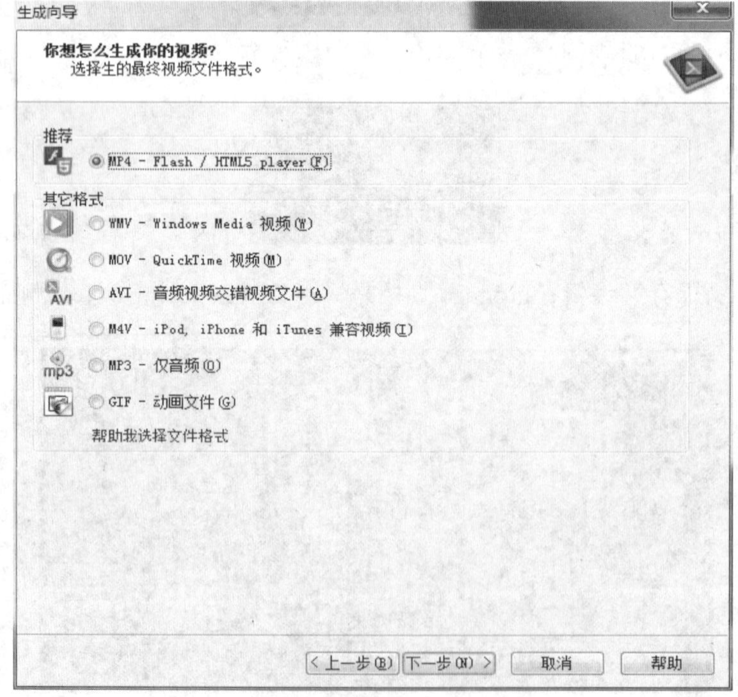

图 2–60　视频格式选择界面

如果不需要生成使用控制器，可以取消生成使用控制器按钮，如图 2-61 所示。

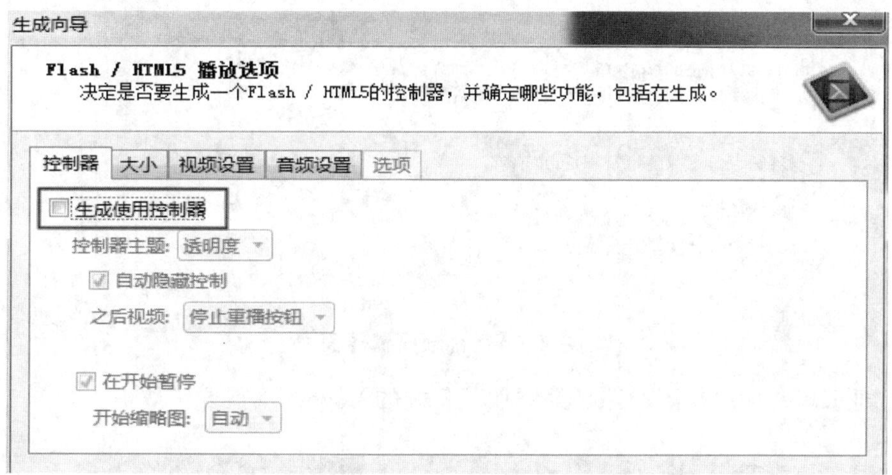

图 2-61　控制器选择界面

大小尺寸：这里是我们录制时的尺寸，记得要勾选保持宽高比，如图 2-62 所示。

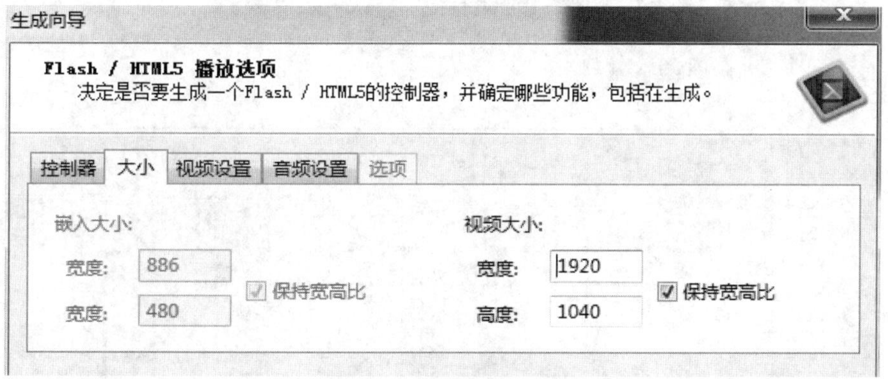

图 2-62　录制尺寸界面

视频设置：如图 2-63 所示。

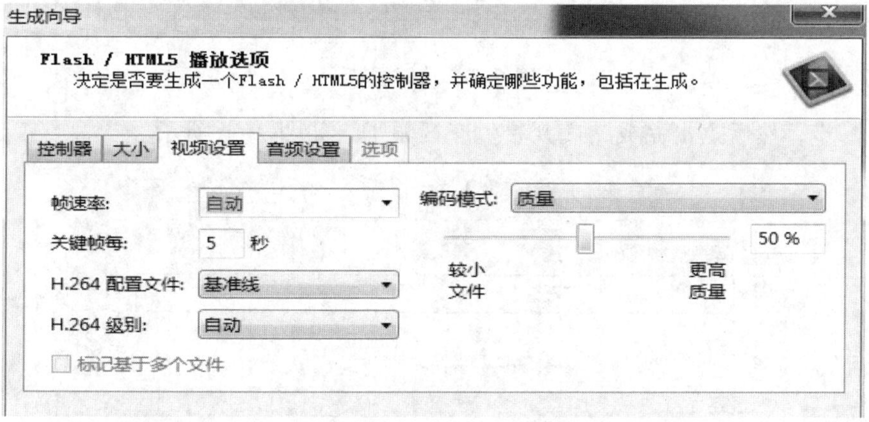

图 2-63　视频设置界面

音频设置：如图 2-64 所示。

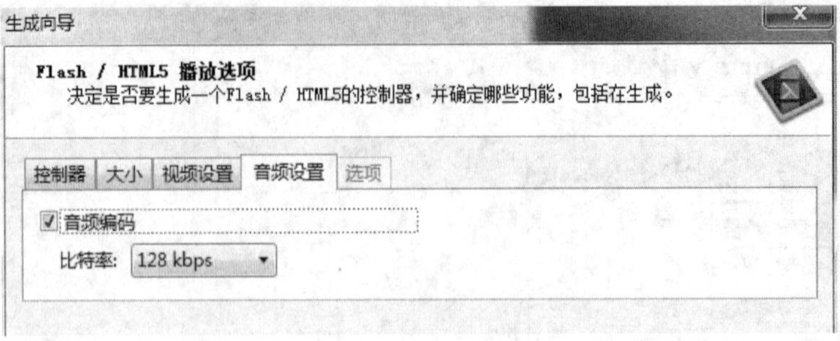

图 2-64　音频设置界面

如果需要水印，可以在图像路径处添加准备好的 Logo，不需要则取消，如图 2-65 所示。

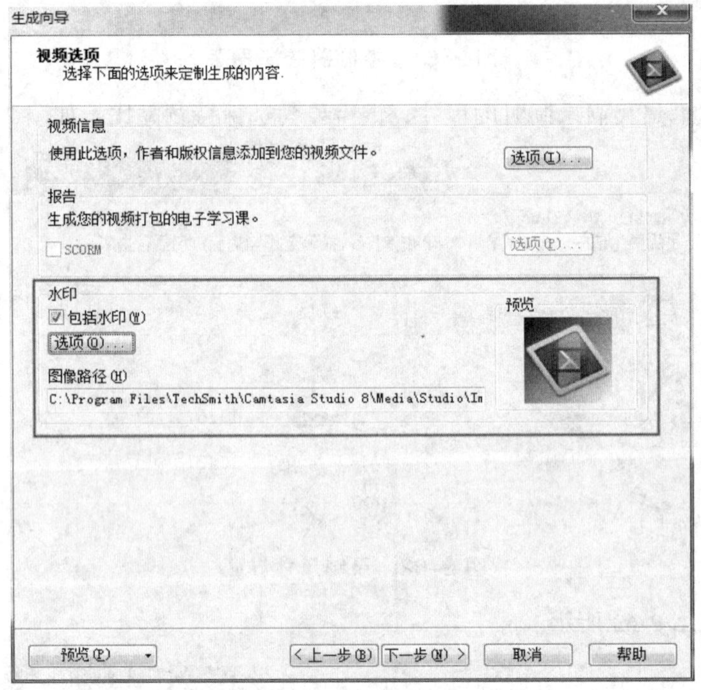

图 2-65 水印界面

点击下一步，然后点击完成，就开始生产视频了。如图 2-66 所示。

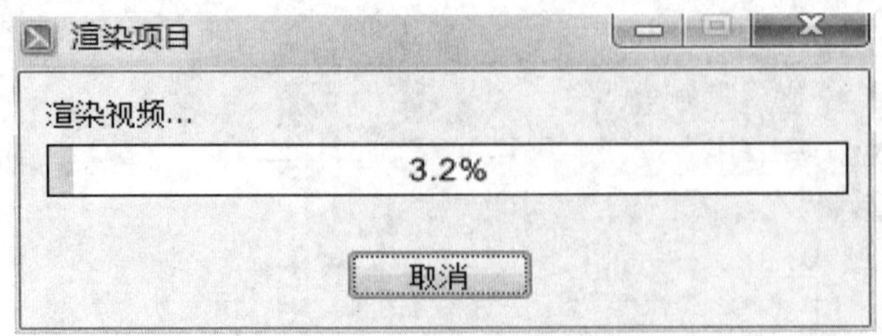

图 2-66　视频生产界面

渲染完成之后，视频就生产了。

2.4.3　视频素材的加工

【教学目标】

（1）了解 Premiere Pro 菜单、面板、窗口、工具栏和按钮的功能；
（2）熟悉 Premiere Pro 的基本操作流程；
（3）熟悉影片后期编辑的制作流程和一般的方法及操作步骤。

【教学重点】

（1）视频剪辑流程；
（2）添加关键帧动画效果。

【训练项目】

项目 1　Premiere 的基本操作

Premiere 是 Adobe 公司出品的一款用于进行影视后期编辑的软件，是数字视频领域普及程度最高的编辑软件之一，而且不需要特殊的硬件支持。Premiere 基本操作界面如图 2-67 所示。

图 2-67　基本操作界面

1. 新建项目

双击打开 Premiere 程序，使其开始运行，弹出开始画面，如图 2-68 所示。

图 2–68 Premiere 开始界面

要打开之前已经存在的项目工程，单击“打开项目”，然后选择相应的工程即可。要新建一个项目，则点击“新建项目”，进入如图 2-69 所示的配置项目的画面。

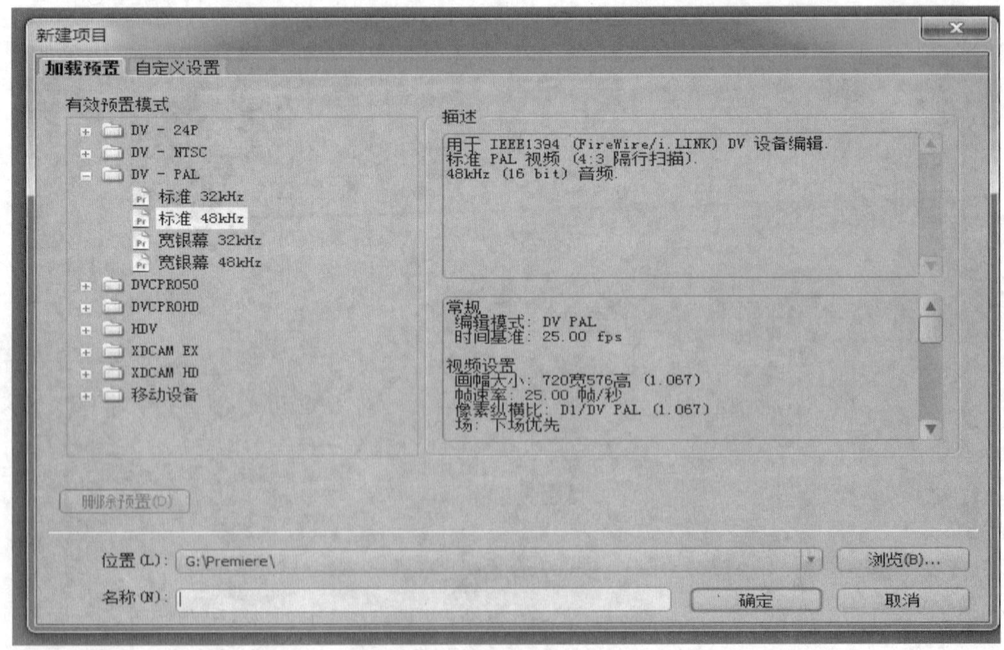

图 2–69 新建项目界面

可以配置项目的各项设置，使其符合我们的需要，一般来说，大都选择的是“DV-PAL 标准 48 kHz”的预置模式来创建项目工程。单击“确定”之后，程序会自动进入下面的编辑界面。

2. 新建序列

进入 Premiere 的编辑界面之后可以发现，Premiere 自动生成了“序列 01”的时间线。我们可以直接向这个时间线里导入素材进行编辑，也可以通过选择“文件→新建→序列”，此时我们可以设置新建的时间线视频轨道的数量及各种类型音频轨道的数量。如图 2-70 所示。

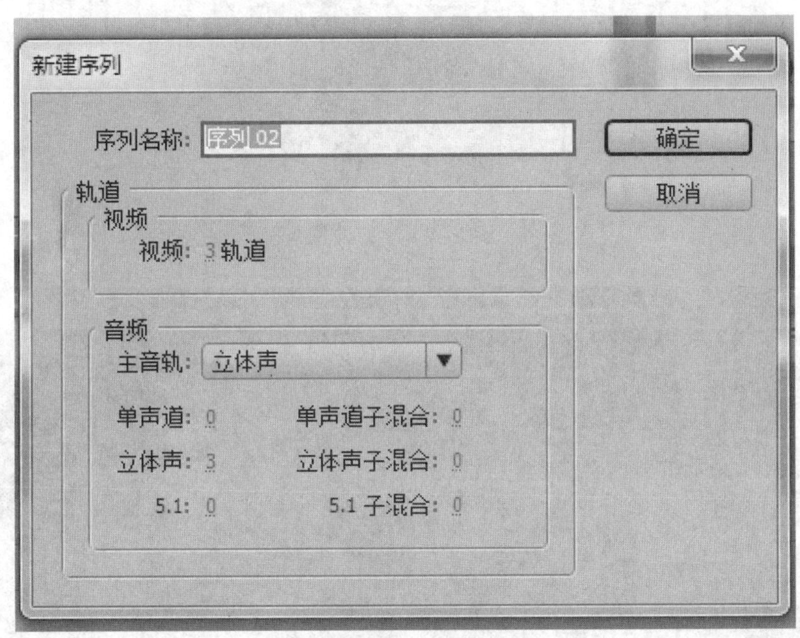

图 2-70　新建序列界面

3. 导入素材

在编辑界面下选择“文件→导入”，会自动弹出窗口，在弹出的界面中，选择需要导入的文件（可以是支持的视频文件、图片、音频文件等，可以点开文件类型一栏查看支持的文件类型）。

项目 2　基本的视频编辑操作

我们简单介绍一下工具栏。如图 2-71 所示，工具栏里面主要有 11 种工具，作为一般的剪辑而言，主要运用的是选择工具和剃刀工具。

（1）视频的切割。

按住鼠标左键，将需要编辑的素材拖动到时间线上。点击素材，在右侧监视器中可以预览到视频导出后的效果。如果素材在时间线上显得特别短，可以通过选择缩放工具，对准时间线点击，将素材放大。界面如图 2-72 所示。

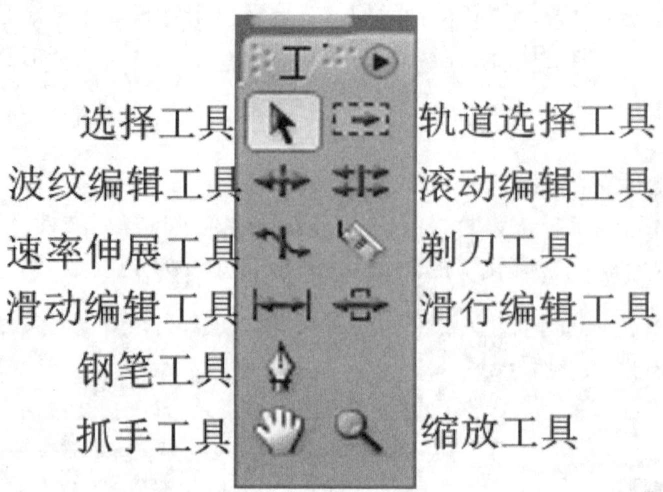

图 2-71 工具栏

图 2-72

选择剃刀工具 ，对准素材需要分开的部分，按下鼠标，素材会被剪开，成为两个独立的片段。这样就可以将素材中不需要的片段与需要的片段分开，然后单击选中不需要的片段，按下“delete”键，删除不需要的片段。如图 2-73 所示。

图 2–73

（2）添加简单的视频特效。

Premiere 提供了非常多的视频特效和视频的切换特效，在编辑界面左下的效果调板中，点开“视频切换效果”，如图 2-74 所示。

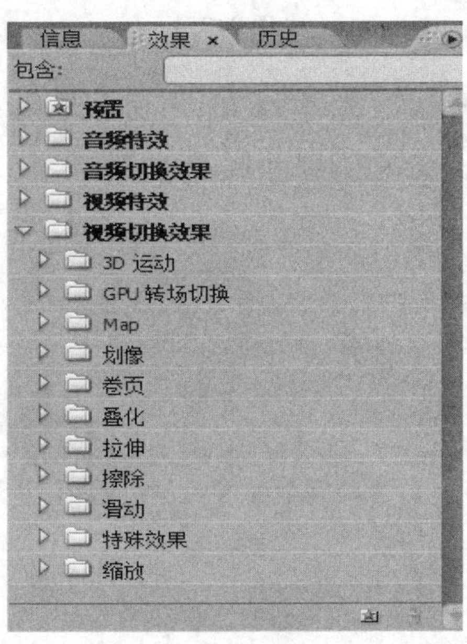

图 2–74

选择其中的一个文件夹，例如“叠化”，再选中文件夹下的“叠化”，如图 2-75 所示。

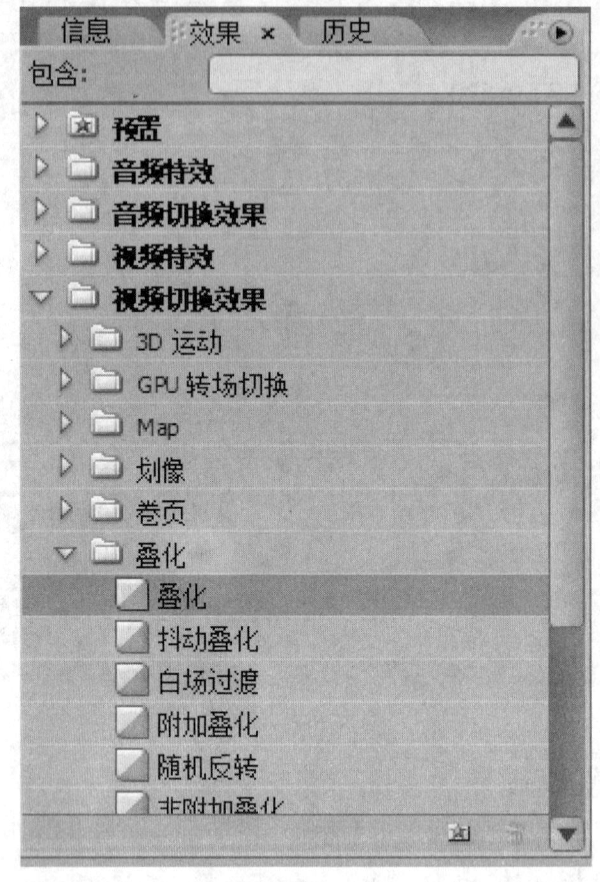

图 2–75

拖动到两段素材之间，就完成了效果的添加。将时间梭移动到视频特效添加的位置，在右上的监视器调板中就可以观察到视频切换的特效了，如图 2-76 所示。

图 2–76

（3）单击时间线上的视频特效，在中间的监视器里选择“效果控制”，就可以在调板里对视频特效的细节进行调整，界面如图 2-77 所示。视频特效的添加与视频切换效果的添加以及调整方法一致。

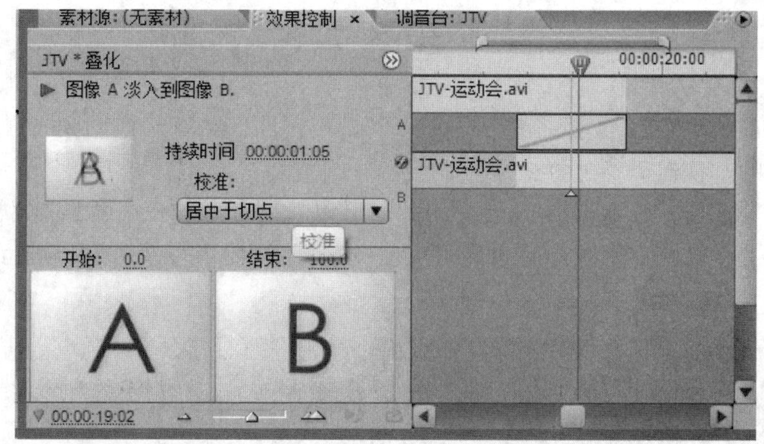

图 2–77　效果控制界面

项目 3　简单的音频编辑

（1）选取有用的片段之后，要开始准备对于音频的编辑。我们选中一个素材片段，点击右键，选择“解除视音频链接”，如图 2-78 所示。

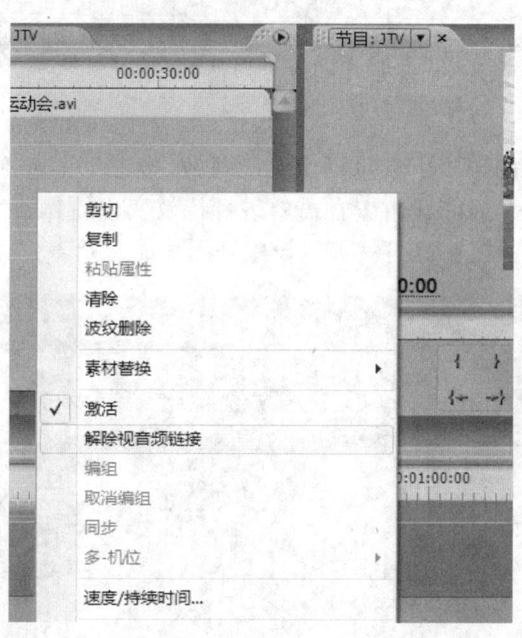

图 2–78

（2）然后空白处单击之后，就可以单独选中这段视频的音频进行编辑，按照剪辑视频的方式，将音频中不需要的部分删除。

（3）添加简单的音频特效。音频特效的使用和视频特效一样，只要将音频特效和音频切换特效拖动到音频文件上，就完成了特效的添加。

项目 4　视频特效编辑和关键帧的添加

（1）按照之前的方法，向素材框中导入一个图片文件，并将其拖动到视频轨上。单击素材，然后在中间的监视器调板选择效果控制。

点击“运动”前横的小三角使其展开，此时可以对图片的位置、大小比例等参数进行调整，如图 2-79 所示。当然，点中“运动”，也能在右侧监视器中直接对素材进行大小和位置的调整。

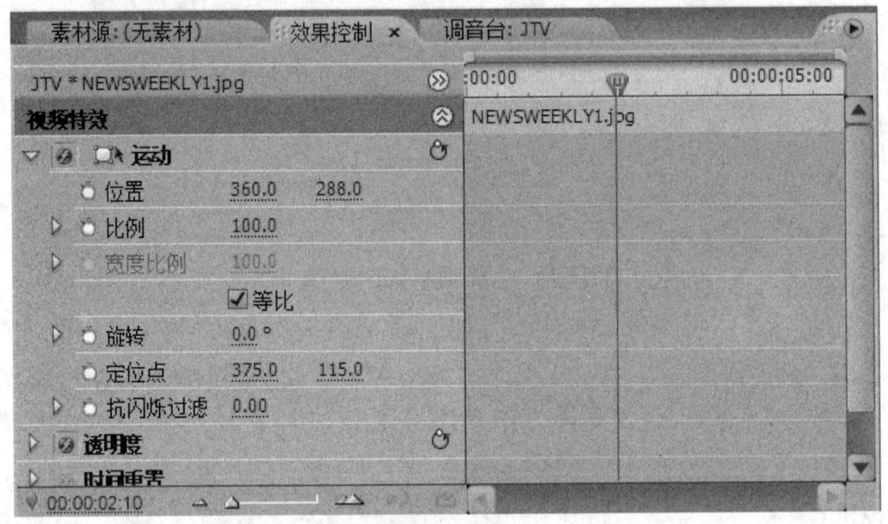

图 2–79

（2）在“效果控制”的调板下，可以建立关键帧，来实现一些特殊的效果变化。以最简单的运动特效为例。首先将时间梭放置在需要进行特效变化的起始位置，点击 位置 之前的白色原点，建立第一个关键帧，此时就可以设置好图片的起始参数，如图 2-80 所示。

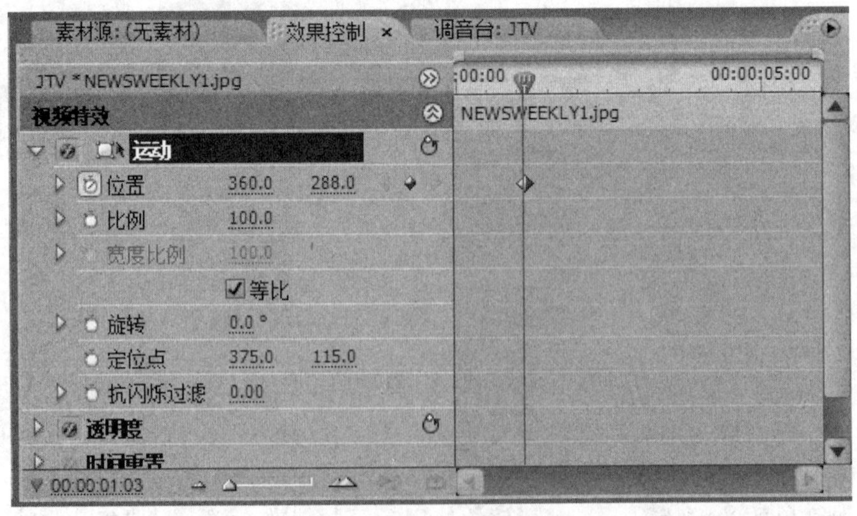

图 2–80

（3）然后将时间梭移动到希望特效结束的位置，直接对图片的参数进行修改，系统会自动生成一个关键帧，此时就完成了关键帧的建立。如图 2-81 所示。

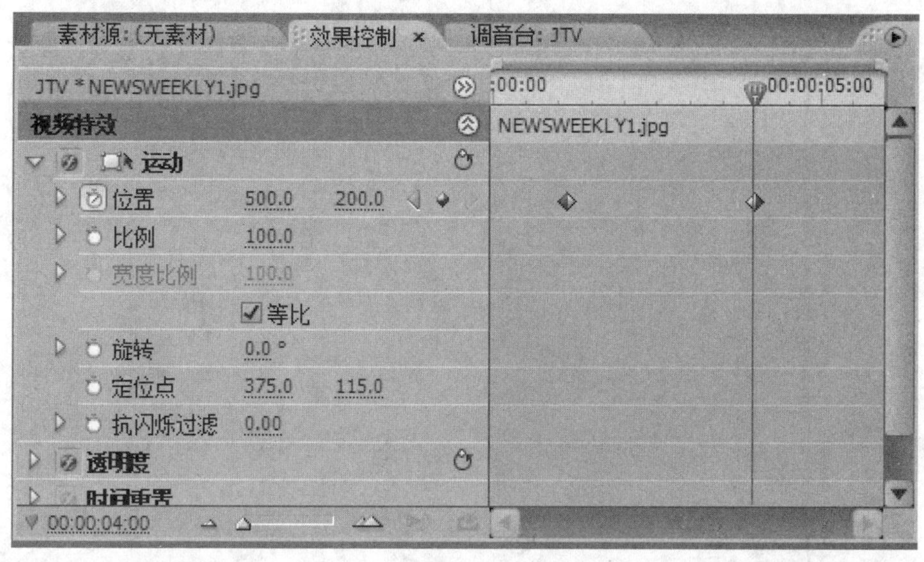

图 2–81

（4）将时间梭放到起始位置，在右侧监视器中点击播放键，就可以观察到图片的运动特效了。素材的调整和关键帧的建立使用，可以应用在视频、音频、图片以及特效的修改上，而且可以同时建立起不同类型的关键帧，做出非常华丽的特效。

项目 5　字幕的添加

（1）在视频编辑的时候，往往会遇到添加字幕以及小窗口等需要进行多轨道编辑的情况。下面先介绍一下字幕的建立，选择“字幕→新建字幕→默认静态字幕”，会出现如图 2-82 所示的界面，此时可以更改字幕的名称。

图 2–82

（2）在需要添加字幕的地方单击，此时就可以输入需要打入的文字了。需要注意的是，Premiere 默认的字体有很多汉字没办法显示，因此需要在输入汉字之前更改字体。在字幕右侧属性里，点开“字体”，选择需要使用的字体，然后再输入，如图 2-83 所示。

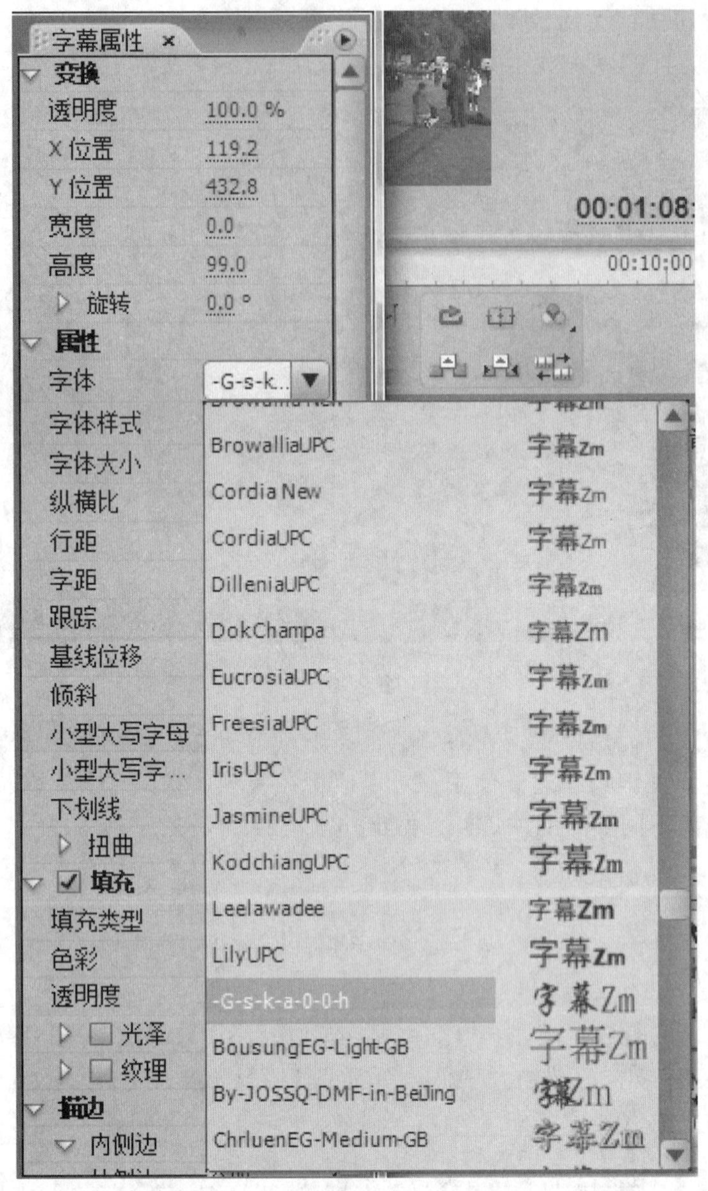

图 2–83

（3）视频的渲染和导出。

在视频编辑完成之后，就可以直接通过右侧监视器上的播放键进行整体视频的预览，但是由于电脑性能所限，往往预览的时候都非常卡，所以这时要进行视频的渲染。选择菜单“序列→渲染工作区”，软件会弹出如图 2-84 所示界面，自动开始渲染。

当文件渲染完成之后，在时间线上就会出现一条绿线，当时间线上都是绿线时，视频就可以顺畅地预览了。视频预览完成之后，如果没有什么问题就可以开始导出了。选择“文件→导出”。

此时，我们发现有许多选项，单击“影片”，修改名称后点击保存，软件弹出图 2-85 所示的界面后开始自动导出视频，完成后就可以关闭软件了。

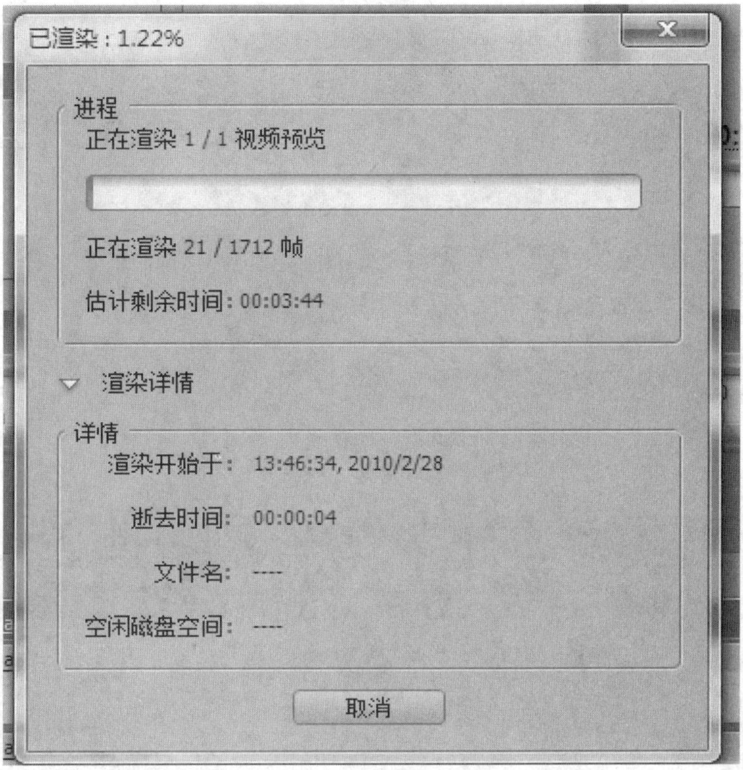

图 2-84

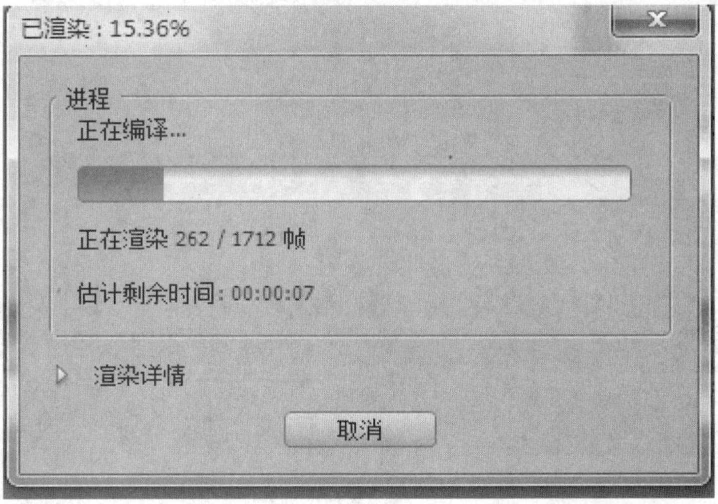

图 2-85

这个步骤导出的视频是 AVI 格式的文件，非常大，可以通过转换软件转换格式。或者在导出的时候选择“Adobe Media Encorder…”，会弹出图 2-86 所示的界面。这时，我们可以在右侧修改想要存储的视频格式，然后单击确定，修改好名称后点击保存，软件自动开始导出视频，完成后就可以关闭软件了。

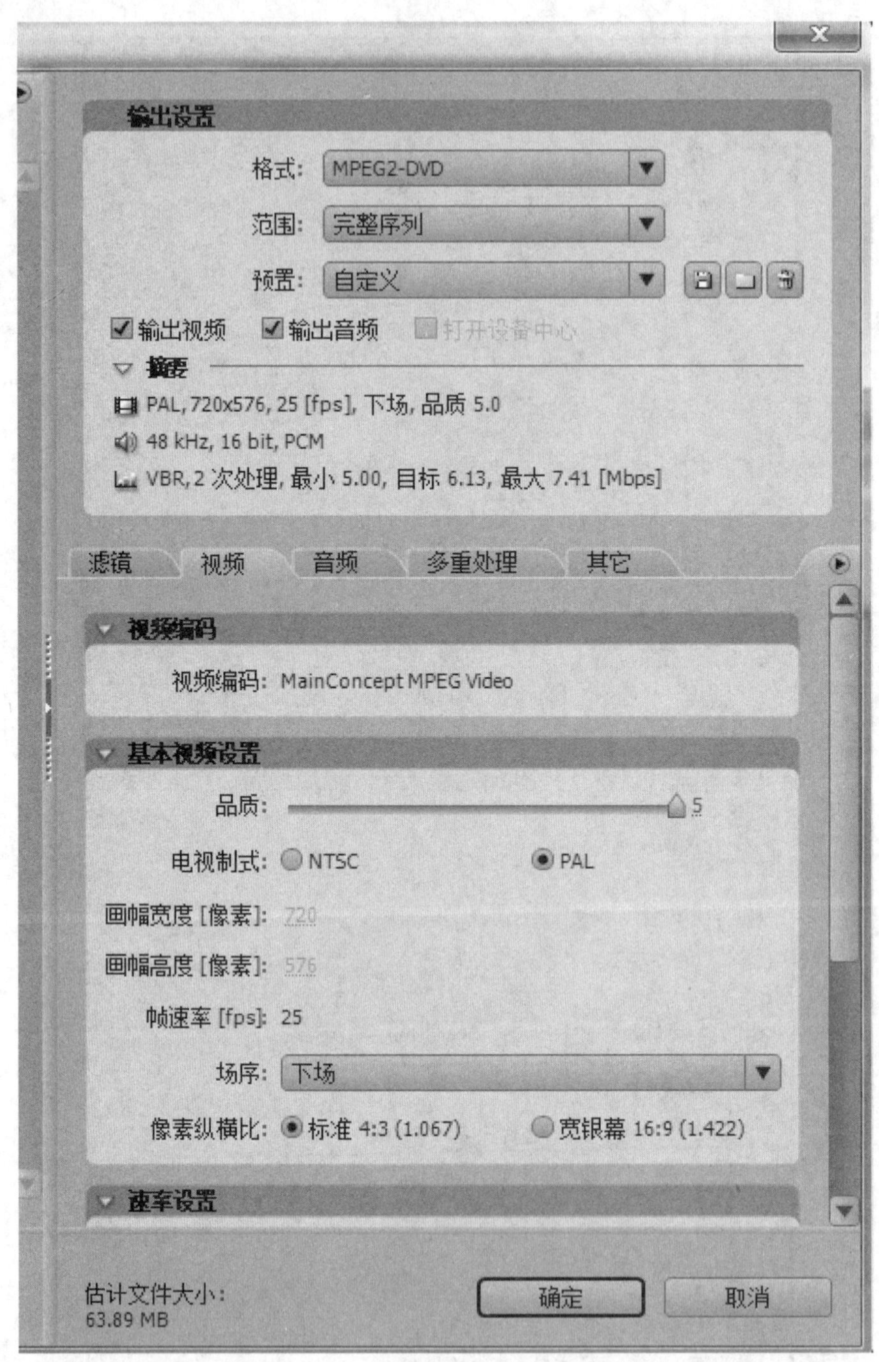

图 2–86

【评价反思】

用 premiere 处理一个包含教师形象和 PPT 课件的微课视频，文件格式为.flv。作品的评价标准如表 2-2 所示。

表 2-2　微课视频评价标准

<table>
<tr><th>指标</th><th>指标描述</th><th>得分</th><th>建议</th></tr>
<tr><td>科学性（15 分）</td><td>资源内容正确，表述清晰</td><td></td><td></td></tr>
<tr><td>教学性（15 分）</td><td>教学设计合理，能有效支持所属教学单元内容</td><td></td><td></td></tr>
<tr><td rowspan="6">技术性（60 分）</td><td>视频捕获（10 分）</td><td rowspan="6"></td><td rowspan="6"></td></tr>
<tr><td>视频剪辑（10 分）</td></tr>
<tr><td>视频切换特效添加（10 分）</td></tr>
<tr><td>添加背景音乐（10 分）</td></tr>
<tr><td>字幕制作（10 分）</td></tr>
<tr><td>视频格式输出（10 分）</td></tr>
<tr><td>艺术性（10 分）</td><td>画面过渡自然、流畅，声音与画面协调、一致</td><td></td><td></td></tr>
</table>

【学习资源】

网站：宇风多媒体；

工具：会声会影软件，格式转换工厂软件。

第 3 章　教学实施中的技术

3.1　网络教学平台的应用——学生角度

【训练目标】

（1）了解网络教学平台各种板块的功能以及使用方法；
（2）能在网络平台上浏览课程的信息以及资源，参与各种交流讨论，进行学习检测；
（3）通过网络平台的学习，加强信息摄取的能力。

【训练重点】

（1）利用网络教学平台浏览课程资源；
（2）利用网络教学平台与教师、学生进行知识交流和讨论；
（3）利用网络教学平台进行学习检测。

【训练资源】

工具软件：网络教学平台。

【情景导入】

狭义的网络教学支持平台是指建立在互联网基础之上，为网络教学提供全面支持服务的软件系统的总称。一个完整的支持基于 Web 教学的支持平台应该由三个系统组成，即网上课程开发系统、网上教学支持系统和网上教学管理系统，分别完成 Web 课程开发、Web 教学实施和 Web 教学管理的功能。通过网络教学，创造数字化学习环境，能够促进教学观念、教学内容和教学方法的改革，提高教学质量，从而提高学生的学习能力和在信息社会中生存发展的能力。在网络教学实施中，支持教学活动的平台集成了网络教学所需的各种应用子系统和工具，成为网络教学的基础。网络教学由于具有跨越时空、资源丰富、交流便捷、管理自动化等优势，因而得到了国内外广大教师和学生的青睐。

在网络教学平台上能够进行哪些学习活动呢？怎样进行网络平台上学习呢？在本任务训练中，你将通过网络教学平台进行学习，掌握其基本的学习方法，这是本任务要展开的训练内容。

【训练项目】

在本任务的训练中，需要依次完成以下 3 个项目：

项目 1：学会查阅网络教学平台上的课程计划、大纲、教师信息、电子教案、教学课件等课程资源以及课程有关通知。

项目 2：学会在网络教学平台上与教师、同学进行交流互动，讨论、协作、发邮件等。

项目 3：学会在网络平台上做作业、参与课程测验以及使用网络教学平台的各种课程管理工具。

项目 1　查阅网络教学平台中的课程信息及资源

第 1 步　登录网络教学平台，进入网站申请课程。以清华教学平台为例，具体操作步骤为：登录玉林师范学院网站首页 http：//www.ylu.edu.cn/，点击“教学平台”，进入网络教学综合平台首页，如图 3-1 所示。输入用户名和密码，点击“登录”按钮，进入网络教学平台，登录的用户名和密码与登录教务系统的信息完全一致。

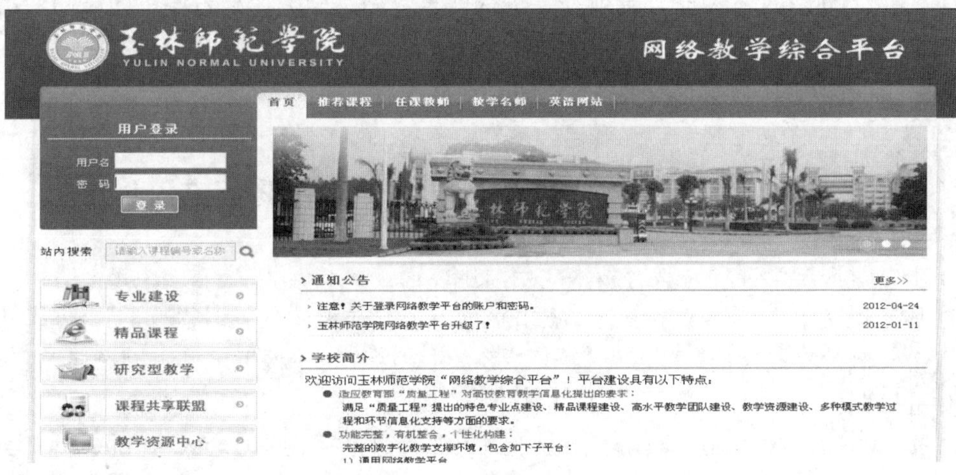

图 3–1　平台首页

第 2 步　继续点击“进入”按钮，进入教学平台内部空间，如图 3-2 所示。

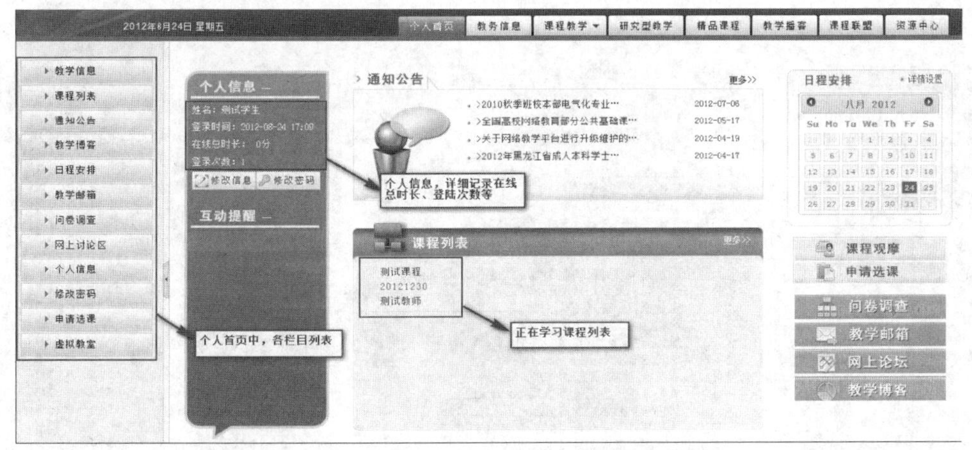

图 3–2　个人首页

第 3 步　选中所学课程，比如“计算机应用基础”，进入课程页面，如图 3-3 所示。

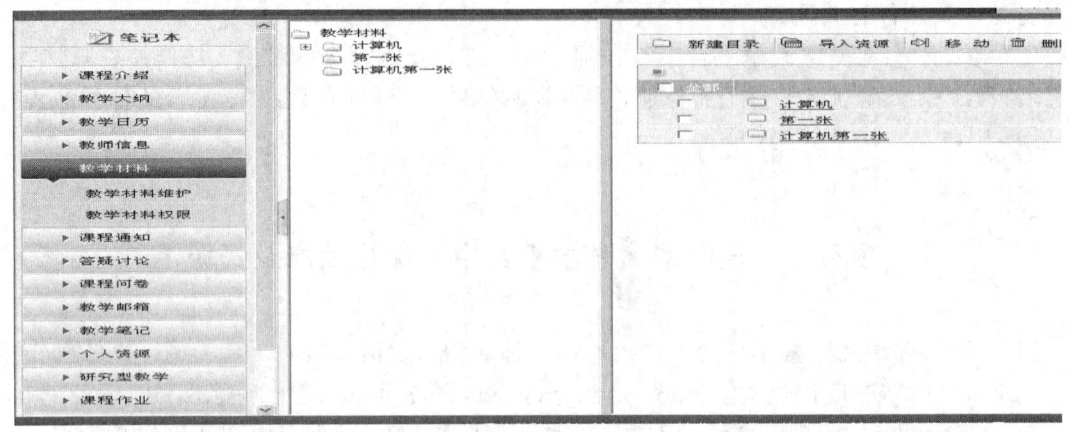

图 3–3　课程页面

第 4 步　点击“课程教学”导航栏，进入课程学习空间。课程教学空间左侧列出了网络教学的各个栏目。点击左侧各栏目名称，如“教学大纲”、“教学日历”和“教师信息“、“教学材料”等，即可浏览各栏目课程相关的内容。

项目 2　在网络教学平台上与老师、同学进行交流讨论

第 1 步　进入所学课程“教育技术应用”主界面。

第 2 步　以学生身份登录系统后，点击页面上方导航栏中的“课程教学”，进入课程学习空间。点击左侧“答疑讨论”栏目，弹出二级栏目“课程讨论区”、“常见问题”、“自动答疑”和“邮件答疑”。

第 3 步　点击二级栏目“课程讨论区”，进入课程讨论区，此讨论区与 Internet 上的 BBS 使用方法相同。点击二级栏目“常见问题”，进入常见问题页面，如图 3-4 所示。“常见问题”由“问题列表”、“个人答疑”两部分组成。在“问题列表”中，学生可以查看常见问题的内容，并对常见问题进行评价。在“个人答疑”中，学生可以向教师提问。

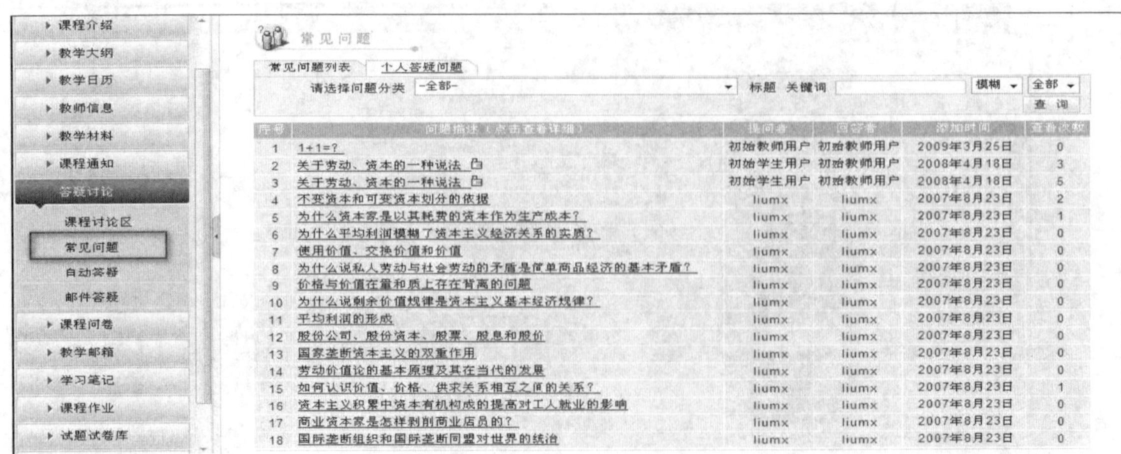

图 3–4　常见问题页面

项目 3　在网络教学平台上进行学习检测

第 1 步　进入“教育技术应用”课程主界面。

第 2 步　提交作业。单击页面左侧的课程作业，进入课程作业页面，如图 3-5 所示。可以查看作业情况以及提交自己作业。

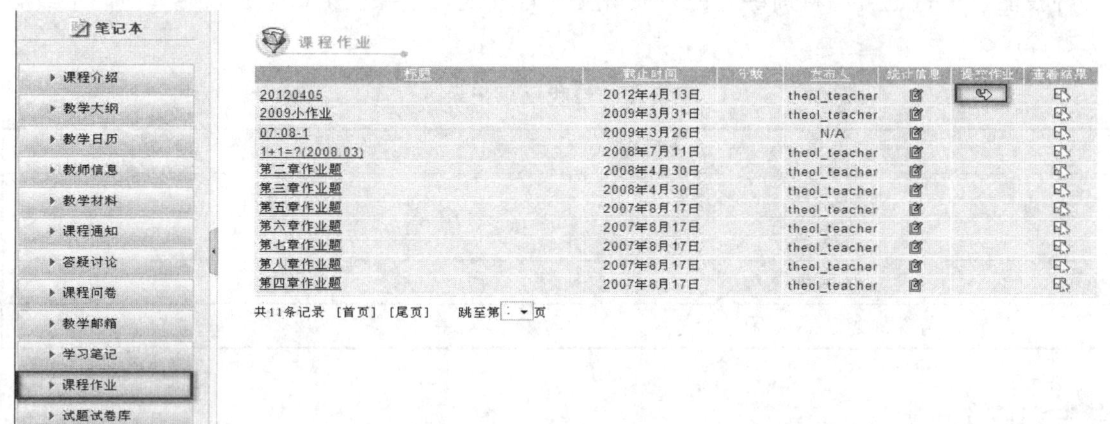

图 3-5　课程作业页面

第 3 步　参加考试或者测试。单击右边的试题试卷库，可以选择试卷进行测试考试。

【评价反思】

1. 成果展示

学习成果：网络学习体检报告书，自己在学习过程中的收获与感想。

每位同学将网络学习体验报告作为作业在平台上提交，并在平台讨论板中就该问题与老师和同学进行交流。

2. 自评

本任务共包含 3 个具体的训练项目，依据表 3-1 对照每个项目训练目标与操作过程，进行自我检测与评价。

3. 互评

表 3-1　互评评价量规

评价指标	优	良	中	合格	不合格	建议或意见
平台功能概括的全面性	□	□	□	□	□	
学习流程的条理性	□	□	□	□	□	
收获与感悟的深刻性	□	□	□	□	□	
总结评语及修改建议	□	□	□	□	□	

4. 教师评价

教师就学生通过网络教学平台进行学习时存在的典型问题和关键技巧进行点评与总结。

5. 自我反思与改进

结合互评与教师的点评，改进与完善自己的学习成果，并总结与反思在本任务中所训练的各种技能技巧；也可以将训练心得写成博文，将其发表在课程论坛上，以便其他同学或教师进行深度交流。

表 3-2 自我反思记录

训练主题	
完成的项目	
学习的收获	
自己的优势	
还需继续努力的方面	

【自主训练】

1. 变式练习

尝试通过上网搜索或提问等途径寻找一个网络教学平台；通过查阅资料并体验，总结该网络教学平台的主要功能和特点。

2. 综合训练

以邻近同学组成小组，讨论网络教学平台的优势和局限，并尝试设计一个“优秀”的网站教学平台的功能模块。

（1）查找资料，了解各种网络教学平台。

（2）分析其主要功能、优点和缺点。

（3）在不考虑技术实现的基础上，设计一个能够克服上述缺点、发扬优点的网络平台的功能模块。

（4）使用 Word 或 MindManager 绘制平台的功能模块。

3. 拓展延伸

网络教学平台的功能非常强大，请尝试使用清华网络教学平台的课程管理工具，修改个人信息、管理联系人、制订学习日程并利用数字收发工具收发学习资料。

【学习资源】

1. 知识提点

（1）网络教学平台概述：

· 网络教学平台的基本概念；

· 网络教学平台的发展；
· 网络教学平台的分类和功能；
· 网络教学平台的意义。

（2）典型网络教学平台：
· Blackboard 教学平台；
· Web　CT；
· Learning　Space；
· 清华大学远程教学平台；
· 4A 网络教学平台。

（3）Blackboard 平台学生使用指南：
· 课程资源的阅读和学习；
· 交流互动；
· 学习检测。

2. 相关推荐（见表 3-3）

表 3-3　相关推荐参见表

参考资料	资料简介
网站：赛尔毕博 http：//www. cerbibo.com/index.html	“赛尔毕博”网站隶属于北京赛尔毕博信息技术有限公司。网站包括Blackboard 公司的各种相关产品介绍、Blackboard 相关培训课程和国际、国内典型案例的介绍
网站：西南大学网络学院 http：//www.dlc.swu.edu.cn/eduwest2/index.html	西南大学网络学院是重庆市成立较早的远程教育学院。其网站详细介绍了西南大学网络教学的学习方法、步骤、流程、相关课程、教师信息、考试信息、学院概况、相关通知、精品课件及其他相关信息和支持
网站：Moodle 中国 http：//www/cmoodle.cn	教学平台（CMoodle），该网站提供 CMoodle 的相关信息，可以下载 CMoodle 软件及相关资源，同时，该网站还让用户以教师和学生的身份进入 CMoodle 进行深入的体验，体验的课程也是多种多样的
工具：HDwiki http：//kaiyuan.hudong.com	HDwiki 是专为中文用户设计和开发的，程序员代码 100%完全开放的一个采用 PHP 和 MySQL 数据库构建的高效的中文百科建站解决方案
工具：Moodle http：//download.moodle.org	Moodle 是澳大利亚教师 Martin Dougiamas 基于构建理论教育而开发的课程管理系统，是一个免费的开放源代码的软件

3.2　网络教学平台的应用——教师视角

【训练目标】

（1）能在网络教学平台上创建课程并编辑各种教学资源；
（2）能使用网络教学平台管理网络课程用户；
（3）能在网络教学平台中组织教学交流和讨论；

（4）能使用网络教学平台进行网络课件评价；

（5）认识网络教学的重要性，形成利用网络教学平台进行教学的意识。

【训练重点】

（1）创建与编辑网络课程；

（2）管理课程用户；

（3）组织网络教学交流与互动；

（4）管理网络教学测试和评价。

【训练资源】

· 工具软件：网络教学平台。

【情景导入】

多媒体、网络和人工智能等技术的发展为教学提供了新的信息化环境，特别是 Web2.0 技术的飞速发展，使每一位教师都可以参与课程、教学的设计、管理和创造。通过网络教学平台，教师不仅可以自主设计和管理课程、发布课程讲义、与学生交流互动、答疑解惑，还可以布置作业、在线测评、跟踪记录学生的学习过程信息。网络教学平台上“教学技术应用”课程如图 3-6 所示。

（a）课程首页

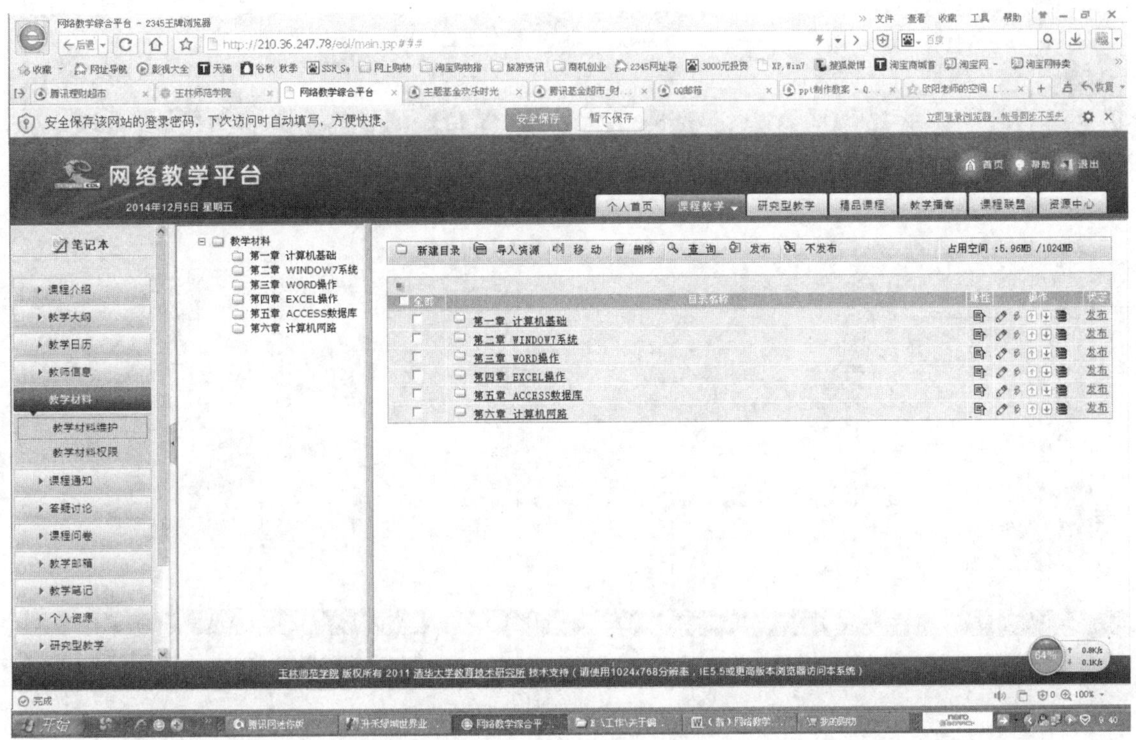

（b）课程资源

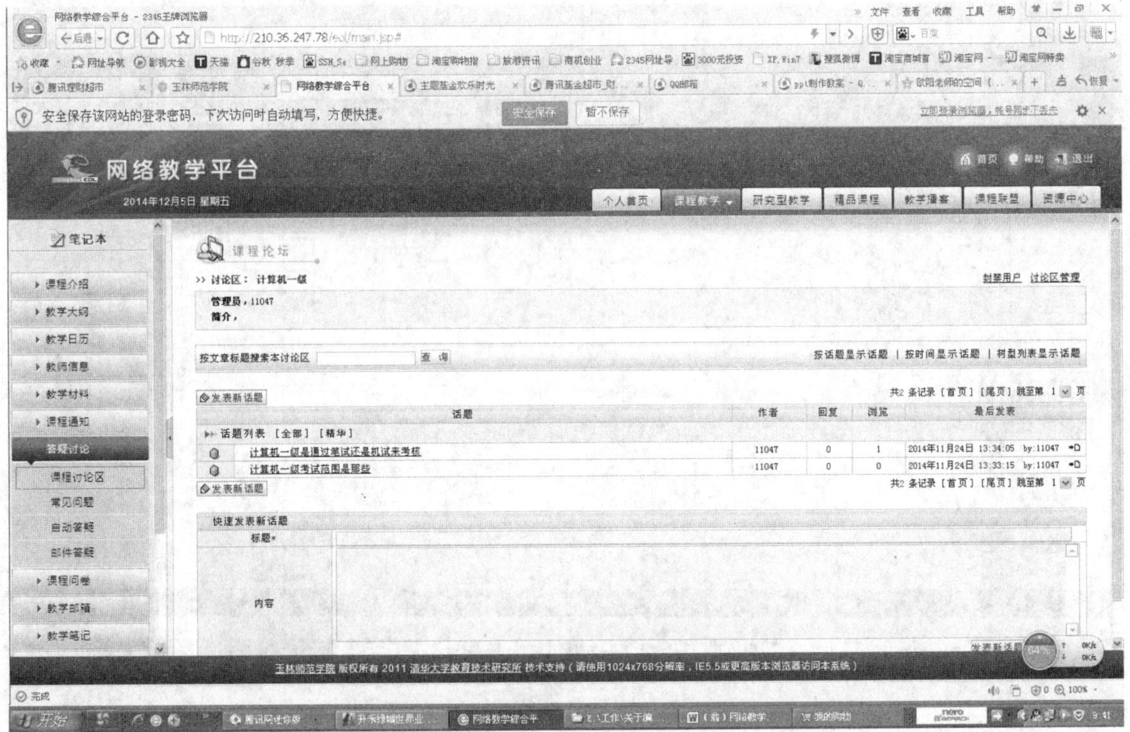

（c）课程答疑交流讨论

（d）开展课程测试评价

（e）学生管理

图 3-6 “教学技术应用”课程案例

【训练项目】

在本任务的训练中，需要依次完成以下 4 个项目：

项目 1：学会在网络教学平台中创建一门新课程并编写各种形式的课程内容。

项目 2：学会在网络教学平台上管理课程用户，包括添加和删除各种角色的用户等。

项目 3：学会在网络教学平台发布课程通知，并组织学生进行教学交流和讨论等。

项目 4：学会在网络教学平台上发布测试、批改作业、通过成绩管理和课程统计对课程用户进行评价。

项目 1　创建与编辑课程

第 1 步　以教学平台为例，具体操作步骤如下：

① 使用事先提供的教师帐号登录教学平台（平台地址：http//210.36.247.78/），如图 3-7 所示。

图 3–7　登录界面

② 单击平台首页“个人首页”选项卡中“开课任课申请”模块的“单击此处启动课程开设向导”链接。如图 3-8 所示。

图 3–8　启动课程开设界面

③ 在弹出的“课程管理导向”页面中，按照课程管理导向的提示填写课程名称和课程描述等信息。比如开设“教育技术”。

第 2 步　设置课程框架。具体操作步骤如下：

① 单击该页面上的“课程教学”，选中“信息技术”课程，“我的课程”模块中刚刚创建的课程，进入该课程主界面。如图 3-9 所示。

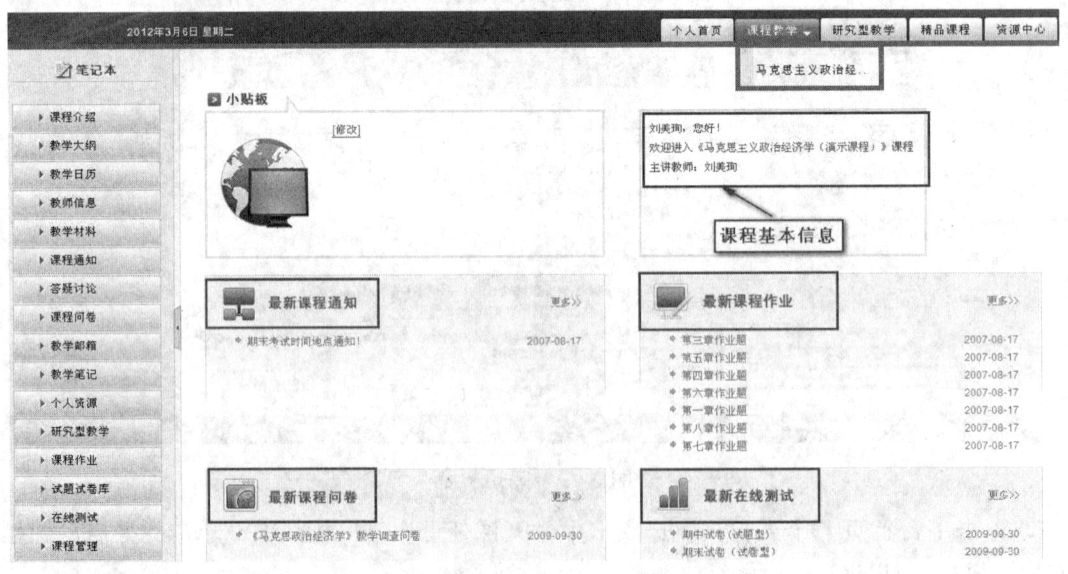

图 3–9　课程教学界面

② 单击课程页面左侧的“笔记本”下面的按钮，在“课程介绍”、“教学大纲”、“教学日历”中可以添加相应的课程信息。

③ 在课程页面左侧单击“教师信息”按钮，点击“编辑教师信息”页面，在弹出的“添加项目”页面的“文本框编辑器”中输入教师相关信息，要求使用“添加图像”按钮，至少插入一幅教师的照片。

第 3 步　编辑课程内容，如图 3-10 所示。

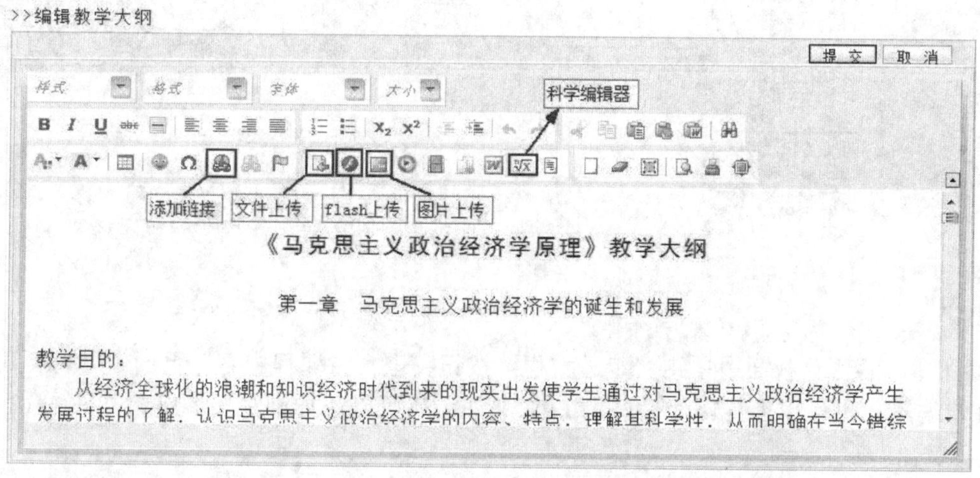

图 3-10　编辑课程页面

① 点击“教学材料→教学材料维护”，可以在该页面中建立目录，选中模版，可以上传 PPT 教案、word 重难点、word 专题讲解、辅导答疑等，如图 3-11 所示。

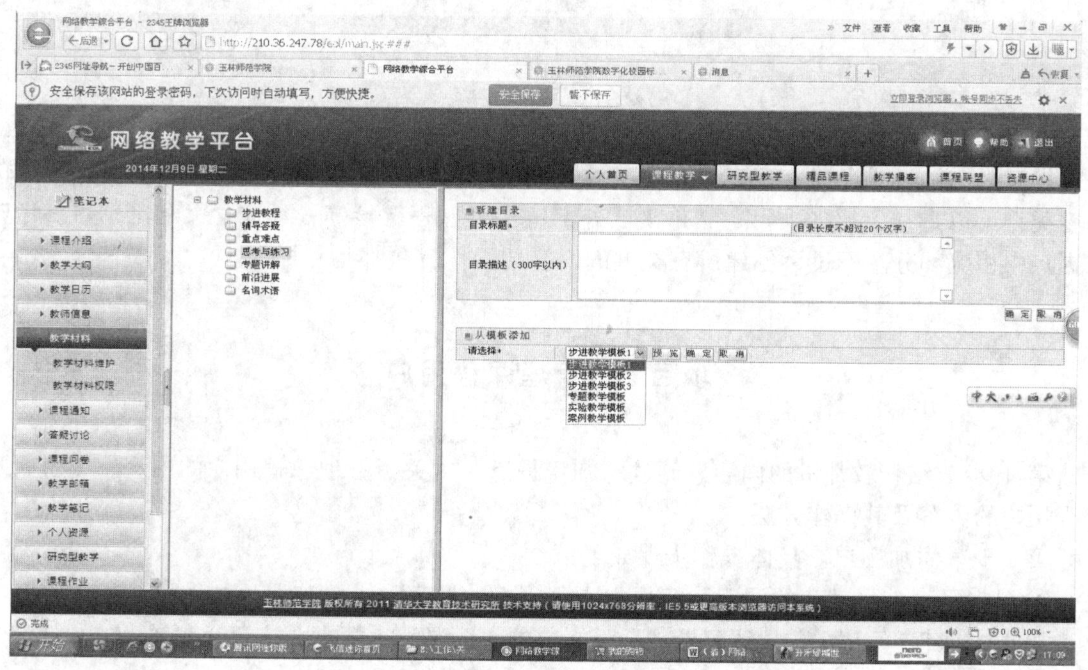

（a）

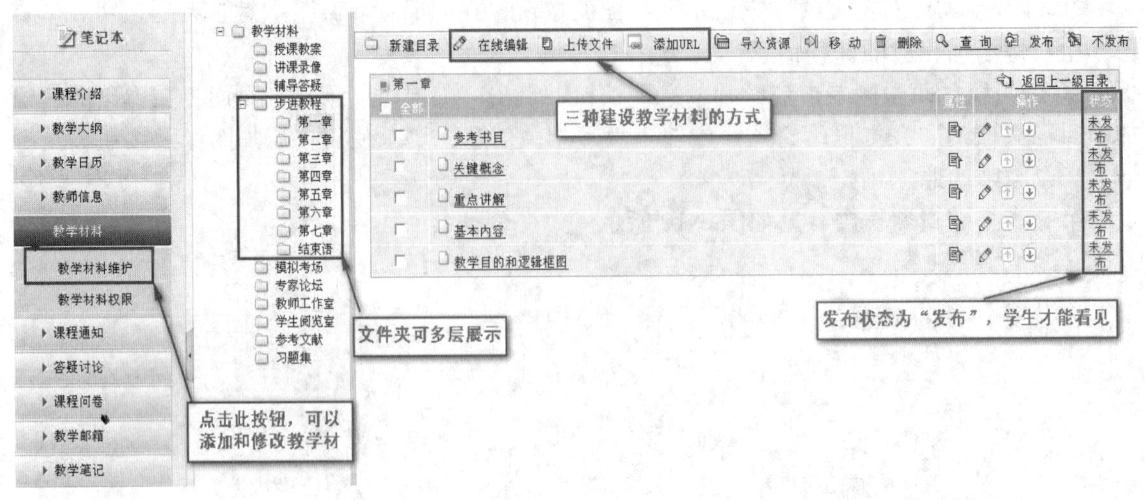

（b）

图 3-11　教学材料页面

② 在“内容区”版面中单击“步进教程”按钮，进入“课程内容”页面。可以新建目录，或者在线编辑，也可以上传已经做好的 PPT 课件，还可以添加网页资源等，如图 3-12 所示。

图 3-12

注意：如果让学生只能浏览而不能下载教师所上传的 PowerPoint 课件，可将 PowerPoint 文件发布为网站格式，并压缩成 Zip 格式后再上传。此外，在 Blackboard 里面有多种不同的内容类型可以选择，比如项目、文件夹、外部链接、课程链接等，具体含义和区别可参考知识提点中相应部分。不过，创建所有类型的内容的操作方法都是一样的。

项目 2　管理课程用户

第 1 步　结合教师讲的内容，阅读“知识提点”中关于管理课程用户的内容，了解管理课程用户的内容及其操作方法。

第 2 步　添加用户。具体操作步骤如下：

① 单击平台首页“我的课程”模块中刚刚创建的课程，进入该课程主界面。

② 单击课程页面左侧　“课程管理”面板中的“选课学生管理”按钮，在弹出的“选课学生管理”页面中，可以导入选课学生或者单独添加学生。

图 3–13　选课学生管理界面

③ 利用课程页面底下的手工添加，可以单独一个个选加入；如果是批量导入学生，下载导入样表，可以根据样表输入学生信息，再导入系统。

第 3 步　删除用户。单击选课学生管理页面，在“用户管理”版面中在要删除的学生前打勾，单击“删除选中学生”按钮。

注意：Blackboard 用户中的角色除了最常见的教师和学生外，还有助教、观察员、评分者等众多角色，关于各种用户的权限区别可参考知识提点中相应的部分。

项目 3　组织教学交流和讨论

第 1 步　结合教师的讲解，阅读“知识提点”中关于组织教学交流和讨论的内容，了解组织教学交流和讨论的内容及其操作方法。

第 2 步　发布、修改和删除课程通知。具体操作步骤如下：

① 单击平台首页“我的课程”模块中刚刚创建的课程，进入该课程主界面。

② 单击“编辑课程通知”按钮，可以进入课程通知添加页面，如图 3-14 所示。

第 3 步　组织课程用户进行课程讨论，如图 3-15 所示。具体操作如下：

在展开的栏目下单击“课程讨论区”，在弹出的“课程讨论区”页面中填写发表新话题标题以及内容，提交“发表新话题”即可以提交课程话题。

“常见问题”页面中单击“添加常见问题”，出现常见问题填写页面，填写完后单击“提交”按钮。

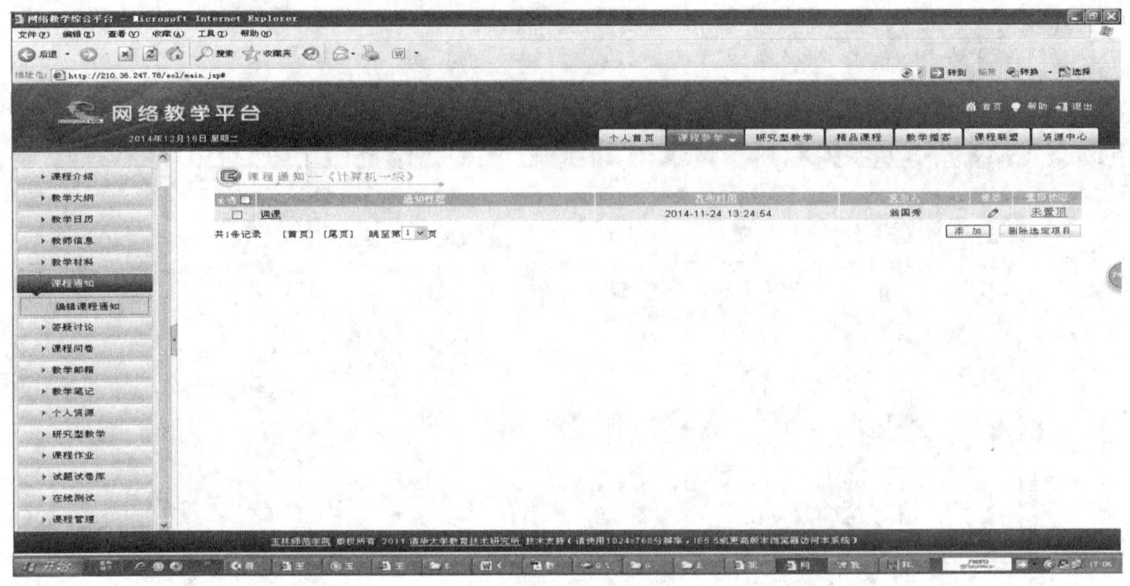

图 3–14

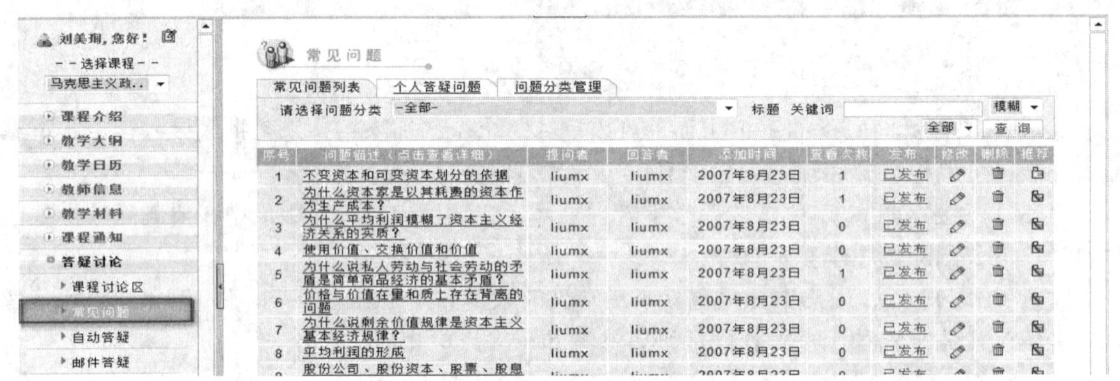

图 3–15

“自动答疑”页面中单击“检索答案”，可以检索出来需要查询的问题答案。

在“课程工具”面板中单击“邮件答疑”按钮，选择发送对象，例如“所有用户”、“所有小组”、“所有学生用户”等，输入相应的信息后，单击“提交”按钮。

项目 4　进行教学测试评价

第 1 步　综合教师的讲解，阅读“知识提点”中关于教学测试和评价的内容，了解网络教学测试和评价的各种形式及其操作方法。

第 2 步　创建和修改测试。具体操作步骤如下：

① 单击平台首页“我的课程”模块中刚刚创建的课程，进入该课程主界面。

② 单击课程页面左侧控制面板的“在线测试→组卷策略”，在弹出的页面中单击“添加”按钮，可以进入试卷组卷页面，如图 3-16 所示。

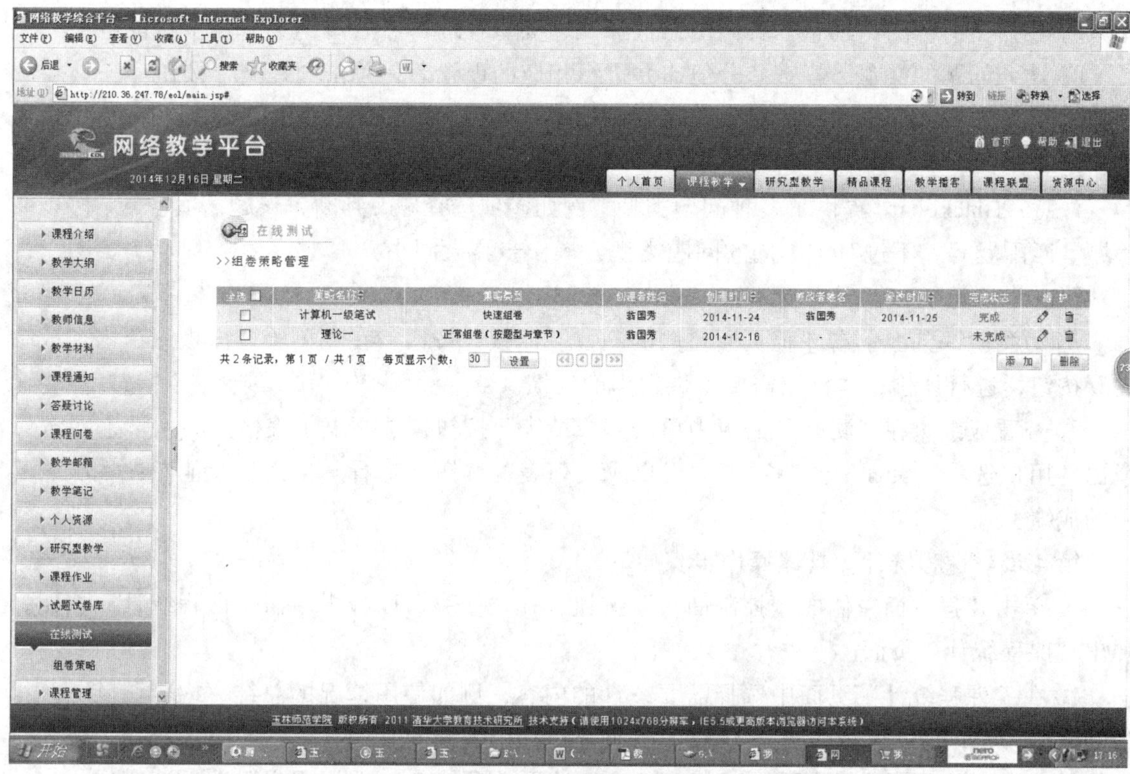

图 3-16　试卷组卷页面

③ 在弹出的“在线测试”页面中输入策略名称和类型、试卷总量、分值等信息，如图 3-17 所示，单击“下一步”按钮。

图 3-17　试题类型管理界面

④ 在弹出的“测试画布”页面中，选择试题类型管理，然后单击“下一步“按钮。

⑤ 输入问题的文本、答案和分值，并进行相应的设置后，单击“提交”按钮。

⑥ 重复步骤④和步骤⑤的操作，直到制作一套完整的测试题，题量、题型和分值等由小组自定。

注意：Blackboard 提供了多种问题类型，例如多项选择题、判断正误题、填空题、多项回答题、匹配题等，不过对于不同的问题类型，操作步骤大同小异。

第 3 步　记录和管理成绩。具体操作步骤如下：

① 为测验评分。单击课程页面左侧的“控制面板”按钮，在“测验”面板中单击“成绩表”按钮，进行评价，并根据需要提供适当的反馈。

② 查看成绩。在“测验”面板中单击“成绩表”按钮，选择电子表格上的“学生姓名”，弹出“用户选项”页面，然后单击“用户成绩列表”按钮，查看学生列表及他们在本次测验中的成绩。

第 4 步　课程统计。具体操作步骤如下：

① 单击课程页面左侧的“控制面板”按钮，在“测验”面板中单击“课程统计”按钮，弹出“课程统计”页面。

② 在“课程统计”页面中选择需要统计的内容，例如使用情况的总结、内容访问、小组访问和论坛访问等；单击“起始日期”按钮选择开始统计的日期，单击“结束日期”按钮，选择结束统计的日期；根据需要选择“所有用户”选项或者“选择用户”选项。完成相应的设置后，单击“提交”按钮，查看课程统计数据，分析课程统计信息。

【评价反思】

1. 成果展示

学习成果：网络课程（每个小组在 Blackboard 平台上搭建一门课程，包含课程框架、课程内容、学生角色和助教角色的用户，课程讨论和测试题等）。

老师挑选一些有代表性的课程进行展示，一边展示一边和学生分析该课程的优点和不足。

2. 自评

本任务共包含两个具体的训练项目，依据表 3-4 对照每个项目的训练目标与操作过程，进行自我评价和评测。

表 3-4　自评评价量规

项目	训练内容	掌握程度	存在问题
创建与编辑网络课程	创建新课程	□熟练 □一般 □不熟练 □未掌握	
	设置课程框架	□熟练 □一般 □不熟练 □未掌握	
	编辑课程内容	□熟练 □一般 □不熟练 □未掌握	

续　表

管理课程用户	添加用户	□熟练　□一般　□不熟练　□未掌握	
	删除用户	□熟练　□一般　□不熟练　□未掌握	
组织网络教学交流与互动	发布和删除通知	□熟练　□一般　□不熟练　□未掌握	
	使用讨论板	□熟练　□一般　□不熟练　□未掌握	
	发送电子邮件	□熟练　□一般　□不熟练　□未掌握	
进行教学测评与评价	创建和修改测试	□熟练　□一般　□不熟练　□未掌握	
	记录和管理成绩	□熟练　□一般　□不熟练　□未掌握	
	课程统计分析	□熟练　□一般　□不熟练　□未掌握	

3. 互评

小组之间依据表 3-5 对其他组在 Blackboard 平台上搭建的网络课程进行相互评价，并给出修改建议或意见。

表 3–5　互评评价量规

指标	指标描述	得分	建议或意见
科学性（20 分）	教学内容表述清晰、准确，无二义性（10 分）		
	教学内容覆盖教学基本内容（10 分）		
教学性（30 分）	课程内容符合学生认知规律（10 分）		
	包含应有的信息量（10 分）		
	提供及时的评价与反馈（10 分）		
艺术性（20 分）	教学内容层次表现分明（10 分）		
	页面风格统一、布局合理（10 分）		
技术性（30 分）	界面清晰、导航明确（10 分）		
	课程所使用的资源大多属于原创（10 分）		
	学习者可以控制多媒体信息的呈现（10 分）		

4. 教师评价

教师就信息化课程设计和网络教学设计、组织、管理与评价中的典型问题和关键技术进行点评与总结。

5. 自我反思与改进

结合互评和教师的点评，改进与完善自己的学习成果，并总结与反思在本任务中所训练的各种技能技巧。在改进与反思过程中，可以参照表 3-6 进行训练反思，也可以将训练心得写成博文，将其发表在课程论坛上，以便于其他同学或者教师进行深度交流。

表 3-6 自我反思记录

训练主题	网络教学平台的应用——教师视角	完成日期	
我完成的项目有	□项目 1 □项目 2 □项目 3 □项目 4		
我的学习收获有			
我知道了自己的优势有			
我知道了自己还需在以下方面努力			

【自主训练】

1. 变式训练

通过“内容区”面板中的“课程内容”按钮，丰富小组搭建的课程内容的内容，要求添加形式多样的课程内容，如音频、视频和动画等多种形式。

2. 综合练习

和传统教学相比，利用网络教学平台进行教学存在很多优势，但也存在很多不足的地方，请分析各自的优势与不足，并提出最佳的解决方案。

（1）广泛查找资料，了解相关信息；

（2）在了解的基础上，分析各自的优势与不足；

（3）在分析的基础上，提出最佳的解决方案。

3. 拓展与延伸

Blackboard 教学平台的功能非常强大，请尝试使用课程设置工具修改课程的名称和描述、设置课程的可用性、设置课程的持续时间、设置访问是否可以访问该课程，并探索课程的复制、导入、存档和循环使用。

【学习资源】

1. 知识提点

（1）信息化课程设计概述：

· 信息化课程设计的基本概念；

· 信息化课程设计的基本原则；

· 信息化课程设计的平台；

· 信息化课程设计应注意的问题。

（2）Blackboard 平台教师使用指南：

· 创建与编辑课程；

· 管理课程用户；

· 组织教学交流和讨论；

· 进行教学测试和评价。

2. 相关推介（见表 3–7）

表 3–7　相关推介

参考资料	资料简介
工具：Z+Z 智能教育平台	"Z+Z 智能教育平台"是一套适合于中学数学、物理教师进行课件制作、课堂演示以及课题研究的工具平台，也是一套适合于学生开展动手实践、自主探索、合作交流的学科实验室。它能支撑教与学过程的多个环节，是课件制作工具、教学资源、学习辅导、电子读物或教学 VCD 的智能平台
工具：lams 学习活动管理系统	"lams 学习活动管理系统"是由澳大利亚悉尼 MacQuarie 大学 James Dalziel 领导的项目组开发的，是一个设计、管理和传递在线协作学习活动的 e-Learning 平台，也是目前应用最好的学习设计支持工具之一
书籍：黎家厚.信息化课程设计——Moodle 信息化学习环境的创设	《信息化课程设计——Moodle 信息化学习环境的创设》一书涉及 Moodle 平台使用的各个方面，包括如何利用 Moodle 建立课程、组织课程资源和开发各种活动的相关内容
书籍：Blackboard　Academic Suite. Blackboard 教师手册	《Blackboard Academic Suite. Blackboard 教师手册》提供在 Blackboard Learning System 中建立和管理课程的详细信息。详细介绍了 Blackboard 通过控制面板向教师提供的功能
论文：陆美玉. 基于 Moodle 平台的信息化课程设计与应用研究【D】. 广西师范大学，2008（4）：24-34.	《基于 Moodle 平台的信息化课程设计与应用研究》论文介绍了基于 Moodle 平台的信息化课程的概念、理论基础到具体的信息化课程设计要素

3.3　课堂教学观察录播系统的操作与使用

【情景导入】

教学观察室系统集全自动课程录播系统功能与数字化的微格教学系统功能于一体，主要完成教师、学生的视频自动跟踪采集，音频智能采集，教师电脑屏幕截取，教师/学生视频/计算机画面智能导播，以上信号源自动传送至课件实时录制系统生成优质的精品课程。授课者（包括教师和师范生师范生）在教学过程中一方面通过实时观察自己的教学行为，发现自己教学中行为、语言等方面的不足，从而及时纠正这些容易被忽视的细小缺点，训练提高教学技能；另一方面通过教学专家远程对授课者的教学技能进行观察，客观地综合评估，提出专业的改进建议，以训练教师的各项教学技能，从而使教学水平得以提高。同时通过课堂直播系统在局域网、互联网上直播，为远端用户提供在线实时学习的平台。如图 3-18 所示为教学观察室。

图 3–18 教学观察室

【训练项目】

项目 1 认识教学观察室系统

教学观察教室由交互式中控系统、图像定位系统、智能导播系统、智能音频系统、课件实时录制系统、课堂直播系统共六大系统组成，包括多媒体教室模块（如讲台、中控、展台、笔记本、投影机、电子白板等等）、教室场景摄像机图像采集模块、VGA 采集模块、自动跟踪探测模块、拾音系统、扩音系统、网络实时直播模块、B/S 架构点播模块、录播系统资源管理模块以及外部条件（灯光系统、吸音处理）等。教学观察室平面图如图 3-19 所示。

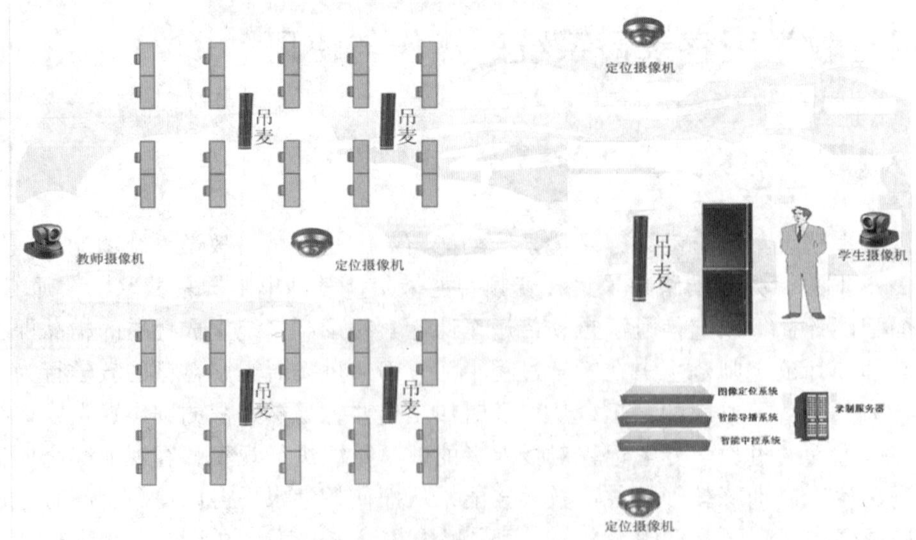

图 3–19 教学观察室平面图

1. 交互式中控系统

交互性中控系统集多媒体中央控制系统、录播系统控制、定位系统控制、导播系统控制于一体，为整个录播系统的大脑，通过控制面板可以控制整个全自动录播系统所有设备的开关，一键式开启图像定位系统和录播系统，通过面板可以选择自动导播和手动导播，通过面板直接切换相应通道，如图 3-20 所示。大大提高了系统的可操作性和便利性。

（a）中控主机图 1

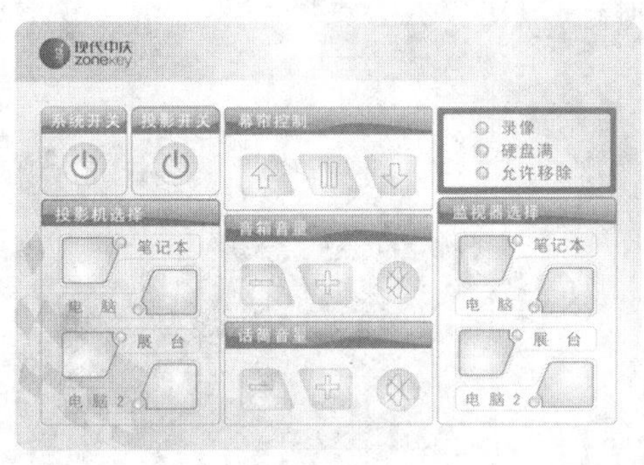

（b）控制面板图

（c）中控主机图 2

图 3-20　交互式中控系统

2. 图像定位系统

1）教师跟踪系统

教师跟踪系统是采用目前最先进的跟踪技术——图像识别技术，来自动跟踪拍摄对象的智能化系统设备。教师跟踪系统完全采用无人值守的操作模式，整个跟踪工作过程无需人为干预，与传统录制系统相比，大大降低了对老师进行专门摄像的要求，从而减少了工作量，减小了人力投入。上课时教师只需按照通常的上课模式进行正常教学活动即可，无需佩戴使用任何设备来完成跟踪拍摄，从而消除了教师的不适应感，使其更加专注于教学活动。教师跟踪系统具有出众的跟踪性能，无论是教师在上课时快速走动还是板书等，系统均能准确无误地采用不同策略自动变焦跟踪拍摄，在跟踪拍摄效果上，整个跟踪过程连续、稳定、平滑，整个画面输出非常稳定。系统展示如图 3-21 所示。

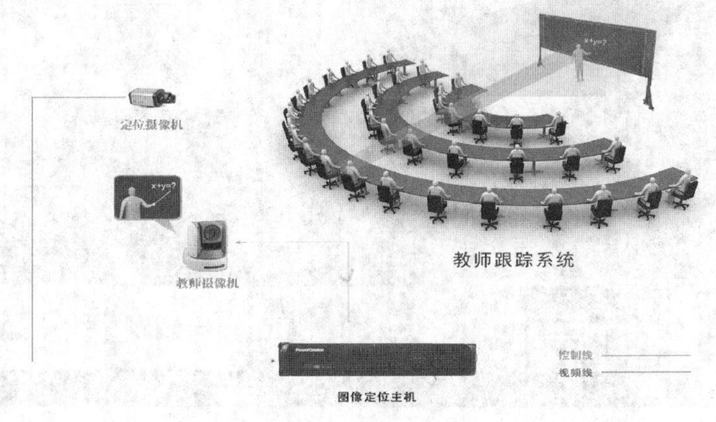

图 3-21　教师跟踪系统

2）学生定位系统

学生定位系统是一套能够自动实时对正在发言的学生进行定位并采用特写拍摄的智能化系统。当学生站起来进行发言或回答问题时，学生定位系统将自动调用学生摄像机，对正在发言的学生进行定位并采用特写镜头进行拍摄。系统展示如图 3-22 所示。

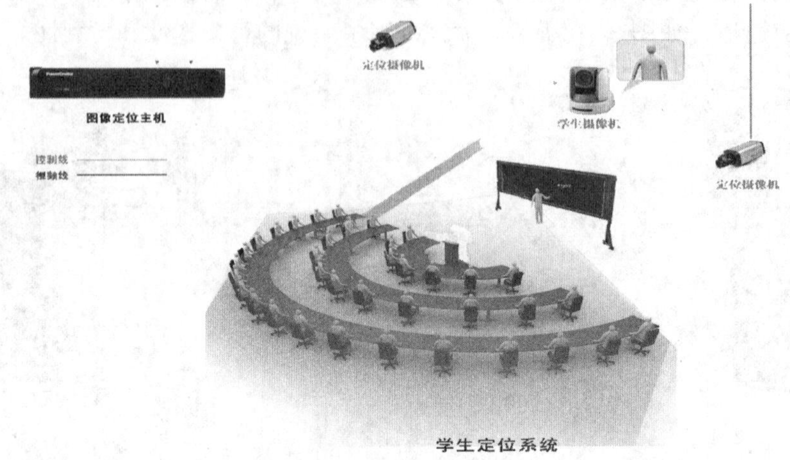

图 3-22 学生定位系统

3. PowerCreator 智能导播系统

PowerCreator 智能导播系统集传统自动录播系统的导播功能和传统特技切换台功能于一体，借助智能导播控制系统，完美实现了精品课程录播过程中，教师授课、教师板书、学生答问、交流互动、课件、实物展示、计算机画面、其他教学课件等多个教学场景与教学课件之间自动调度和切换。调度与切换完全以实际教学为基准，总是能在恰当的时刻将画面切换到需要的场景，准确表达教者的意图、习者的需要，智能化与人性化的完美结合，更加贴近人工导播，达到“专业级影像制作”效果。系统展示如图 3-23 所示。

图 3-23 PowerCreaor 智能导播系统

4. 智能音频系统

智能音频系统将教师授课时的语音和学生上课时回答问题或讨论的语音通过智能混音器全息地采集下来，并实时传送至课件录制系统完成课堂录制。系统组成如图 3-24 所示。

（a）吊装麦克风（BJVC512II）

（b）智能混音器（MX800）

图 3–24　智能音频系统组成

5. PowerCreator 课件实时录制系统

该系统可以非常简单、方便地把整个课堂情景实时录制下来，生成有音视频和电子文档的流媒体课件。压缩率很高，能够实现动态的捕捉，自动生成文字索引等功能。系统展示如图 3-25 所示。

图 3–25　系统展示效果图

◆ 视频音频播放区：在观看视频时，可以任意调整视频的大小，视频采用 MPEG4 格式，能够最大化地降低网络带宽需求。

◆ 屏幕流播放区：播放教师计算机的屏幕内容，包括鼠标运动轨迹。

◆ 文字描述与索引区：文字描述信息包括作者、主题、版权等；通过索引信息，可以将课件分成多个章节或者分成多个知识点，便于学习。

◆ 讲稿缩略图区：在这个区域里，可以浏览任何一个幻灯片，也可以查看与每个幻灯片相关的视频音频信息，从而实现讲稿与视频的互动。

6. 课堂实时直播系统

直播服务器放在教师技能发展中心或总机房，通过 IP 网络（例如局域网、互联网、卫星网）将课堂内容直播出去，课堂内容包括音频、视频以及计算机屏幕内容，接收端通过 IE 浏览器即可收看直播课堂内容。该系统具有以下优点：

（1）动态屏幕直播。

能够将计算机屏幕内容，包括讲稿、Flash 动画、鼠标运动轨迹、电子白板等内容流畅地直播到客户端。

（2）直播图像与语音。

实时直播教师的图像与声音，并保持与屏幕的同步性，适合于多种网络环境下的直播，即使在极小的网络环境下也能收看直播。

（3）基于 Web 的课堂直播。

学生用 Internet Explorer 浏览器即可收看直播。

（4）自动化程度高。

服务器端自动化程度高，完成初始化后，无需其他操作，自动启动直播。客户端自动化，无需任何操作，通过服务器端直接控制客户端收看直播。

（5）高清触摸显示白板和显示屏。

应用了全高清、高亮度的影来登笔触显示板，无眩光刺目，不受阴影干扰，更无需暗室操作，保护师生的视力，在高清触摸显示白板与传统白板/黑板之间自由选择，也可以两者结合使用，满足多方位的应用需求。该设备高度集成，无需另配投影机、幕布和音响，高性价比。

教学观察室后面安装有高清晰的显示屏，在教学过程中，教师跟踪系统摄像机捕捉拍摄到的教师图形，能实时在这里显示，上课教师可以通过观察显示屏中自己的表情、动作、姿势、仪表等及时调整好自己仪态，高效地训练教师的技能。

项目 2　实时录制视频教学课件

1. 开启系统

通过中控控制面板开启教学观察室系统，检查电脑运行是否正常、需要安装的软件是否齐全并能正常运行、投影仪显示是否清晰、电子白板的交互功能能否正常运行。

2. 录制前的设置

检查“PowerCreator Teacher”教师端软件是否已在教师机运行，音响设备工作是否正常，教师与学生的影像画面都能顺畅传输并显示，视屏信号采集为教师电脑捕捉教师电脑操作；音频信号采集为吊装麦克风；摄像头捕获画面录制到本机电脑。

3. 运行录制软件

把 PPT 拷贝到教师电脑，并试运行录制软件“PowerCreator Composer”，在录制选项菜单中设置采集模版。操作如下：

录制选项→屏幕捕获→教师端本机电脑-（IP 地址“127.0.0.1”）→采集模版。如：正常使用可选择“经典视频采集模版”。

4. 录制过程

单击“文件→新建”，在弹出的“新建课件”对话框中，输入录制文件的名称及保存路径。

点击开始录入按钮“▶”就可开始录制课件；录制过程中如果需要暂停可点击按钮“❚❚”；录入完毕后点击按钮“■”结束录制。录制完成后按步骤操作：操作→合成课件，这样刚录制的课件就生成了。

如果需要预览，可用鼠标点击“操作”菜单下的“预览”命令，即可欣赏刚生成的课件了。

5. 课件剪辑

（1）运行剪辑程序“PowerCreator Editor”。

运行“PowerCreator”目录下“PowerCreator Editor”程序。

（2）打开课件。

通过操作“文件→打开课件”选择需要剪辑的课件。如图 3-26 所示。

图 3–26

（3）剪辑过程。

通过工具栏中的“+”工具添加剪辑时间段，可将课件中不需要的内容删除。具体操作如下：当录制课件播放到需要剪辑课件的开始处时，按播放器的暂停按钮“❚❚”，使课件暂停；然后点击按钮“+”，在弹出的“自定义剪辑段”对话框中的“开始时间”框中填入屏幕左下角课件此时的播放时间，此时在播放器的下方就会出现一条剪辑记录；按播放器的“▶”，让课件继续播放至需要剪辑片段的结束处，再次点击暂停按钮“❚❚”，然后双击播放器下方的剪辑记录，在弹出的“自定义剪辑段”对话框中的“结束时间”框中输入此时的播放时间。

如果想删除已添加的剪辑记录，可先选中该剪辑记录，然后单击工具“-”就可将选中的剪辑段进行删除。

（4）编辑课件信息。

如果想为该课件添加如“课件名称”、“作者”等课件信息，可在“选项”菜单中选择“编辑课件信息”命令，然后在弹出的命令框中添加课件相关信息即可。

（5）保存。

完成所有剪辑操作后，点击工具栏中的“保存”按钮保存即可，所有编辑任务就完成了。

6. 生成“scorm”课件

（1）打开剪辑软件；

（2）点击“文件”菜单，打开需要生成“scorm”的课件；

（3）点击“视图”菜单，在弹出的菜单中选中“scrom 打包”选项；

（4）通过工具栏中的“+”工具添加“自定义课件切分段”，并为切分段添加标题，一般情况下标题名就为课件名，整个课件开始和结束的时间设置为课件切分段的开始和结束时间，如图 3-27 所示；

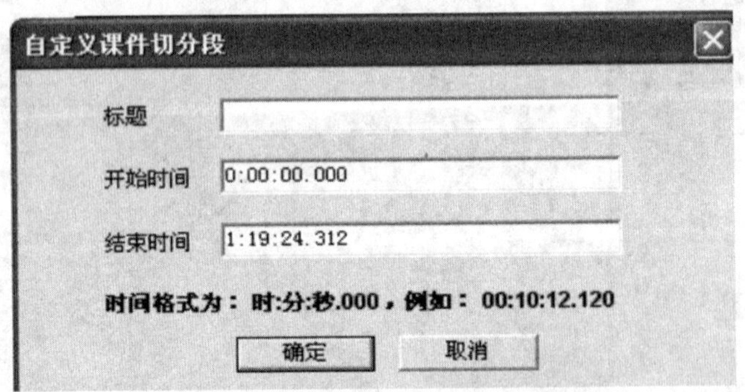

图 3–27

（5）点击“文件”，在弹出的菜单中选中“发布为 scorm 课件”选项，按照操作提示完成 scorm 课件的发布。（提示：要在预存放 scorm 课件的文件中建一个以课件名称命名的文件夹存放 SCROM 文件包。）

项目 3　开展微格技能训练

微格教学的英文为 Microteaching，在我国被译为“微型教学”、“微观教学”、“小型教学”等，目前国内用得较多的是“微格教学”。微格教学是一种利用现代化教学技术手段来培训师范生和在职教师教学技能的系统方法。微格教学创始人之一，美国教育学博士德瓦埃·特·爱伦认为，微格教学“是一个缩小了的、可控制的教学环境，它使准备成为或已经是教师的人有可能集中掌握某一特定的教学技能和教学内容”。微格教学实际上是提供一个练习环境，使日常复杂的课堂教学得以精简，并能使练习者获得大量的反馈意见。教学观察室系统具有强大的微格教学教研功能，它能实时或点播时进行打点、评分汇总，实现在线评估、微格评测、技能训练、教学研究。

微格教学实施的基本步骤如图 3-28 所示。

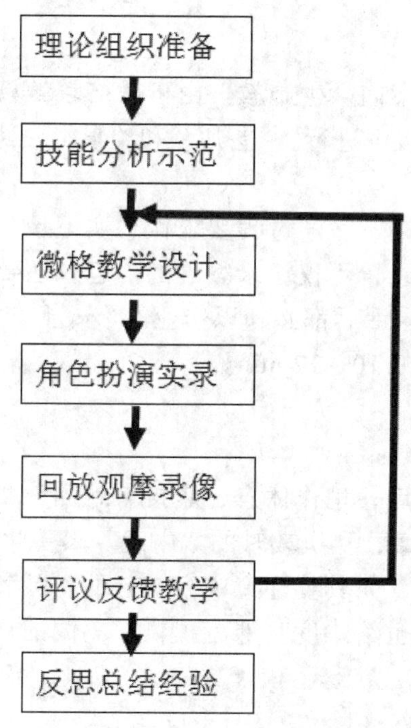

图 3–28　微格教学基本步骤

1. 理论组织准备

对微格教学的起源、意义作简单地介绍，重点介绍微格教学在教育实践中的重要作用，并对微格教学的一般教学流程作简单的讲解，这一单元的教学一般以班级乃至年级为单位，由教师专门讲解。

这一教学期间另一重要的准备工作是分好教学小组，每个小组以 5 ~ 7 人为宜，并委派一名小组长。具体的教学实践以小组为单位开展。

2. 技能分析示范

微格教学最基本的做法就是将复杂的教学过程细分为若干单一的技能并逐项培训。其基本技能主要有语言技能、导入技能、讲解技能、提问技能、结束技能、演示技能、板书技能、变化技能以及强化技能等。对这些技能的介绍，多采用班级授课的方式，使讲授与示范有机结合，从而使受训者在理论与实践两个方面都得到启示。案例有录像展示，也有老师现场演示。

3. 微格教学设计

微格教学与普通课堂教学的设计一样，要明确教学目的，安排教学过程，选择教学方法等。从某种意义上说，微格教学案例是普通课堂教学案例的缩微板，虽简单，却具备了普通教学案例的所有要素。

微格教学案例设计以小组为单位，在角色扮演之前的一个星期必须上交给教学者，以便教师进行有效的检查。这一过程的实施是在课外由同学独立完成。

4. 角色扮演实录

角色扮演就是教师凭借教案向学生施教。由于微格教学只是片断教学，且其目的纯粹出于训练，所以它不在正规的班级中进行，“老师”和“学生”都是由接受微格教学训练的一小组示范生来扮演。

同时，为了更好地提供反馈，教学过程要求做忠实记录，除了摄像机全程录像外，每位听课者应在第一时间内认真记录，不仅记录教学的内容，还要记录执教者的行为表现，以便在评课时能有的放矢。所有记录课后都必须以作业的形式上交，作为最终成绩考核的一部分。

这一过程，每位执教者用时 10 ~ 12 min。

5. 回放观摩录像

小组的每一成员教学完毕后，稍作休息，紧接着就回放整节微格课的录像，全组成员一起观看。这时，执教者通过观摩，从执教时的“内观”感受此时的“局外旁观”，力求对自己的教学表现有一个立体的认识，尤其要注意观察自己的实际表现与自己原先的设想有出入之处。由于摄像的角度不同，这也给二度听课者提供了不同的视角，使得失之处在听课者的心中有更深的印象。

6. 评议反馈教学

评议一般由执教者本人先讲述自己的教学设计基本思路以及观看录像后发现的得失，然后由其他听课的组员给执教者提出赞成性意见和改进性意见，最后由指导老师发表看法。完成这一过程后，听课的组员按照评价表给执教者评分。

如果最后的评分结果大家认为没有达到训练目的，没有达到要求的基本分数，则需要重新设计、实施这一轮的微格教学，直到过关为止。

这一评议过程，每位小组成员有 2 分钟的时间发言。（附：语文微格评议表 3-8）

表 3–8　语文微格评议表

执教教师________ 课题________ 授课内容________ 时间________ 评价者________

序号	技能	目的要求	优（9 ~ 10）	良（8 ~ 8.9）	中（7.5 ~ 7.9）	差（7.5 以下）
1	语言技能	标准、响亮、速度适中，吐字清晰，抑扬顿挫				
2	导入技能	简洁有力，含情有趣，联系课文紧密，有效创设学习情景氛围				

续 表

序号	技能	目的要求	优（9～10）	良（8～8.9）	中（7.5～7.9）	差（7.5 以下）
3	讲解技能	表达准确、清晰，紧扣目标，重点突出，条理清晰，层次分明，旨意明确，例证丰富，有自我见解，无知识性错误				
4	板书技能	书写端正，字迹清楚，布局规范，结构严谨，出示合理，配合讲解，无错别字				
5	提问技能	意图明确，表述清楚，主题明确得当，难易程度适中，问法有启发性，给予时间及提示，把握时间与对象				
6	结束技能	对主体内容有全面总结，对目标有回应，课后有布置				
7	教态表现	衣着得体，仪表整洁，站立自然，巡堂从容，目光和善，面带微笑				
8	互动情况	目光交流自然，语言交流充分，情感交流明显				
9	文本解读	结合课前提示、课后思考练习及单元提示准确把握作者原意，不误读，有一定独立见解				
10	课标精神	文本解读、文章解读、师生交流都明显体现学生主体，学习主体的观念，自助、合作、多元、求真、求善、求美的精神贯穿始终				
11	定性评价的描述和建议：		总分：			

7. 反思总结经验

技能训练结束后，执教者要进行反思，总结出得失，其基本的方式是写教学后记，并交给指导老师，作为微格成绩的一个部分。这一部分微格训练完一星期后完成。

3.4 未来教室系统的应用

【情景导入】

在华中师范大学杨宗凯校长提出的“未来教室、未来教师、未来教育”理念的指引下，全国掀起了一股对未来教室的形状、布置、软硬件设备和功能等方面的预想创新设计思潮，其中以国家数字化学习技术工程中心为代表，他们以自己的技术、知识创造性地开发了“电子双板”“数字化学校管理系统”“教学云平台”等“未来教室”产品，让我们看到了未来教育的新形式及未来教室的雏形。玉林师范学院教师教育技能实训中心的未来教室，正是引入了国家数字化学习技术工程中心设计的这套未来教室系统。

【训练项目】

项目 1　开展基于课件工程的课堂教学

教师在进行课堂教学中，有两种授课方式：一种是以课件工程来讲解课堂内容，一种是直接打开单个文档进行一一教授。如果教师充分备好课件工程内容，可以使用前者打开课件工程来讲授；如果因时间等问题没有备好课件工程文件，可以通过打开单个文档的方式进行单个教学。第二种课堂教学方式比较简单，下面主要介绍基于课件工程的课堂授课。

1. 认识 starC 课件展示软件界面

starC 是未来教室系统的课件展示工具，它的界面分为四个区域：功能区、活动列表区、资源展示区和学生视图区，具体分布如图 3-29 所示。

图 3-29　课件展示工具界面图

1）功能区

功能区中包括平台的各种功能按钮，其分布如图 3-30 所示。

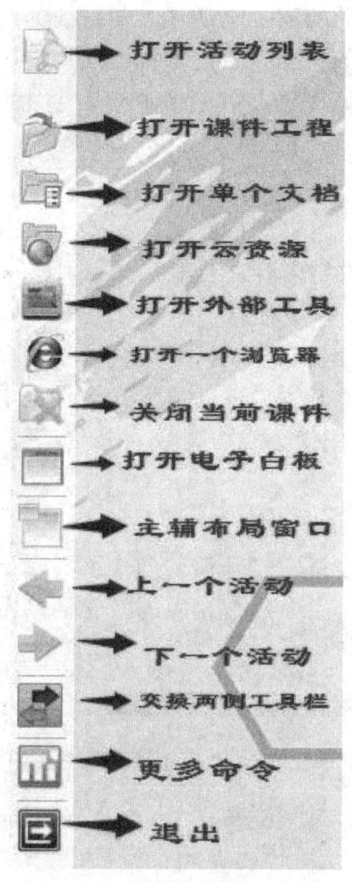

图 3-30　功能区按钮介绍

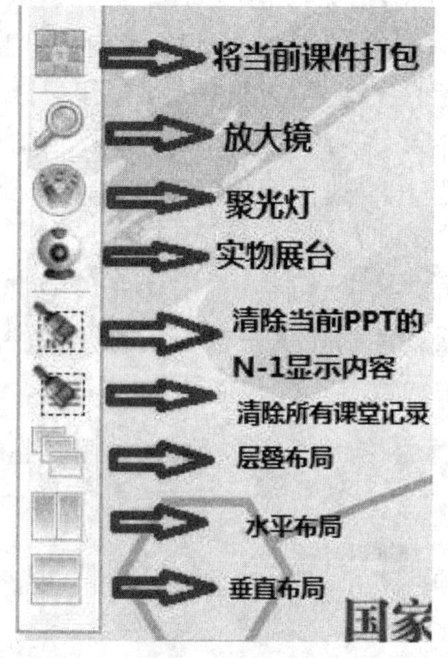

图 3-31　更多命令列表区

（1）打开活动列表：点击此按钮，对所打开的课件工程的活动进行展示；如果当前没有打开任何课件工程，则该按钮灰显，不可用。

（2）打开课件工程：点击此按钮，打开课件（.PGPX）或课件包（.PGPXP），同时在该按键旁出现软键盘按钮，点击可进行软键盘操作。

（3）打开单个文档：点击此按钮，调出打开对话框，用户可以根据教学需要打开外部任意类型的资源，并将该资源载入平台。

（4）打开云资源：点击此按钮，打开云端资源窗口，根据教学需要进行资源搜索。

（5）打开一个浏览器：新建一个空白无网址的网页窗口，可以在此窗口进行浏览器的使用。

（6）关闭当前课件：将当前在展示工具中打开的所有文档和课件关闭。如果当前没有打开任何课件或文档，则该按钮灰显，不可用。

（7）打开电子白板：打开全局电子白板。

（8）主辅布局窗口：当平台的展示区有多个窗口时，点击本按钮实现窗口主辅排列，再次点击，实现窗口排列的对调。仅有一个窗口时点击本按钮，则单窗口会维持原状不变。如果当前没有打开任何课件或文档，则该按钮灰显，不可用。

（9）上一个活动：点击此按钮，平台显示当前活动的上一个活动。若目前的活动就是课件中第一个活动，则展示区中的内容不变。若此时平台中未载入课件，则此按钮无效。

（10）下一个活动：点击此按钮，平台显示当前活动的下一个活动。若目前的活动就是课件中最后一个活动，则展示区中的内容不变。若此时平台中未载入课件，则此按钮无效。

（11）交换两侧工具栏：使得左右两侧的工具栏互换位置，以便教师使用更加方便。

（12）更多命令：展示工具中未全部展开的剩余工具，如图 3-31 所示。

① 将当前课件打包：打包已经打开的课件工程。

② 放大镜：点击此按钮，可根据需要对特定的教学内容进行放大显示。

③ 聚光灯：点击此按钮，可根据需要对某局部的教学内容进行特定显示。

④ 实物展台：打开实物展台功能，实现视频监控。

⑤ 清除当前 PPT 的 N-1 显示内容：当打开多次 N-1 窗体后，导致存留了许多记录，点击此按钮可以去除操作痕迹；此按钮可以不必通过选中窗体来进行清除，多次点击，能一一清除所有 N-1 缓存；当打开了 N-1 窗口后，【确定】按钮会成功删除。

（13）退出：退出课件展示工具。

2）活动列表区

当平台载入课件后，点击功能区的打开资源列表按钮，打开活动列表，显示课件活动序列，教学活动序列显示平台当前打开课件的活动序列。用户点击相应的教学活动图标即可显示此活动中的教学资源，如图 3-32 所示。

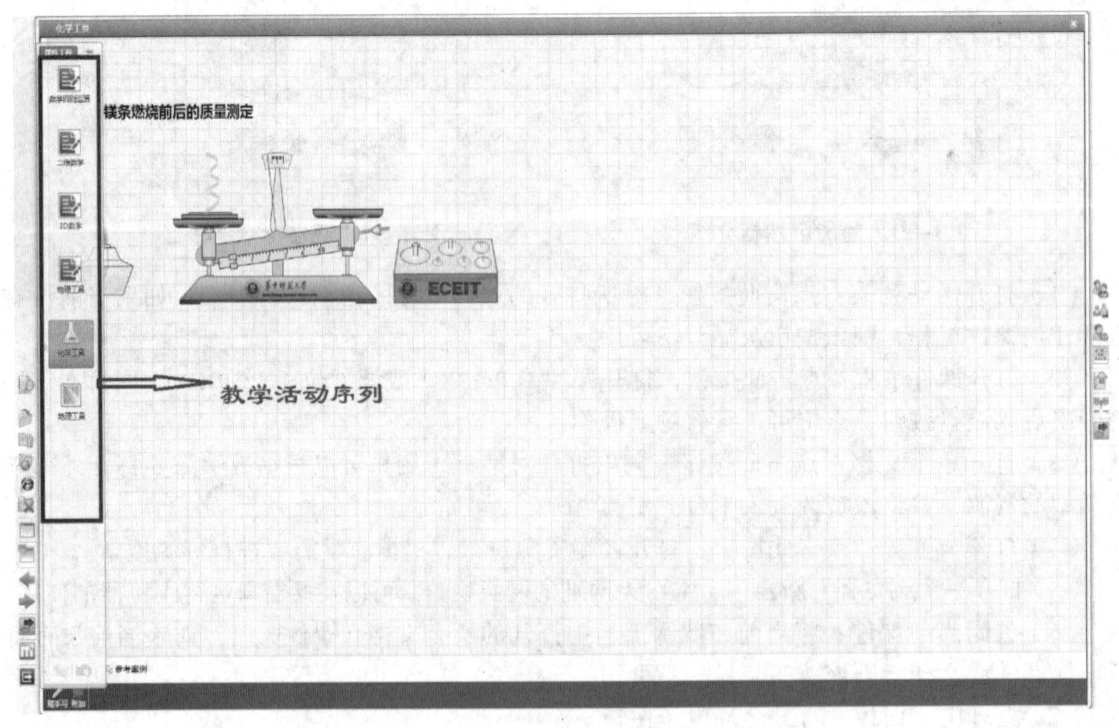

图 3-32　活动列表

3）资源展示区

展示区主要用来呈现教学资源。它支持多种类型资源的展示，如 MSOffice 文档、视频/音频文档、Flash 动画、WEB 资源、AdobePDF 文档、动态几何资源等，教师可以根据教学需要使用各种教学资源。

4）学生管理区

学生管理区包括学生互动工具栏视图区及学生列表区，如图 3-33 所示。学生互动工具栏视图区显示当前课堂中的学生列表，以学生端的登录名来标示每位同学。教师将题目发送给学生端之后，收到教师题目的学生登录名会在学生视图区中显示成红色。当学生回答完题目并进行提交后，学生的登录名会变成蓝色，如图 3-34 所示，教师点击学生的登录名就可以查看此学生的答案。

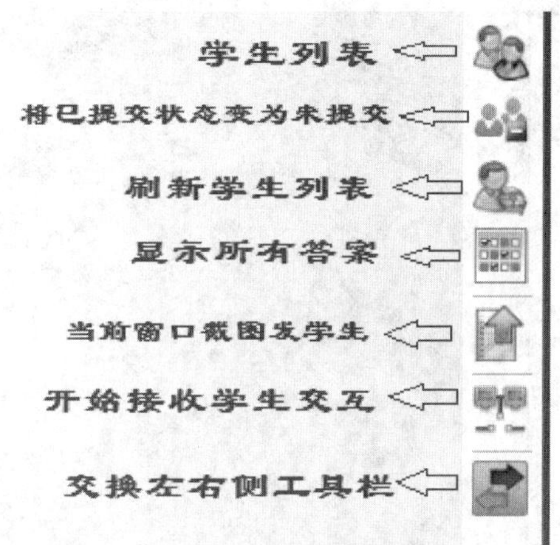

图 3-33　学生互动工具栏视图

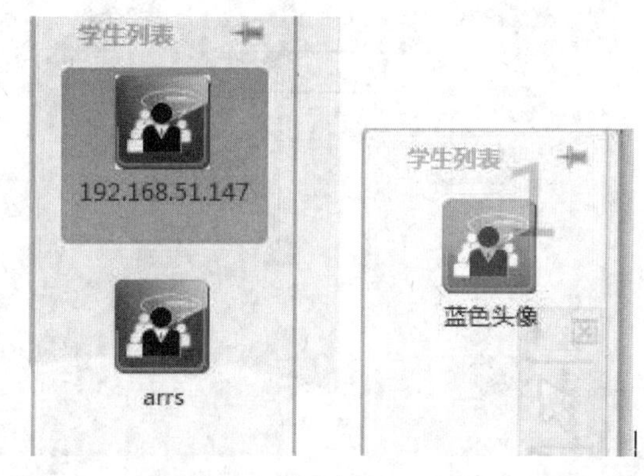

图 3-34　学生列表区不同状态下的头像颜色对比

2. 导入打开课件工程文件

第 1 步　点击功能区的“打开”按钮图标，在弹出的对话框中选择扩展名为.PGPX 的目标课件工程，点击“确定”即可打开课件，如图 3-35 所示。

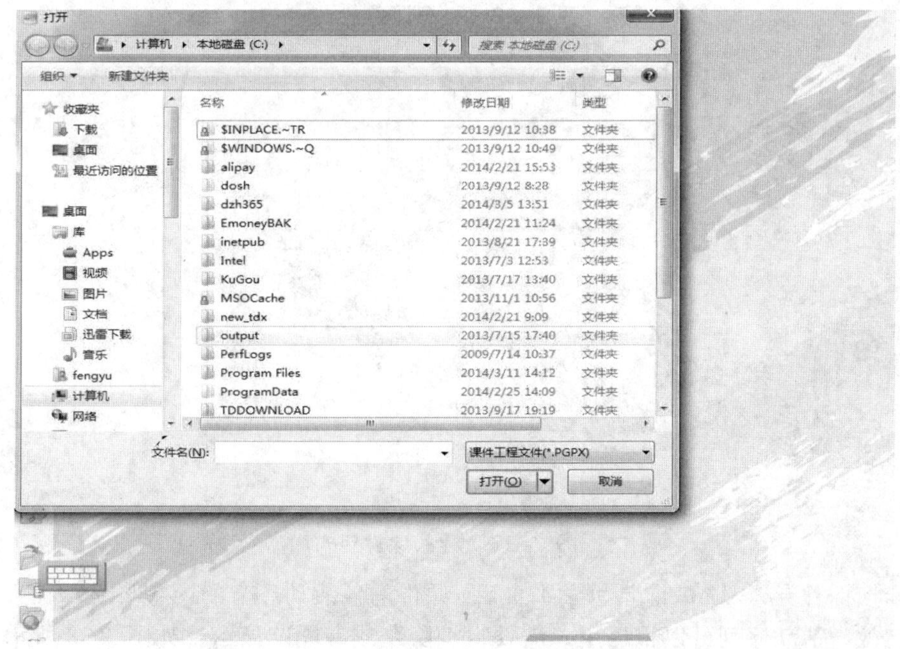

图 3-35　打开课件

第 2 步　点击功能区的打开按钮图标 ，在弹出的打开对话框中，单击“文件名”下拉菜单，选择“课件包（*.PGPXP）”，此时就可以选择扩展名为.PGPXP 的目标课件包工程，点击确定即可打开课件包（如图 3-36 所示），点击“打开”按钮，课件包.PGPXP 将解成课件.PGPX 格式（如图 3-37 所示），.PGPX 课件存放位置缺省，也可以点击 修改存储位置，这里不作修改，点击“确定”按钮，解包成功。

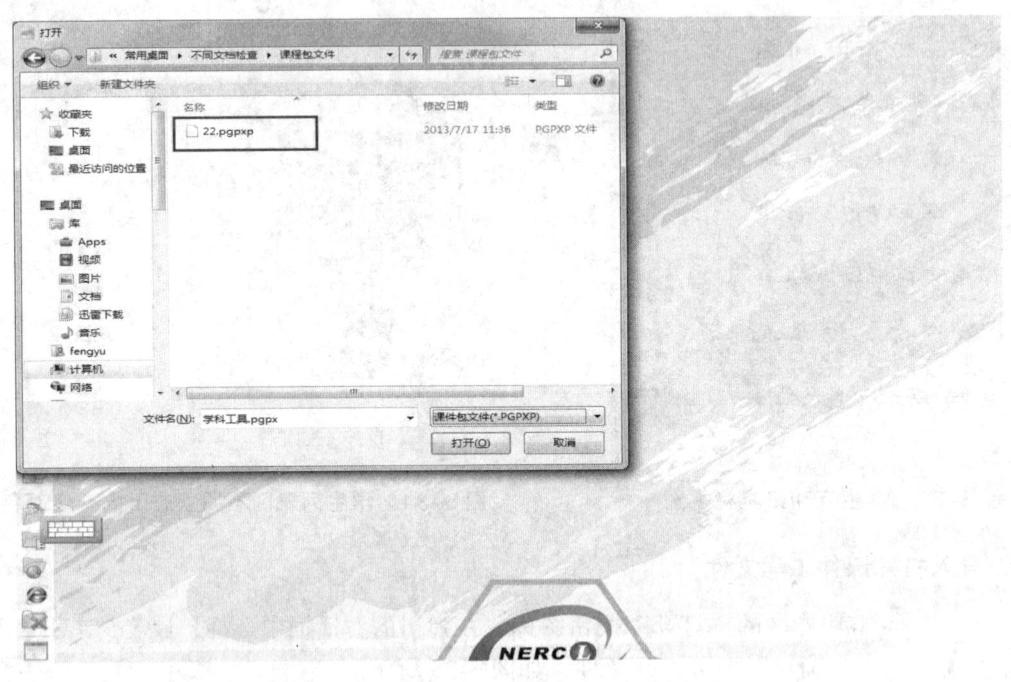

图 3-36　打开课件包

图 3-37　导入课件包

第 3 步　课件导入 starC 课堂教学平台后，课件的各活动环节的内容将显示在平台左侧的资源区中，教学活动序列可以根据用户需要自动隐藏或者固定显示，如图 3-38 所示。

图 3–38　课件活动列表

3. 展示课件进行教学

starC 课堂教学平台具备独特双轨展示功能，可以利用两个窗口来同时呈现 PPT 中的教学内容，其中一个窗口（也叫 PPT 呈现窗口）用于呈现 PPT 资源，另一个窗口（也叫 N-1 窗口）用于呈现当前 PPT 资源上一次显示的页面，而不是页码的 N-1。例如：当前 PPT 资源为第 4 页时，通过下拉选择进入第 2 页，那么其 N-1 窗口显示的为刚才停留于第 4 页的图像，如图 3-39 所示。

图 3–39　在平台中双屏展示 PPT 文档

注意：当 PPT 在首页时，点击 N-1 按钮，那么 N-1 窗体显示的为首页内容。

1）PPT 呈现窗口

PPT 呈现窗口中功能按钮如图 3-40 所示（工具栏标签打勾时工具栏截图）。

图 3-40　PPT 呈现窗口的功能按钮

按钮功能详细介绍如下。

（1）随手写：点击此按钮，用户可以在 PPT 文档上手写标注，同时在 PPT 页面右侧显示“手写工具栏”，再次单击取消手写功能，手写画笔默认颜色为紫色，默认荧光笔工具（与全局电子白板唯一的默认区别）。

（2）局部电子白板：单击此按钮，打开局部电子白板，再次点击局部电子白板关闭，但局部电子白板的内容会自动进行保护，用户再次打开局部电子白板时，上次的书写内容会自动加载。

（3）附加文档：单击“编辑附加文档”按钮，用户可以打开对 PPT 资源添加的附加文档。如果当前 PPT 资源没有附加文档，则该按钮呈灰色显示，不能使用。

（4）N-1 窗口：点击 N-1 按钮，平台的展示区将显示 N-1 窗口；再次单击，N-1 窗口消失。N-1 窗口中显示的页面与 PPT 呈现窗口中展示的页面有关，默认为此页面的上一页。

（5）转到首页：将当前 PPT 翻到第一页，如果此时 PPT 正是第一页，则该按钮呈灰色显示，不能使用。

（6）转到前一页：点击此按钮，PPT 呈现窗口中的 PPT 文档会向前翻页，此时 PPT 呈现窗口中的 PPT 页中动画设置无效。同时，N-1 窗口会显示翻页前 PPT 呈现窗口中的页面。

（7）转到后一页：点击此按钮，PPT 呈现窗口中的 PPT 文档会向后翻页，此时 PPT 呈现窗口中的 PPT 页中动画设置无效。同时，N-1 窗口会显示翻页前 PPT 呈现窗口中的页面。

（8）转到末页：将当前 PPT 翻到最后一页，如果此时 PPT 正是末页，则该按钮呈灰色显示，不能使用。

（9）清除此前所有答案：点击此按钮，将清除此前所有学生的答案，清空答案统计图中的答案。

（10）Clicker 答案开始接收：点击此按钮，将开始接收 Clicker 终端传过来的答案。

（11）显示// 隐藏答题统计图：点击此按钮，教师查看所有学生的答题情况，统计数据以条形图、饼图、折线图三种形式进行显示；再次点击此按钮，则隐藏答案统计图。

（12）发送本文档：点击此按钮，将在教师端与学生端间进行互传文件。

2）N-1 窗口

N-1 窗口的功能按钮如图 3-41 所示。

图 3-41　窗口的功能按钮

N-1 窗口的功能按钮详细介绍如下。

（1）显示// 隐藏页面导航：点击此按钮，N-1 窗口左侧会显示当前播放 PPT 的页面列表，用户可以根据需要点击相应的页码调出 PPT 中的某一页，页面列表如图 3-42 所示。

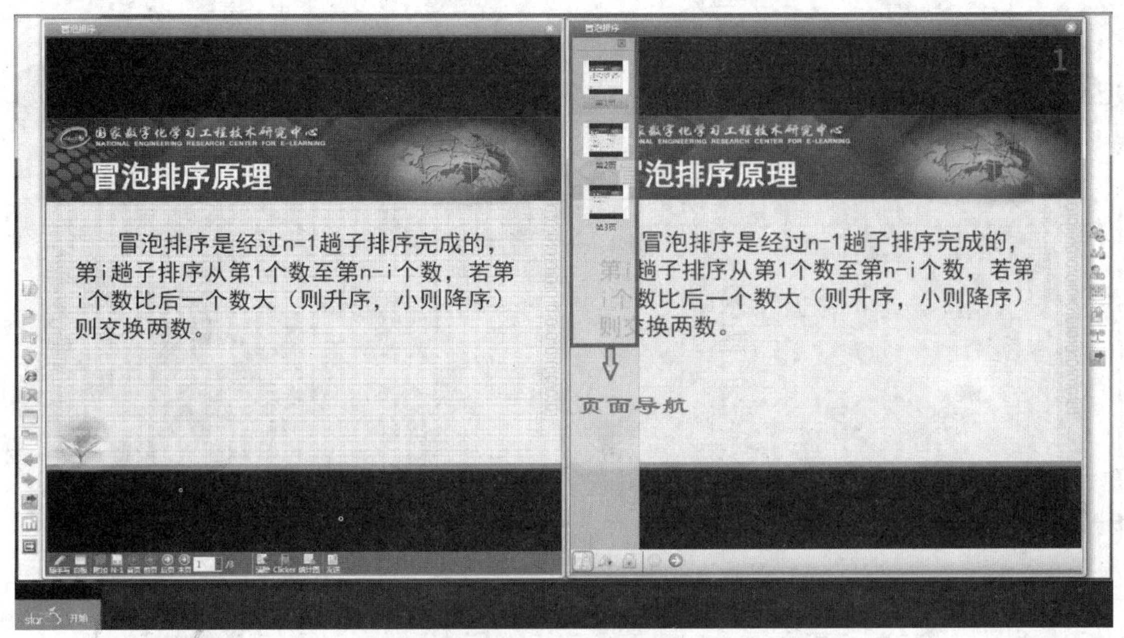

图 3-42　PPT 页面导航

（2）显示// 隐藏工具栏：点击此按钮，页面右侧则显示手写工具栏。

（3）锁定当前页：点击此按钮，当前 N-1 窗口的 PPT 页会被锁定，当用户在 PPT 呈现窗口中翻页时，N-1 窗口中 PPT 页面不会随着 PPT 呈现窗口中页面翻页而翻动。

（4）上一页：点击此按钮，PPT 呈现窗口中的 PPT 文档会向前翻页，此时 PPT 呈现窗口中的 PPT 页中动画设置无效。

（5）下一页：点击此按钮，PPT 呈现窗口中的 PPT 文档会向后翻页，此时 PPT 呈现窗口中的 PPT 页中动画设置无效。

项目 2　运用习题进行交互教学

starC 习题制作工具不仅可以从习题库中选择所需题目再导出来供课堂使用，也可以由教师自己编辑制作新的习题，方便在未来教师课堂教学中运用习题测试，巩固所学内容，达到及时强化和测验学习效果的目的。如图 3-43 所示。

1. 互动环境的设置

在进行交互之前，确定已安装好 starC，教师端打开交互服务器，在注册课堂中登录的学生端 IP 地址应设置成教师端交互服务器 IP 地址，如图 3-44 所示为教师端已开启的交互服务器 IP。

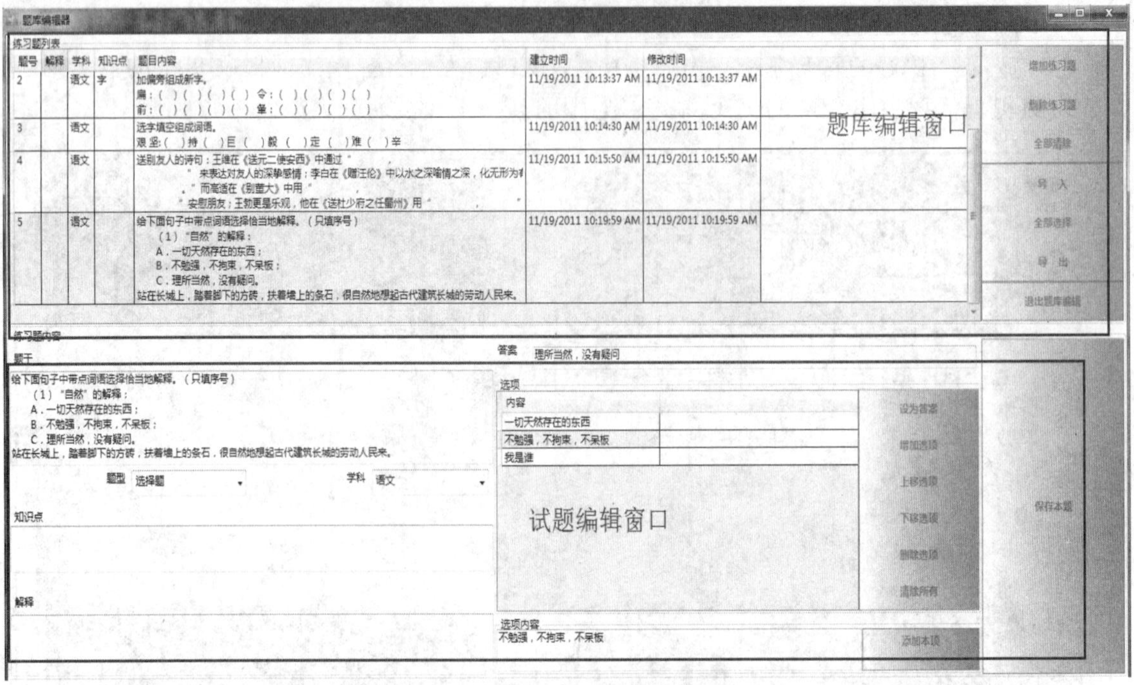

图 3–43 习题制作工具

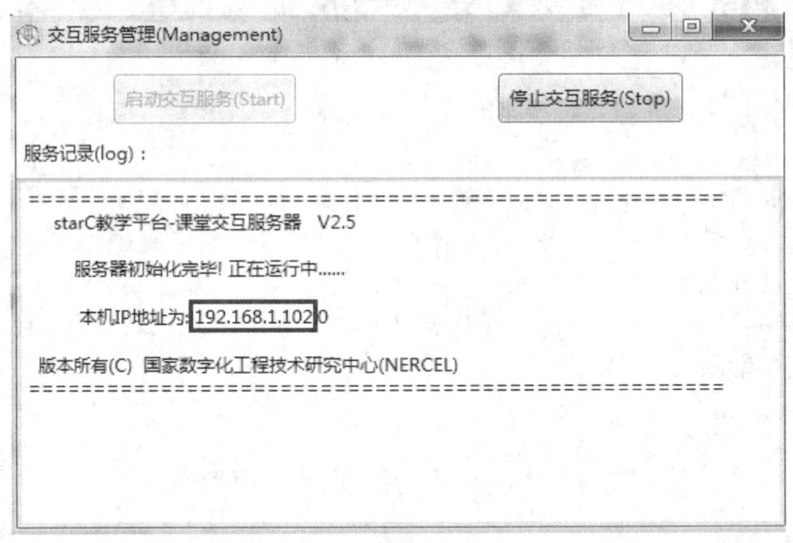

图 3–44 交互服务管理页面

知道了教师端的服务器 IP，我们就可以在注册课堂中正确登录学生端了，如图 3-45 所示。

注意：交互服务器 IP 地址是指安装交互服务器的电脑的 IP 地址（默认情况下，服务器安装在教师机上，此时 IP：127.0.0.1 表示默认在本机的交互服务器地址。如果交互服务器既不在教师机子上安装也不在学生机子上安装，那么教师端和学生端要交互，就必须都访问此交互服务器的地址）。学生端登录链接教师端的服务器成功后，若教师端已打开，那么就可以开始进行课堂互动教学了。它主要包括 PC 端和 Clicker 端两种交互形式，互动教学过程中，通过查看交互服务器数据变化，可以跟踪学生端和教师端的通信情况。

图 3-45　登录课堂时正确输入 IP 地址

2. 习题的导入

通过点击“导入”按钮，可以将已有的习题文件导入到试题库中，如图 3-46 所示。

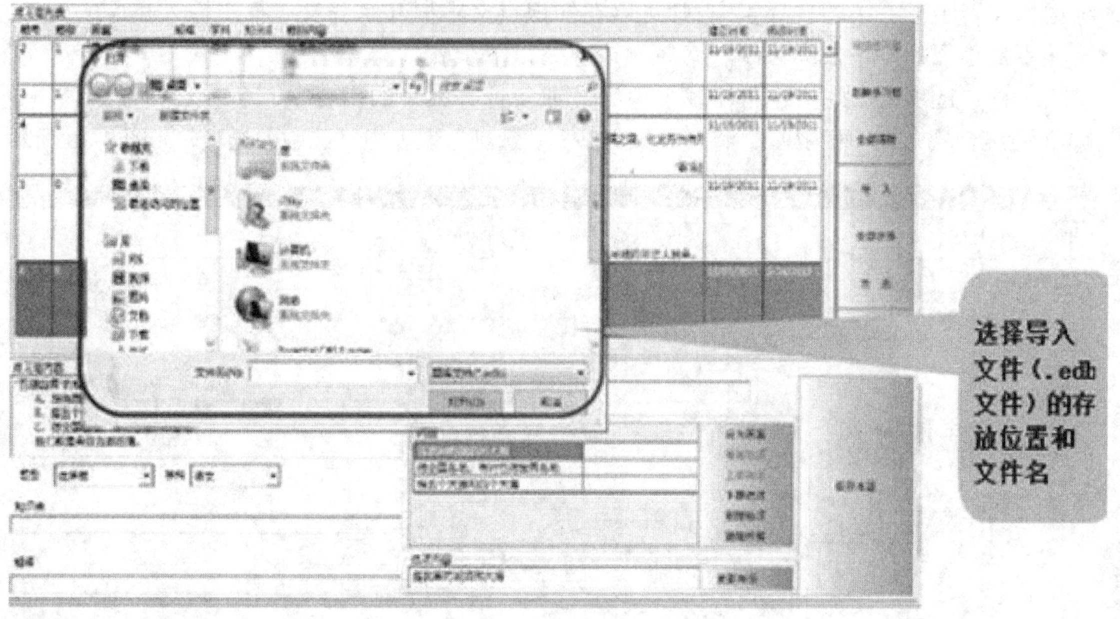

图 3-46　习题导入

3. 练习题编辑

点击习题库窗口右侧的“增加练习题”按钮以清除习题编辑窗口中的已有内容，如图 3-47 所示。

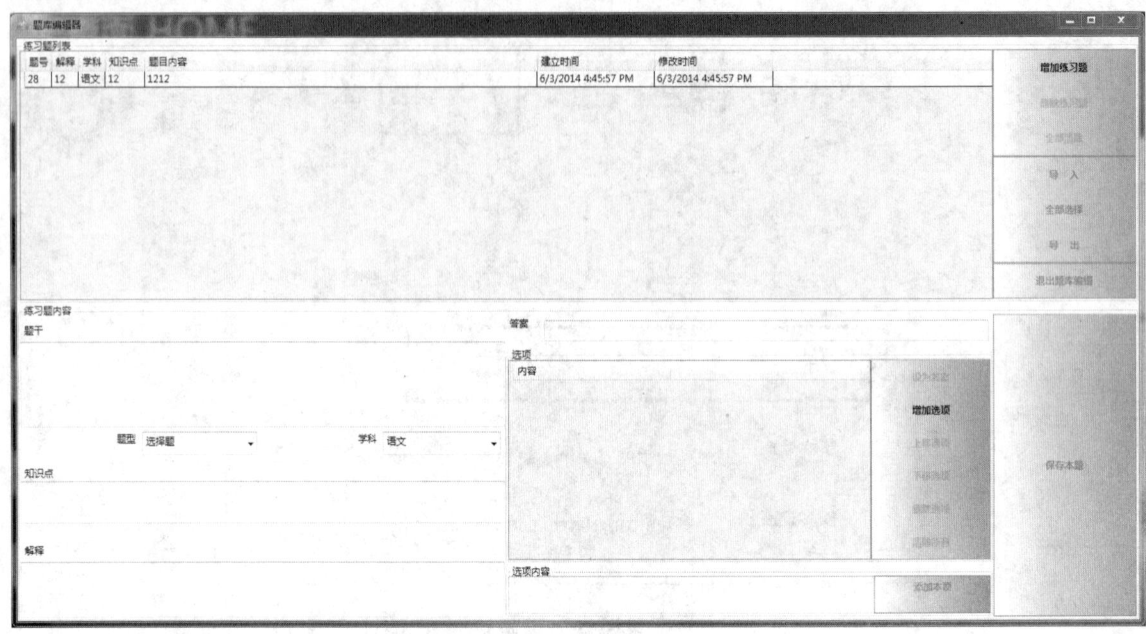

图 3–47 增加练习题状态

在练习题内容文本框中输入题干，从题型和学科下拉框中选择恰当的内容，如果没有恰当的选项用户可以自己输入（注意：本习题编辑工具具有记忆功能，用户输入的选项将会被系统记忆并用于下一次的选择）。教师可以在知识点文本框和解释文本框中输入相应的内容，但这并不是必须的。录入练习题答案时，请遵循以下步骤：

（1）在“选项内容”文本框中输入答案（或备选答案）的内容。

（2）点击“添加本项”按钮，将新答案更新到“选项”列表中已选中的选项，如图 3-48 所示。

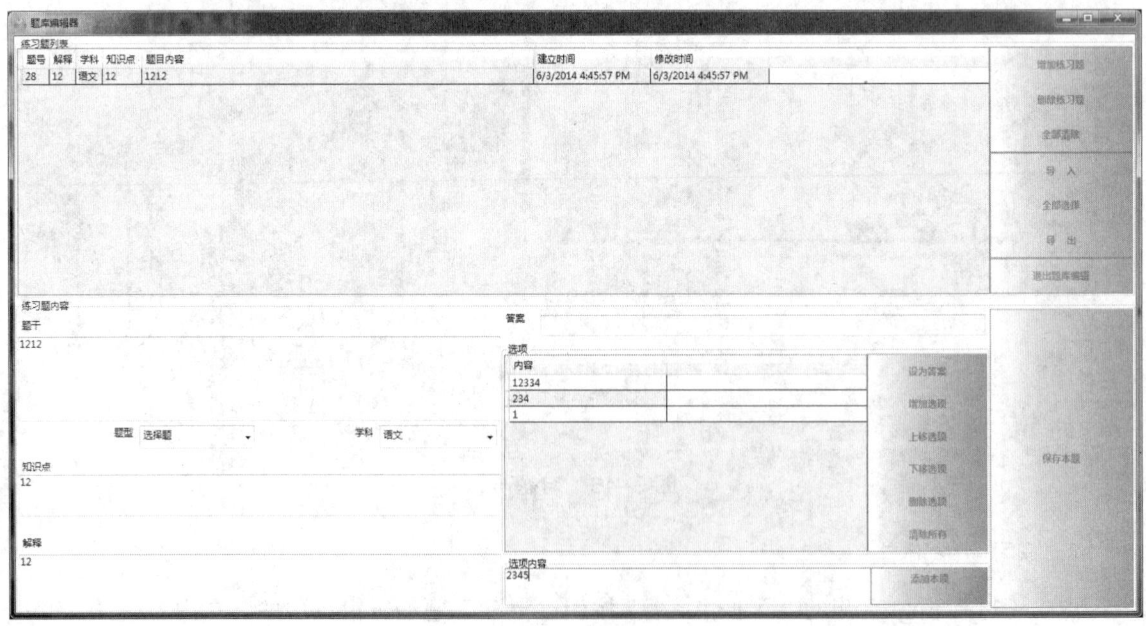

图 3–48 录入习题答案

（3）重复以上两个步骤直到所有备选答案都已被录入。

（4）在“选项”列表中选中正确的答案项，点击“设为答案”按钮将其设置为正确的选项即题目的答案。

注意：

（1）在录入答案时，点击“增加选项”可以清除选项内文本框中的内容。

（2）点击“上移选项”或“下移选项”可以改变最终题目中选项的出现顺序。

（3）点击“清除所有”按钮将弹出如图 3-49 所示的对话框，点击“是”按钮可以清除已经录入的所有备选项，点击“否”按钮将返回习题编辑的答案录入状态。

图 3–49　清除所有选项确认框

当某一题目录入完成后，点击“保存本题”按钮，该题目将会被保存到题库中，然后再按照“习题的导入”所介绍的方法将编辑好的习题导出为.edb 的文件进行使用。

4. 习题导出

打开习题制作工具后，从题库窗口的练习题列表中选择所需的题目，如需选择多道题目，请在选择时按住键盘上的“Ctrl”键。将所需的题目都选中后，点击题库窗口右侧的导出按钮，可将练习题列表中已选中的题目导出，如图 3-50 所示。

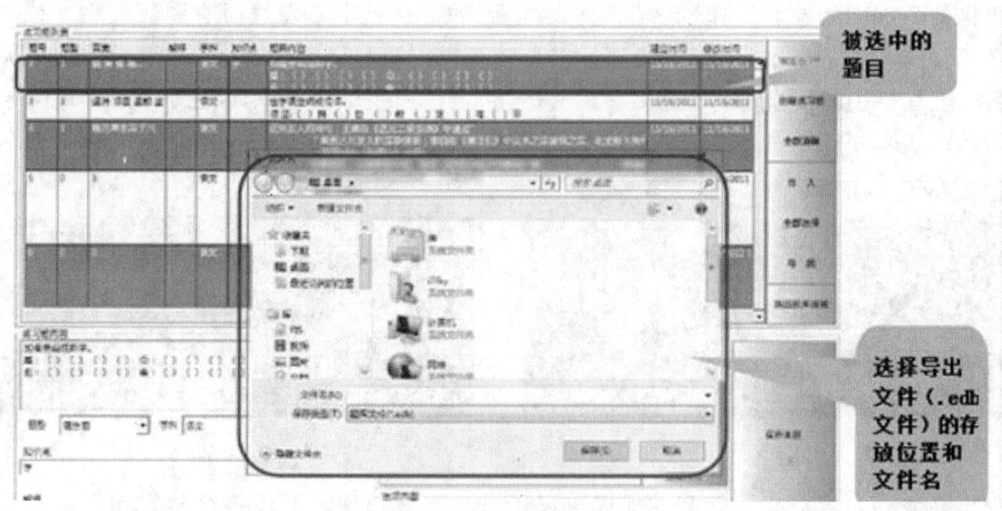

图 3–50　从题库导出题目

在选择题目时，可以通过点击“全部选择”按钮来选中题库中的所有题目。如果要取消某一选中的题目，在按住键盘上“Ctrl”键的同时再次鼠标点击该题目即可。

5. 运用习题文档进行教学

在课件展示工具中可通过打开单个文档的方式打开*.edb 格式的习题文档，如图 3-51 所示。

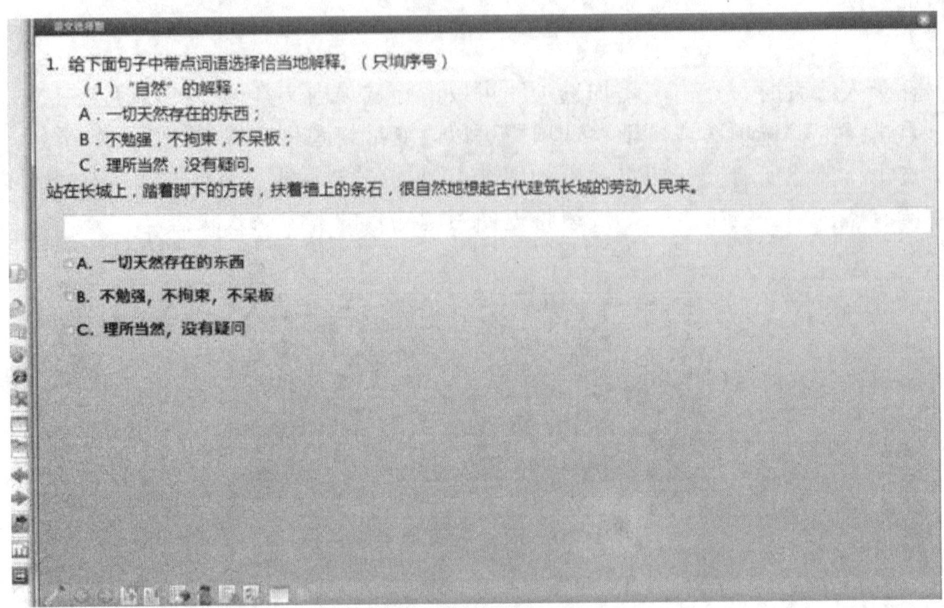

图 3–51

习题文档的功能按钮详细介绍如图 3-52 所示（工具栏标签打勾时工具栏截图）。

图 3–52　习题文档的功能按钮介绍

要将教师端中的题目发送到学生端，单击底部工具栏中"发送所有题目"或"发送当前题目"按钮，此时学生端的展示工具就可以接收显示此选择题，学生完成题目后，单击资源框工具栏中的，即"提交答案"按钮，若题目没有回答，将会弹出如图 3-53 所示的提示框；如果完成题目并提交成功，将出现如图 3-54 所示的提示框。

图 3–53

图 3–54

学生完成题目提交后，教师端能即刻显示学生答题情况。假设最终学生端选择的是 B，如图 3-55 所示。回到教师端，点击资源框中工具栏，即"显示/隐藏答案统计图"按钮，则会弹出答题情况对话框如图 3-56 所示，答题统计情况默认以条形图显示，点击"统计图"则能弹出答案统计图对话框。

图 3–55　答案提示是 B

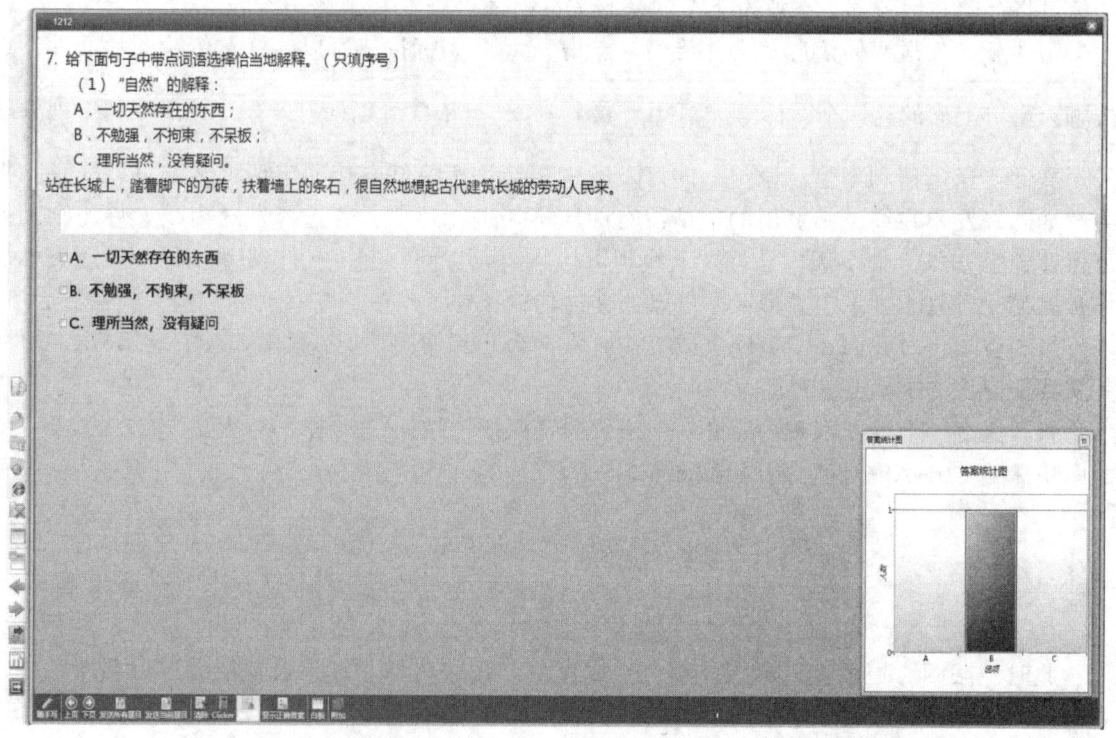

图 3–56　显示答题情况对话框

每道题页面上都有单独的统计图对话框，记录的是本题的答题情况，若要显示前面或后面题目的答题情况，则需要点击“上页” 按钮或“下页” 按钮后再点击本页上的 “显示/隐藏答案统计图”按钮，即可查看前一题或后一题的答题情况。

3.5 网络实用工具的应用

【训练项目】

项目 1 使用 QQ 进行通信和文件传输

第 1 步 认识 QQ。通过查阅网络信息、彼此交流以及老师的讲解，知道腾讯 QQ 是目前我国应用人数最多的即时通信软件，目前最新的版本是 QQ2015，它支持在线聊天、视频电话、点对点断点续传文件、共享文件、网络硬盘、自定义面板、qq 邮箱等多种功能。

第 2 步 安装 QQ。通过 QQ 官网或者其他软件下载网站下载 QQ2015 安装程序包，并把程序安装好，然后申请个人帐号，登录 QQ 帐号，添加好友，并对好友进行分组，并申请一个 QQ 群，全体同学加入到这个 QQ 群。

第 3 步 发送信息。点击好友头像，弹出信息发送窗口，在底部的信息输入框中输入需要发送的文本信息，点击发送按钮即可进行 QQ 即时信息交流。如若好友不在线，你所发送的信息将存储在服务器，在好友下一次登录 QQ 时才可查看。

第 4 步 发送媒体信息及文件传输。点击 图标按钮可以向好友传输图片文件，点按聊天窗口上面的这四个图标 ，依次可以向好友发送语音聊天、视频聊天、文件传送申请和创建讨论组。向好友发送申请需等待好友接受申请，好友可以同意和拒绝。如若好友不在线，则发出的申请没有回应不能进行通信；若选择发送离线文件，则文件可保存到服务器，在 7 天内若好友上线则可接收离线文件。上传文件到 QQ 群和发送文件操作步骤类似，只不过是在群聊天窗口点选文件传输按钮。

第 5 步 平时我们在浏览网页或工作时常常会用到截图功能，很多人会安装第三方软件，其实我们使用 QQ 就可以实现。

打开任意一个好友聊天对话框，单击“屏幕截图”按钮，如图 3-57 所示。或者按下 QQ 截图快捷键 Ctrl+Alt+Q 直接开始截图。

图 3–57

此时“截图”提示板鼠标指针颜色变成彩色。按住鼠标左键不放并拖动选取截图范围，划出一个方框，完成后，QQ 会弹出一排命令，如图 3-58 所示。

图 3–58

通过这些命令，可以为刚才的 QQ 截图添加说明文字以及边框、箭头等，还可以将 QQ 截图保存为图片。

操作完成，单击“完成”，就完成了截图操作。

第 6 步　远程协助。QQ 远程协助是腾讯公司开发的一款整合在 QQ 软件内的辅助工具，通过 QQ 远程协助功能，您可以帮您的好友解决问题，也可以让您的好友来帮您解决问题。这一切操作，就如同操作自已的计算机一样轻松自如。

点击 QQ 上方的“应用”图标，在弹出的下拉窗口中有一个“远程协助”，如图 3-59 所示。

图 3-59

第一种情况：当您碰到了一个计算机相关的问题，需要远方的一位好友通过 QQ 远程协助来帮助解决时，可以按以下方法进行操作：

（1）向好友发送一个远程协助邀请，打开与好友聊天的窗口，点击“应用→远程协助”。发送完邀请之后，在您的聊天窗口右侧会显示“您邀请了***使用远程协助。请等待回应……”如图 3-60 所示。

图 3-60

（2）当好友接受了远程协助邀请后，您的右侧窗口会提示您是否让您的好友看到您的屏幕，点击确定即可。如图 3-61 所示。

图 3-61

（3）点击确定后，好友就可以查看到您的屏幕了，但是还不能操作您的计算机。如果需要好友操作来帮您解决问题的话，可以点击右边的“申请控制”按钮，让好友控制您的电脑。

第二种情况：当您的好友碰到问题需要您远程协助解决时，具体操作如下：

（1）首先让好友申请远程并申请控制，您点接受即可。也就是让好友做我们上面讲的那三个步骤。这时候我们这边显示的操控界面会变成如图 3-62 所示。

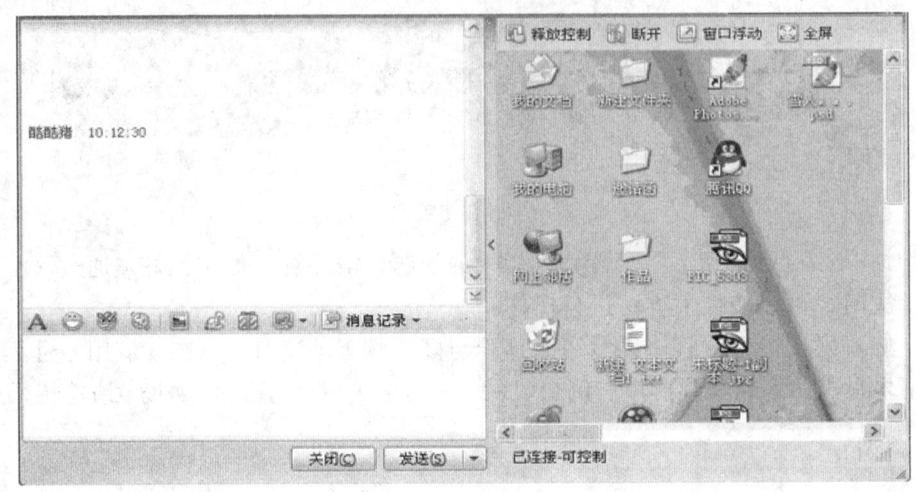

图 3–62

（2）右边为操控窗口，上面有四个选项，分别为释放控制、断开、窗口浮动和全屏。“释放控制”就是取消控制好友的计算机；“断开”就是断开远程协助；“窗口浮动”就是让操控窗口浮动显示；“全屏”就是在全屏模式下操控好友的电脑。

（3）如果觉得远程显示的效果太差的话，您可以让好友点击右边的设置按钮，这时候会弹出一个设置窗口，让好友在“图像显示质量”选项中选择“高质量”，“颜色质量”选项中选择“24 位”，如图 3-63 所示。

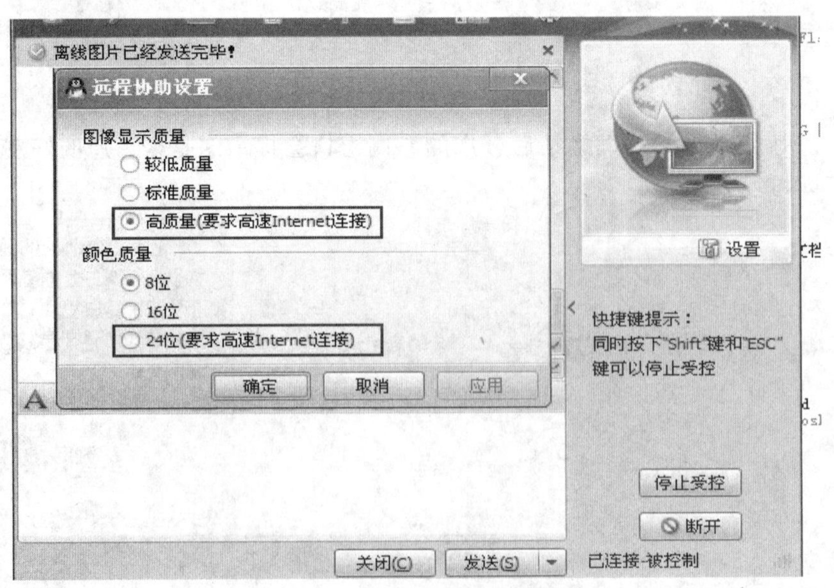

图 3–63 远程协助设置界面

（4）做好以上设置后，就可以通过远程协助像操作自己的计算机一样去操作好友的计算机了。全屏模式下操作会更好些。

项目 2　使用 Outlook Express 进行 163 邮件收发和管理

第 1 步　打开 163 邮件服务网站注册申请 163 免费电子邮箱，然后打开 Outlook Express 设置邮件帐号，单击菜单栏中的“工具”，然后选择“帐户”，如图 3-64 所示。

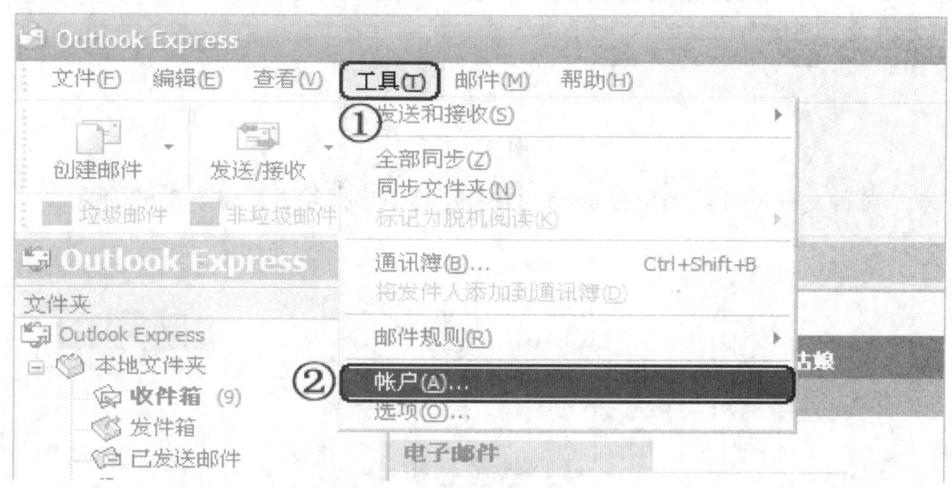

图 3–64

第 2 步　点击“邮件”标签，点击右侧的“添加”按钮，在弹出的菜单中选择“邮件”，如图 3-65 所示。

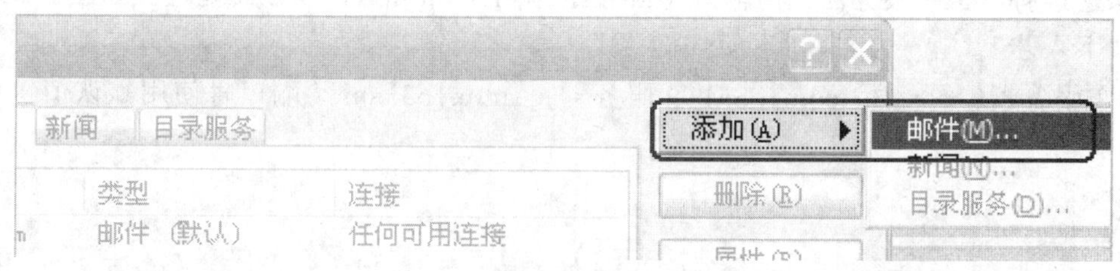

图 3–65

第 3 步　在弹出的对话框中，根据提示，输入您的“显示名”，然后点击“下一步”。

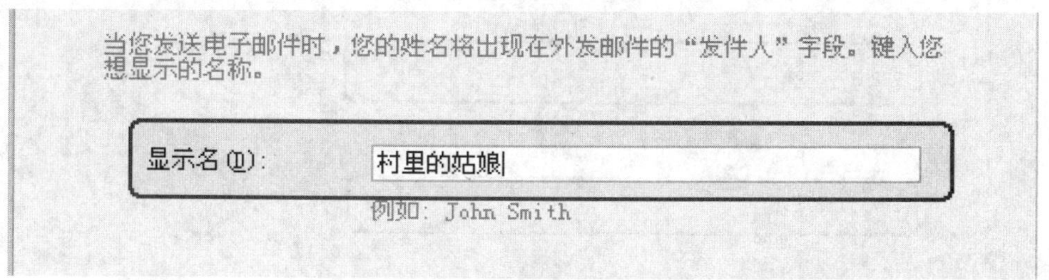

图 3–66

第 4 步　输入您已经申请过的电子邮箱地址，如：***@163.com，如图 3-67 所示，然后点击“下一步”。

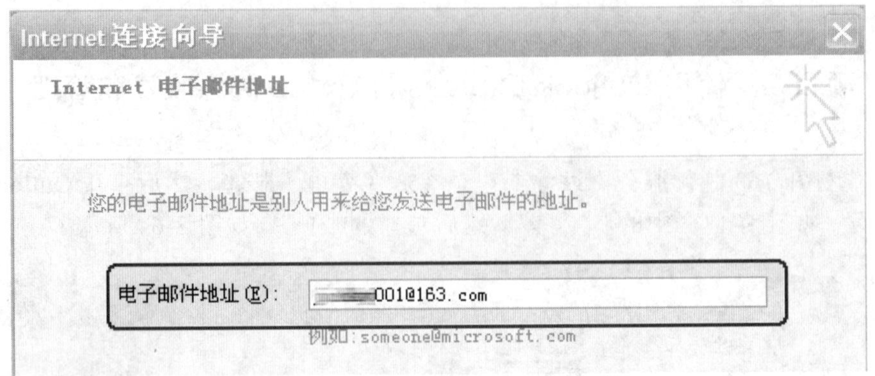

图 3–67

第 5 步　邮件接收服务器您可以选择 POP3 或 IMAP 服务器，如图 3-68 所示。

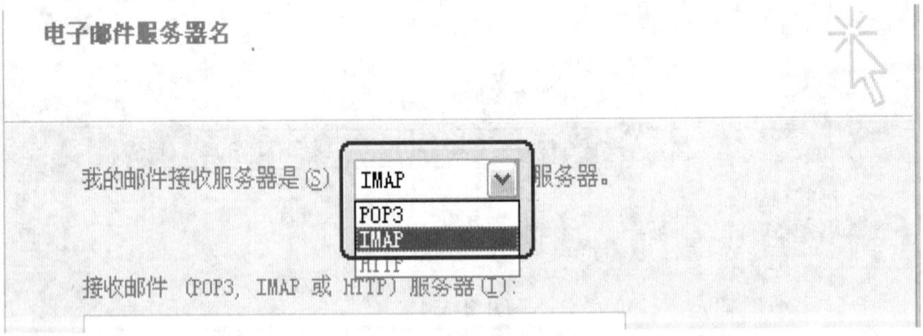

图 3–68

如果您选择 POP3 服务器，请输入您邮箱的 POP3 和 SMTP 服务器地址，如图 3-69 所示，再点击“下一步”。

POP3 服务器：pop.163.com；SMTP 服务器：smtp.163.com（端口号使用默认值）。

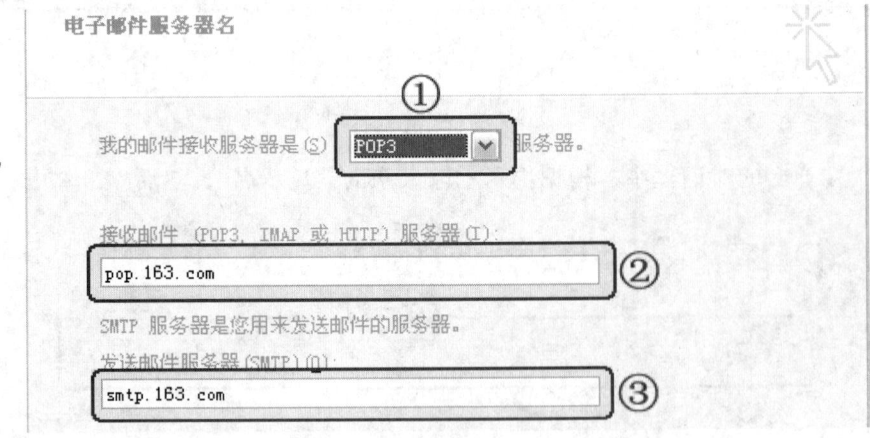

图 3–69

如果您选择 IMPA 服务器，请输入您邮箱的 IMAP 和 SMTP 服务器地址，如图 3-70 所示，再点击“下一步”。

IMAP 服务器：imap.163.com；SMTP 服务器：smtp.163.com（端口号使用默认值）。

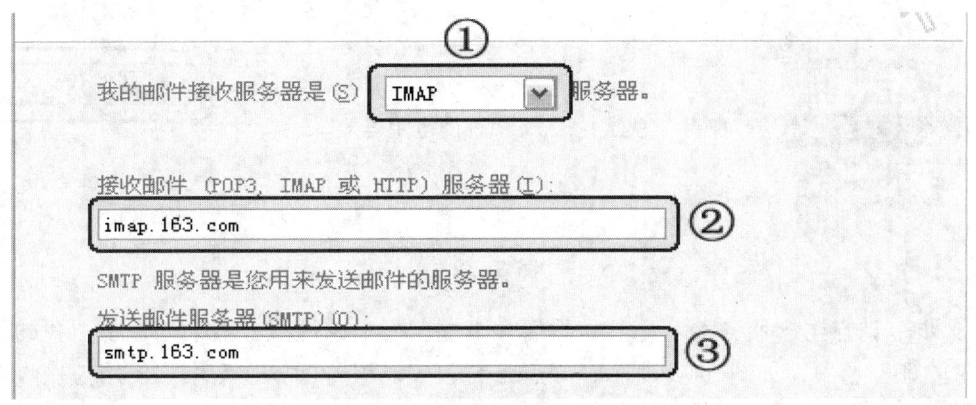

图 3–70

第 6 步　输入您邮箱的帐户名及密码（帐户只输入@前面的部分），如图 3-71 所示，再点击“下一步”。

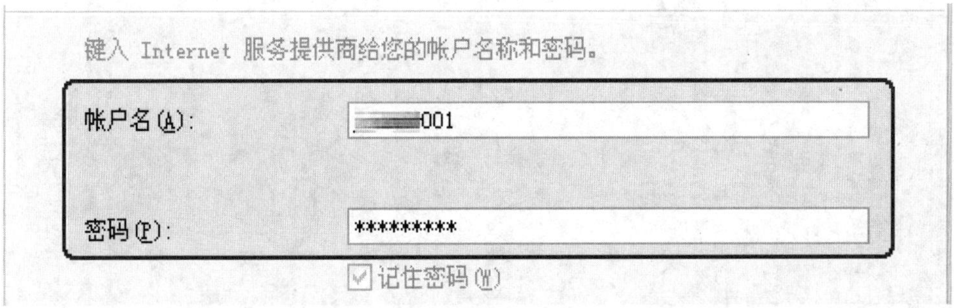

图 3–71

第 7 步　单击“完成”按钮保存您的设置，如图 3-72 所示。

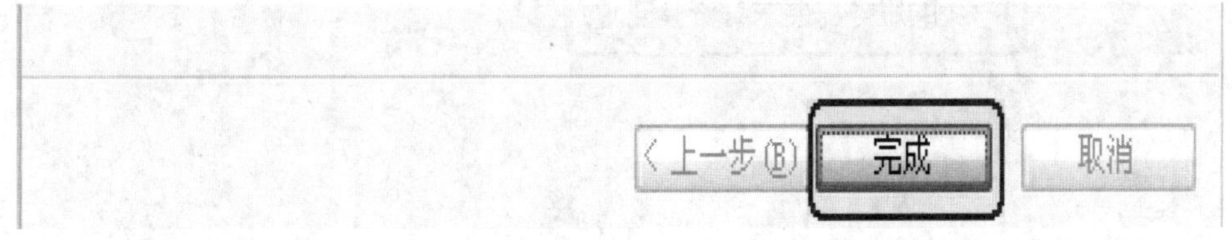

图 3–72

第 8 步　别忘记设置 SMTP 服务器身份验证，在“邮件”标签中，双击刚才添加的帐户，弹出此帐户的属性框，如图 3-73 所示。

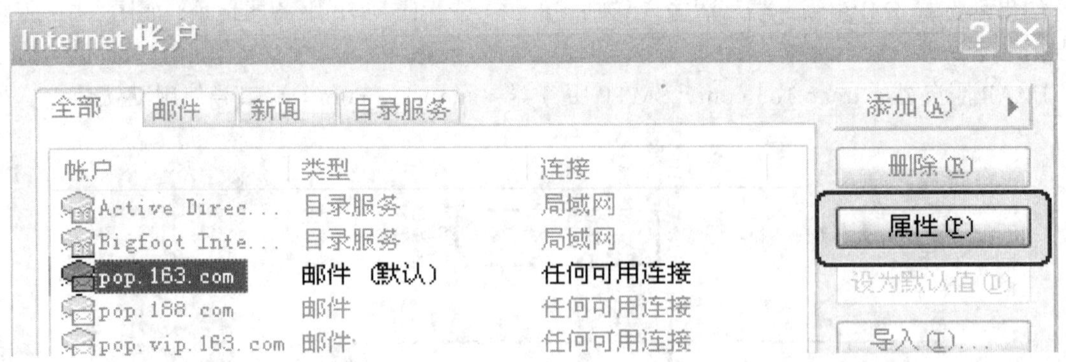

图 3–73

第 9 步　请点击“服务器”标签，然后在下端“发送邮件服务器”处选中“我的服务器要求身份验证”选项，如图 3-74 所示，并点击右边“设置”标签，选中“使用与接收邮件服务器相同的设置”。

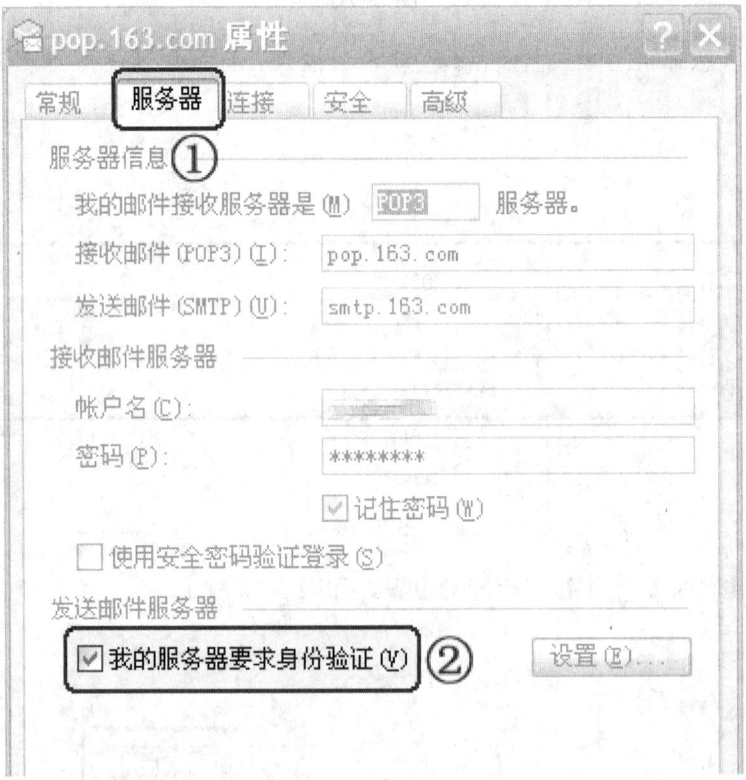

图 3–74

第 10 步　如需在邮箱中保留邮件备份，点击“高级”，勾选“在服务器上保留邮件副本”。（这里勾选的作用是：客户端上收到的邮件会同时备份在邮箱中。）注：如您选用了“IMAP”服务器，可将“此服务器要求安全链接（SSL）”打勾，如图 3-75 所示，这样所有通过 IMAP 传输的数据都会被加密，从而保证通信的安全性。

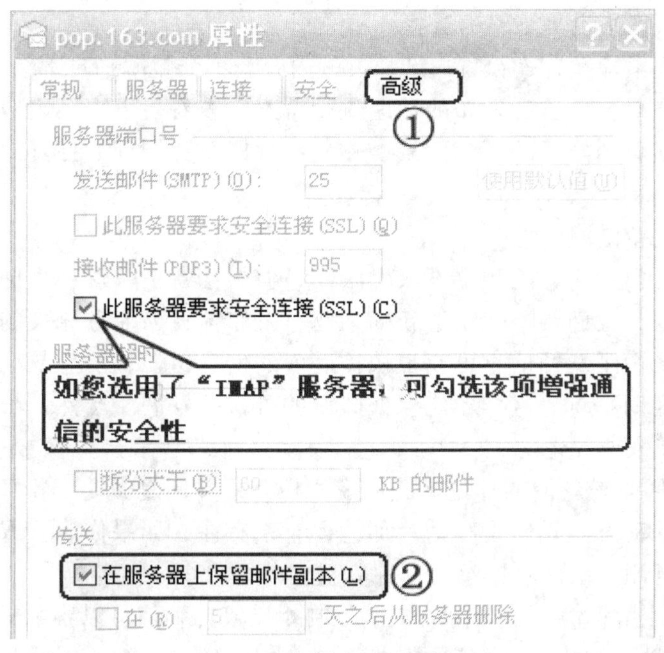

图 3–75

第 11 步　点击“确定”，然后“关闭”帐户框，现在设置成功！点击主窗口中的“发送”“接收”按钮即可进行邮件收、发。

项目 3　使用微博与 BBS 进行知识分析和管理

1. 微博

博客又译为网络日志、部落格或部落阁等，是一种通常由个人管理、不定期张贴新文章的网站。

一个典型的博客结合了文字、图像、其他博客或网站的链接及其他与主题相关的媒体。能够让读者以互动的方式留下意见，是许多博客的重要要素。大部分的博客内容以文字为主。

第 1 步　进入新浪网（http：//www.sina.com.cn）注册申请博客帐号，对自己的微博进行主题设计，使其看上去更有亲和力、主题更突出。取个个性化的名称，一个好的微博名称不仅便于用户记忆，也可以取得不错的搜索流量，可参考一些有特色的微博进行对比。

第 2 步　微博的数量不在多而在精。有的人在建立微博的时候，一开始没有定位好主题，今天觉得这个网站的微博很不错，就建立了一个微博用户，明天可能会觉得另一类主题的微博不错，也建立一个。其实建微博和运营网站类似，如果总是换来换去，结果会一个都做不成功。我们做微博时要讲究专注，因为一个人精力是有限的，杂乱无章的内容只会浪费时间和精力，所以我们要做精，重拳出击才会取得好的效果。

第 3 步　巧妙利用模版进行页面设计。一般的微博平台都会提供一些模版给用户，我们可以选择与行业特色相符合的风格，这样与微博的内容更贴切。当然，如果你有能力设计一套有自己特色的模版风格也是不错的选择。

第 4 步　使用搜索检索，查看与自己相关的内容。每个微博平台都会有自己的搜索功能，我们可以利用该功能对自己已经发布的话题进行搜索，查看一下自己内容的排名榜，与别人微博内容对比，可以看到微博的评论数量、转发次数以及关键词的提到次数，这样可以了解微博带来的营销效果。

第 5 步　定期更新微博信息。

微博平台一般对发布信息的频率不太做限制，但对于营销来说，微博的热度和关注度来自微博的可持续话题，我们要不断制造新的话题，发布与自己业务相关的信息，才可以吸引目标客户的关注。我们刚发的信息可能很快被后面的信息覆盖，要想长期吸引客户注意，就必须要对微博进行定期更新，这样才能保证微博的可持续发展。当然，长期更新和新颖的话题，还可能被网友转发或评论。

第 6 步　善于回复粉丝们的评论。我们要积极查看并回复微博上粉丝的评论，被关注的同时也去关注粉丝的动态。既然是互动，那就得有来有往，如果你想获取更多评论，就要积极地对待评论，回复评论也是对粉丝的一种尊重。

第 7 步　学会使用私信。与微博的文字限制相比较，私信可以容纳更多的文字。只要对方是你的粉丝，你就可以通过发私信的方式将更多内容通知对方。因为私信可以保护收信人和发信人的隐私，所以当活动展开时，发私信的方法会显得更尊重粉丝一些。

第 8 步　确保信息真实与透明。

要获得粉丝的信任，在微博上发布的信息要与网站上面一致，并且在微博上及时对活动跟踪报道，确保活动的持续开展，以吸引更多客户的加入。微博不是单纯广告平台，微博的意义在于信息分享，粉丝对微博话题没兴趣是不会产生互动的，因此我们要注意话题的娱乐性、趣味性、幽默感等。

2. BBS

BBS 翻译成中文为“电子布告栏系统”或“电子公告牌系统”。BBS 是一种电子信息服务系统，它向用户提供了一块公共电子白板，每个用户都可以在上面发布信息或提出看法，早期的 BBS 由教育机构或研究机构管理，现在多数网站上都建立了自己的 BBS 系统，供人们发布信息，交流情感，进行沟通。

第 1 步　打开浏览器，输入网址 http：//www.yuwenba.net/bbs/进入语文论坛首页，可以以游客的身份浏览论坛各个板块的信息以及各个板块的说明信息，但是游客没有发帖和回复主题以及下载的权限。

第 2 步　注册帐号。返回语文论坛首页，在右上角有导航栏，点击【新教师报道】选项，进入注册流程，如图 3-76 所示。在注册页面第一页是注册的注意事项，在网页下方点选【同意】。

语文论坛
yuwenba.net/bbs/
用QQ帐号登录
只需一步，快速开始
用户名
自动登录
找回密码
密码
登录
新教师报道
语文论坛　小学语文　中学语文　作文大全　语文群组　语文家园　快捷导航

图 3-76　注册界面

进入第 2 页，按照提示填入注册信息，然后点选【提交】。注意：注册时必须实名注册；注册信息中带*号的项目为必填项，必须填写；验证码中的英文字母全为大写；注册原因可以随便填，但是必须填；高级选项可以不填；注册以后，会提示等待审核，审核通过后就成功注册了。

第 3 步　注册成功后，输入用户名和密码点击【登录】按钮，如果勾选了【自动登录】选项以后，再登录 BBS 时先看左上角，如果左上角有你的用户名时，就不用再登录了，如果没有显示，则需要再次登录，登录后可以完善个人详细信息。

第 4 步　发帖。进入想要发帖的板块，在右上角及右下角有【新帖】按钮，点击【新帖】按钮。

在发表新帖页面，填入帖子的主题及要发表的内容，并对内容做简单排版（在内容处选用所见即所得模式进行排版），也可以插入图片和附件等事先准备好的需上传的文件，然后点击最下面【发表话题】按钮。

第 5 步　回复。观看主题后，可以对主题发表自己的看法，即回复主题。点击右侧【回复】按钮，或用本主题页下半部分的【快速回复】，输入要回复的信息，进行对主题的回复。

版主的权利和义务：（1）版主全面负责所辖版块的日常事务处理；对板块内的文章进行排版、重新编辑、置顶、加精华贴等操作；全面跟踪所辖版区的贴子，及时删除垃圾贴、争吵贴、广告贴。（2）及时、专业地回复论坛会员提出的问题；及时引导一些热门、专业、实质性问题的探讨。

版主操作权限：（1）删除贴子。是指删除论坛中某个主题后的所有贴子。（2）删除主题。是指删除论坛中某个主题及其所有的跟贴。（3）置题主题。将贴子的位置从版区的任何位置移至版区最前面的位置。（4）移动主题。一个版区的贴子可以在不同的版区间移动。（5）推荐主题。“推荐”大家去看某一个贴子，设置精华主题。精华主题是一个版区所有贴子中最有价值、最精彩、最“精华”的贴子。（6）关闭及取消。关闭主题，主题虽存在，但不能对这个主题发表任何贴子；取消置顶主题，使已经置顶的主题归位到其原来的位置；取消精华主题，将已经设为“精华”主题的贴子转变成普通贴子；取消推荐主题，将已经设为“推荐”主题的贴子转变成普通贴子；取消关闭主题，将已经关闭的主题重新开启，转入能够回复的状态等。

各论坛版主权限仅局限于所辖论坛的版区，如果所属论坛长期处于一种冷冷清清或者久旱无雨的悲惨局面，总版主有权利剥夺其版主身份而提拔其他表现出色的论坛会员为版主。

项目 4　百度搜索与百度文库

百度搜索引擎是用户最多的中文搜索引擎，作为全球最大的中文搜索引擎公司，百度一直致力于让网民更便捷地获取信息，找到所求。用户通过百度主页，可以瞬间找到相关的搜索结果，这些结果来自百度数百亿的中文网页数据库。简单的百度搜索可以通过在百度主页输入信息关键词，然后选择类别，即可快速完成。下面主要介绍一些百度搜索的技巧。

1. “ ”——精确匹配

如果输入的查询词很长，百度在经过分析后，给出的搜索结果中的查询词可能是拆分的。

如果您对这种情况不满意，可以尝试让百度不拆分查询词。给查询词加上双引号，就可以达到这种效果。如“上海大学”，搜索结果中的上海大学四个字就不会是分开的。

2.（–）——消除无关性

逻辑“非”的操作用于排除无关信息，有利于缩小查询范围。百度支持“-”功能，用于有目的地删除某些无关网页，语法是“A–B”。如：要搜寻关于“武侠小说”但不含“古龙”的资料，可使用：武侠小说 -古龙。注意，前一个关键词与减号之间必须有空格，否则减号会被当成连字符处理，从而失去减号语法功能；减号和后一个关键词之间，有无空格均可。

3.（|）——并行搜索

逻辑“或”的操作，使用“A | B”来搜索，或者包含关键词A、或者包含关键词B的网页。使用同义词作关键词并在各关键词中使用“|”运算符，可提高检索的全面性，如：“计算机|电脑”搜索即可。

4. intitle——把搜索范围限定在网页标题中

网页标题通常是对网页内容的归纳。把查询内容范围限定在网页标题中，就会得到和输入的关键字匹配度更高的检索结果。使用方式是把查询内容中特别关键的部分用“intitle：”领起来。如：intitle：超级女声。注意：“intitle：”与后面的关键词之间不要有空格。

5. site——把搜索范围限定在特定站点中

有时候，如果知道某个站点中有自己需要找的东西，就可以把搜索范围限定在这个站点中，从而提高查询效率。使用方式是在查询内容的后面加上“site：站点域名”。如：site：baidu.com。注意：“site：”后面跟的站点域名不要带“http：//”，另外，“site：”和站点名之间不要带空格。

6. inurl——把搜索范围限定在url链接中

网页url中的某些信息，常常有某种有价值的含义。如果对搜索结果的url做某种限定，就可以获得良好的效果。实现的方式是用“inurl：”前面或后面写上需要在url中出现的关键词。如：photoshop inurl：jiqiao 可以查找关于phoroshop的使用技巧。上面这个查询串中的“photoshop”可以出现在网页的任何位置，而“jiqiao”则必须出现在网页url中。注意，“inurl：”语法和后面所跟的关键词不要有空格。

7.“filetype：”——特定格式的文档检索

百度以“filetype：”来对搜索对象做限制，冒号后是文档格式，如PDF、DOC、XLS等。通过添加“filetype：”可以更方便有效地找到特定的信息，尤其是学术领域的一些信息。如：经济信息学 filetype：PDF。

8.《》——精确匹配/电影或小说

书名号是百度独有的一个特殊查询语法。在其他搜索引擎中，书名号会被忽略，而在百度，中文书名号是可被查询的。加上书名号的查询词有两层特殊功能：一是书名号会出现在搜索结果中；二是被书名号扩起来的内容不会被拆分。书名号在某些情况下特别有效果，例如，查名字很通俗和常用的那些电影或者小说。比如，查电影“手机”，如果不加书名号，很多情况下出来的是通信工具——手机，而加上书名号后，《手机》结果就都是关于电影方面的了。

9. “开始连接”、“正在连接”——搜索***

网络上有很多热心人提供***的下载地址。为了表明真实可靠，把下载过程也同时附上。现在最流行的下载工具是 Flashget 和迅雷。Flashget 下载开始就是“正在连接”，迅雷则是“开始连接”，所以可以用想找的电影名字，加上“开始连接”或者“正在连接”，来寻找***。检索式形式如：“电影名 开始连接”、“电影名 正在连接”、“电影名（开始连接 | 正在连接）”。如：哈利波特 4 开始连接 、倩女幽魂 正在连接 、史前一万年（正在连接 | 开始连接）。

10.『』——查找论坛版块

百度作为国人自己开发的搜索引擎，支持的中文标点符号最多。『』是直行双引号。检索式形式为『论坛版块名称』。如：『影视交流』。

注意：要输入这个直行双引号，调出中文输入法，选择“软键盘”——“标点符号”，就能找到。

11. “文本方式”——查找论坛内容

论坛是个宝库，资源丰富，人才荟萃，交流的气息浓，在反复的讨论和回帖中，可以获得相对真实的信息。如：文本方式 可口可乐、文本方式 超级女声。

12. intitle：bookmarks——查询别人的收藏夹

IE 浏览器的收藏夹导出后，网页的标题（title）是 bookmarks。百度的 intitle 语法可以把搜索范围限定在网页标题内。所以用 intitle 语法可以查询别人的收藏夹，结果应该都是精品，没有哪个人会把垃圾放到自己收藏夹的。如：小说 intitle：bookmarks \\查找小说的精彩站点；语文 intitle：bookmarks \\查找语文方面的精彩站点 。

13. 利用后缀名来搜索电子书

网络资源丰富，有极多电子书。人们在提供电子书时，往往带上书的后缀名。因此，可以利用后缀名来搜索电子书。如：明朝那些事儿 txt。

14. 中英文混合搜索

想把某些汉语词句翻译成英语，可以中英文混合搜索。有一个经典例子，查找德语的“我爱你”。英语的我们知道，于是可以混合搜索。如：“I Love You” 德语 我爱你。

15. 相关检索

如果你无法确定输入什么关键词才能找到满意的资料，百度相关检索可以帮助你。先输入一个简单词语搜索，然后百度搜索引擎会提供“其他用户搜索过的相关搜索词”作参考。点击任何一个相关搜索词，都能得到那个相关搜索词的搜索结果。

16. 百度快照

百度快照——是百度网站最具魅力和实用价值的好东西。大家在上网的时候肯定都遇到过“该页无法显示”（找不到网页的错误信息）。至于网页链接速度缓慢，要十几秒甚至几十秒才能打开更是家常便饭。导致这种情况的原因很多，比如：网站服务器暂时中断或堵塞、网站已经更改链接等。无法登录网站的确是一个十分令人头痛的问题，百度快照能很好地解决这个问题。百度搜索引擎已先预览各网站，拍下网页的快照，为用户储存了大量应急网页。百度快照功能在百度的服务器上保存了几乎所有网站的大部分页面，使用户在不能链接所需网站时，百度暂存的网页也可救急，而且通过百度快照寻找资料要比常规链接的速度快得多。百度快照的服务稳定，下载速度极快，不会再受死链接或网络堵塞的影响。在快照中，你的关键词均已用不同颜色在网页中标明，一目了然。点击快照中的关键词，还可以直接跳到它在文中首次出现的位置，使浏览网页更方便。

17. 网页预览

点击每条搜索结果后的“网页预览”，可以在该位置下打开一个大小适中的窗口展示该结果网页的内容，同时“网页预览”也将变为“关闭预览”，网友再点击“关闭预览”，即可关闭该展示窗口。网页预览使用户不必离开当前搜索结果页，即可查看感兴趣网页的内容，也可以同时打开多个“网页预览”，很方便对照比较几个搜索结果。推荐宽带用户使用特色功能“预览本页全部结果”，点击百度搜索结果右上角的链接“预览本页全部结果”，将同时在每篇搜索结果下打开一个窗口实时预览，同时该链接也变为“关闭本页全部预览”，再次点击，即可关闭所有预览窗口。

18. 百度文库

百度文库自 2009 年上线以来，目前已拥有超过 1 亿份文档，内容涵盖基础教育、资格考试、人文社科、IT 计算机、自然科学等 53 个行业，超过 2600 家机构入驻，每天吸引 4000 万用户，全国近六成 800 余万教师通过百度文库分享教育资源，目前百度文库已经与多省、市、校的信息平台融合。

百度文库的资料如此丰富，但是这里的资料并不是全部都可以轻易下载的，百度有一套分享与下载的规则，按照这个规则上传的有用资料越多，为文库做的贡献越大，拥有的下载的权限也越大，能下载的资料也越多。

1）如何下载这里的资料?

首先，打开百度首页-点击正下方【更多】-在搜索专区中选择【文库】进入【百度文库】。进入后在上方搜索栏中输入要下载的内容，如【教师工作总结】，下方会出现搜索到的内容，搜到要找的内容后，在搜索栏下方选择你需要的文档格式，如 TXT。

然后在你要下载的内容最下方，有一个绿色的下载标志，写着【下载此文档】，点击下载，保存到你要存放的位置即可。

百度文库财富值的获得方法：

（1）注册的文库新用户经验值 + 20 分，财富值+10 分；

（2）每天登录经验值 + 2 分。

（3）上传文档成功，每篇财富值 + 2 分。

（4）每天评价 5 个文档，可得 5 个财富值（在页面右上方有 5 颗星，点击评价档次的星星，即完成评价，每天不能重复评价一篇文档，评论一次 1 分，每天最多加 5 分）；每天评论别人的文辑也可以（在文辑下方有 5 颗星，点击评价档次的星星，即完成评价，每天不能重复评价一篇文辑，评论一次 1 分，每天最多加 5 分）；两项合计一天共 10 分。

（5）自己上传的文档被下载，一次财富值+1，但是很难通过。

（6）用百度 Hi 积分兑换文库财富值，200 百度 Hi 积分可兑换 10 分文库财富值。

（7）给别人百度知道财富让他帮你下载。

2）如何免费下载百度文档?

（1）短篇文档，可以直接截图保存到文件夹或粘贴保存到 word 里。

（2）直接复制文档内容：打开文库页面，在浏览器上方的地址栏里复制下文档地址，然后在文库地址里面的“http：//”后面插入“wap”，把插入“wap”后的文档地址粘贴到浏览器地址栏里，按回车键打开就可以复制文档了。

（3）用免积分下载工具下载文档：在百度网页里搜索“百度文档免积分下载器”、“冰点文档下载”、“爆米花百度文库下载器”、“百度文库宝”等关键词，即可搜索到这些免积分下载工具。注：此类免费工具下载的文档，有的不是原来的格式，有的文档内容不是正常大小，没有直接下载的好。

3.6　360 云盘的使用

云盘也即网盘，360 云盘即 360 公司推出的网络硬盘。目前，新帐号注册并上传文件有 10T 空间，然后用手机下载客户端并登录+26T，然后还有各种引导性的奖励。用户可以上传文件到网盘里进行保存，也可以实现跨电脑的文件移动，当然最有用的功能就是可以分享外链给别人，这样你上传的文件可以被别人分享下载，站长们通常就是使用网盘外链来给自己的网站添加下载地址的。下面来介绍一下 360 云盘的使用方法及步骤。

第 1 步　去百度搜索 360 云盘即可找到 360 云盘的首页，点击第一条搜索结果进入该主页。如图 3-77 所示。

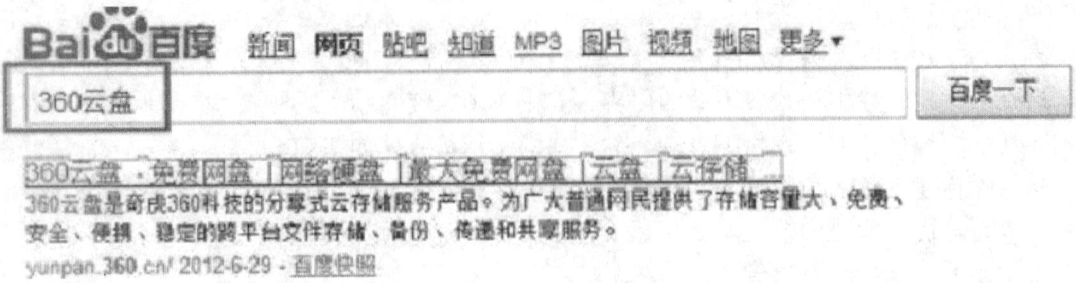

Baidu百度
新闻 网页 贴吧 知道 MP3 图片 视频 地图 更多▾
360云盘
百度一下
360云盘 . 免费网盘 | 网络硬盘 | 最大免费网盘 | 云盘 | 云存储
360云盘是奇虎360科技的分享式云存储服务产品。为广大普通网民提供了存储容量大、免费、安全、便携、稳定的跨平台文件存储、备份、传递和共享服务。
yunpan.360.cn/ 2012-6-29 - 百度快照

图 3–77

第 2 步　来到首页你首先看到的是一个登录界面，如图 3-78 所示，不登录的话什么功能都无法使用，所以你先登录一下吧，如果没有登录帐号，你可以先注册一个，经测试，注册只需要 1 分钟。

欢迎使用360云盘！
请输入您的密码
下次自动登录
忘记密码？
登录
注册360帐号

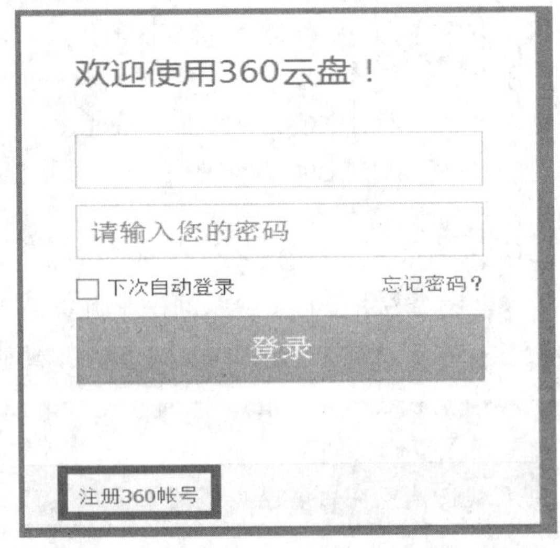

图 3–78　登录界面

第 3 步　登录以后，你会看到网盘有两种管理方式，如图 3-79 所示，一种是通过客户端来管理，一种是通过网页来管理，两种方法都是一样的，网页版不必安装任何软件，因此直接使用网页版吧，点击【进入网页版】。

PC客户端版下载
手机版下载
手机正式版下载 | Mac版下载

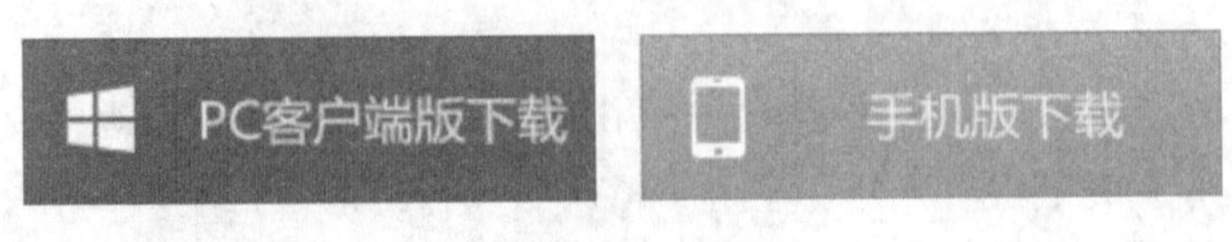

图 3–79

第 4 步　上传文件到网盘的方法：来到网盘以后，点击界面上的【上传】按钮。如图 3-80 所示。

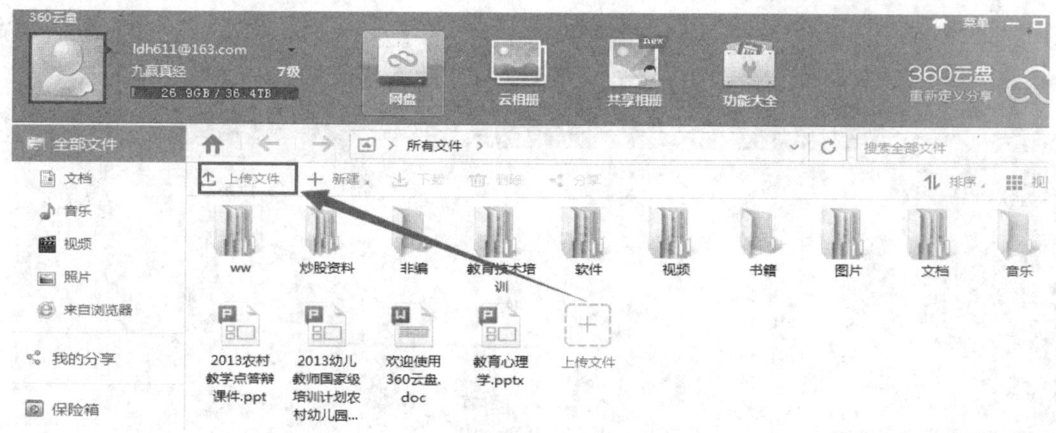

图 3-80

打开了一个上传文件的对话框，在这个对话框中，点击【添加文件】按钮，打开浏览窗口。在浏览窗口，选中你要上传的文件，如图 3-81 所示，如果想要选中多个文件，你可以按下 ctrl 键来点击文件，选中好文件以后，点击右下角的【上传】即可开始上传文件。

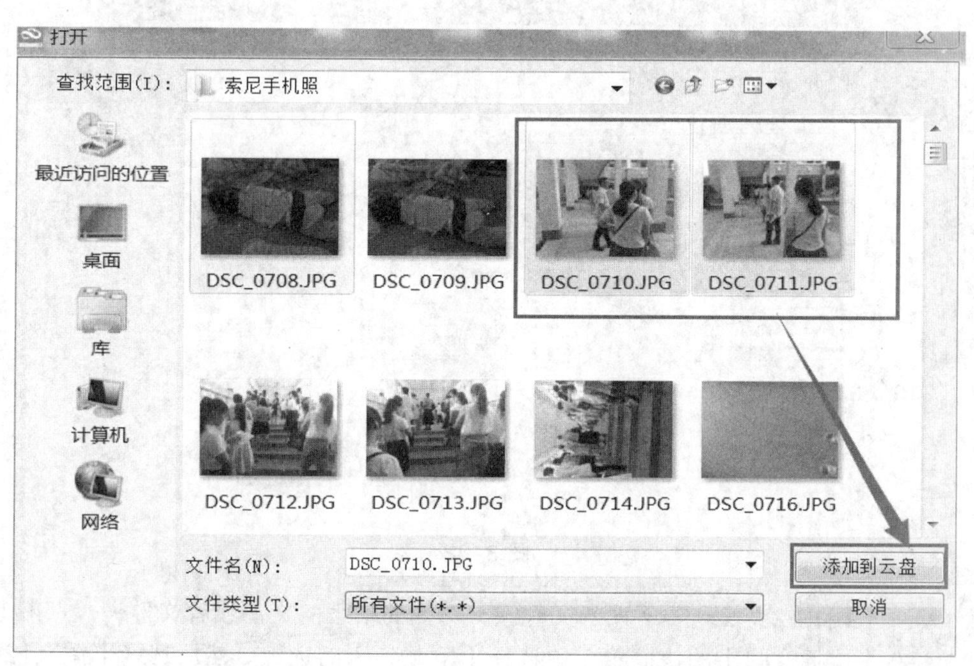

图 3-81

当你看到图 3-82 所示这个界面中显示你上传的文件没有红色标记的时候，说明你已经上传文件成功了。

第 5 步　我们看到，上传的文件就在这里，为了管理的方便，我们可以将文件移动到文件夹中，如图 3-83 所示。将图片移动到【图片】文件夹的方法是：使用鼠标拖动选中多个文件，右键单击选中的文件，打开一个菜单，在菜单中选择【移动到】，在弹出的对话框中的树形目录中选择【图片】文件夹，点击【确定】即可。

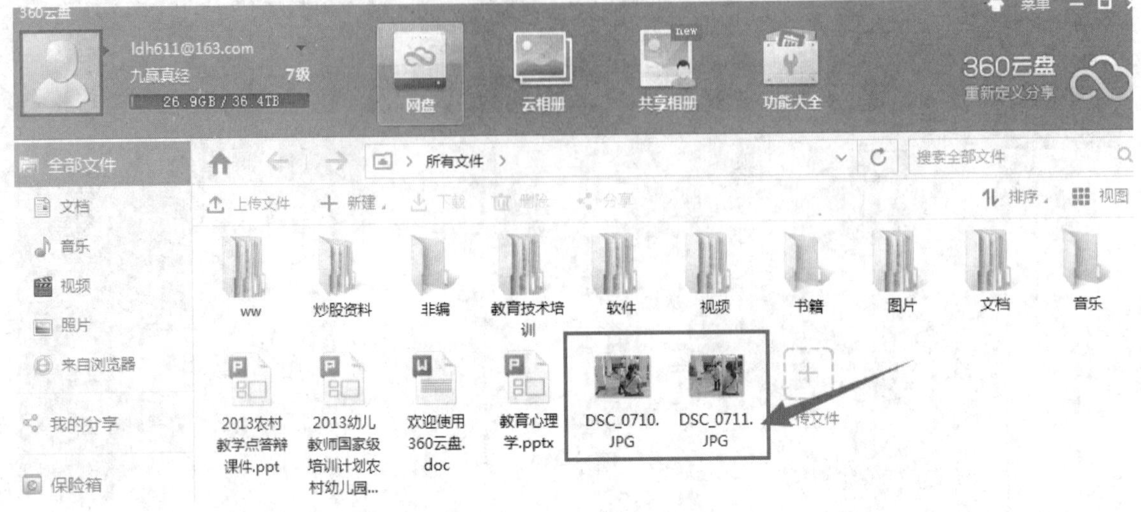

图 3–82

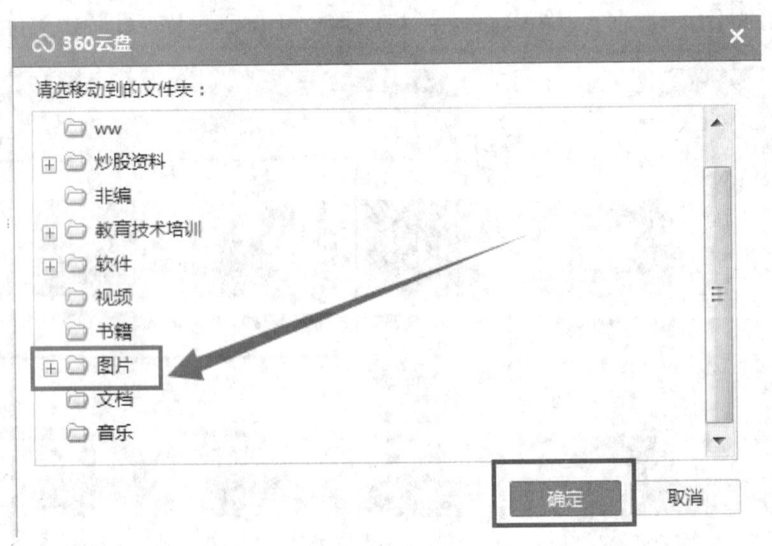

图 3–83

第 6 步　下载文件。找到要下载的文件夹，选择要下载的文件或者文件夹，点击【下载】按钮，或者右击鼠标在弹出的快捷菜单中选择【下载到】的选项，然后选择下载文件存放到本机的位置即完成下载。

第 7 步　分享。网盘的一个最有用的功能——外链。外链就是一个链接，点击该链接就可以下载文件，为了让别人下载我们网盘中的内容，我们可以给文件设置一个外链。设置的方法如下：找到想要分享的文件，然后右键单击，在打开的菜单中选择【分享给好友】，弹出【分享】对话框，如图 3-84 所示，复制该外链，然后点击确定按钮。将外链发给好友，他们即可通过该外链下载文件。关闭上面的对话框，就会看到被分享的文件的图标发生了变化，下面有一个小手的标志。

分享: 文件夹 "图片"
文件已成功分享 (提取码：b092)
取消提取码
发送分享链接
分享到微博、社区
发送到邮箱、手机
复制以下分享链接，发给QQ、飞信好友吧！
http://yunpan.cn/cyHQeyifvuChW 提取码 b092
复制链接和提取码
请严格遵守相关法律法规，严禁在互联网上存储、传播涉密、淫秽、盗版侵权、以及危害国家公共安全和社会和谐稳定的内容及信息。
查看分享页面
取消分享
关闭

图 3-84　分享界面

第 4 章　多媒体课件制作

4.1　几何画板课件的设计与制作

【情景导入】

学习数学需要数学逻辑经验的支撑，而数学经验是从操作活动中获得。离开人的活动是没有数学、也学不懂数学的。在老师的引导下,《几何画板》可以给学生创造一个实际“操作”几何图形的环境，学生可以任意拖动图形、观察图形、猜测并验证，在观察、探索、发现的过程中增加对各种图形的感性认识，形成丰厚的几何经验背景，从而更有助于学生理解和证明。《几何画板》还能为学生创造一个进行几何“实验”的环境，有助于发挥学生的主体性、积极性和创造性，充分体现了现代教学的思想。从这个意义上说《几何画板》不仅应成为教师教学的工具，更应该成为学生的有力的认知工具。在当前大力开展素质教育和减负工作的情形下，把《几何画板》交给学生无异于交给学生一把金钥匙，是一件特别有意义的事。

中学生都喜欢做物理和化学这两门课的各种实验，那么数学就没有实验吗？有的。我们可以用特定的“数字化的实验室软件”来验证数学定律，探索数学规律。这样的软件现在国内外有很多，比较著名的有国内的“数学实验室”和国外的“几何画板”。鉴于中小学生的数学知识范围，我们可以先学习简单易学的“几何画板”，进入高校以后我们可以借助大型的“数学实验室”平台来完成更多的数学实验。

说明：几何画板是一个著名的教学工具软件，网上可以免费下载其版本，国内已经有 5.06 版的汉化版本。本教材以 3.0 版为例编写。目前网络上也有很多关于几何画板软件应用的视频教程，可以在线观看学习，学习者使用之前必须先安装几何画板软件，在玉林师范学院教师教育培训基地的教育技术实验室里，不仅每台电脑都安装有几何画板软件，而且也有相关的学习视频和案例资源，专门供在这里进修的老师和师范生学习使用。

除了用几何画板进行大量的数学探索实验之外，与数学紧密相连的物理同样可以在几何画板上完成很多实验。我们将选取大家在初中数学和物理中遇到的一些典型问题为例子，利用几何画板来完成一些数学和物理实验。学完这些例子，相信同学们会熟练地应用几何画板，并且对学习过的或将要学的数学知识、物理知识有更进一步的认识。

【训练项目】

在任务的训练中，需要依次完成以下 2 个项目的内容：

项目 1：熟悉几何画板的工作界面，会熟练使用几何画板工具作图。

项目 2：通过几何画板构建的数学模型，解决应用问题。

项目 1　用几何画板工具作图

单击桌面左下角的【开始】按钮，选择【所有程序】|【GSP4.05】应用程序后，启动几何画板。

如图 4-1 所示，是打开一个几何画板文件的截图。

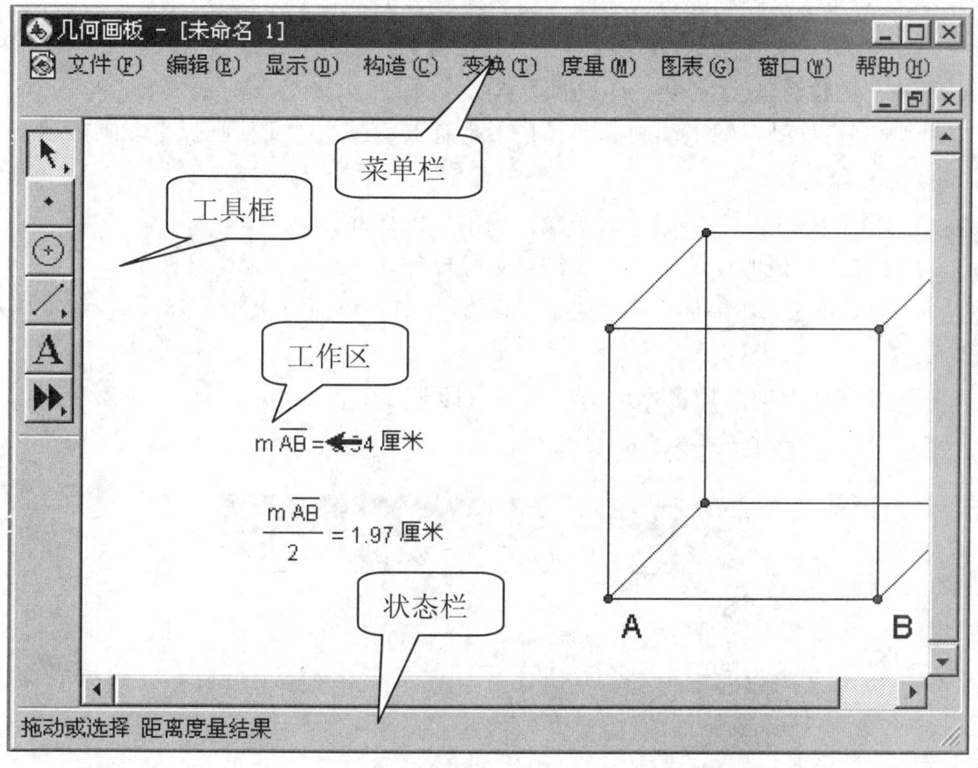

图 4–1

几何画板的窗口和其他 Windows 应用程序窗口十分类似，有控制菜单、最大/最小化以及标题栏，画板窗口的左侧是画板工具栏，画板的右边和下边有滚动条，可以使小画板处理更大的图形。

画板的左侧是画板工具箱，把光标移动到工具的上面，一会儿就会显示工具的名称，它们分别是【选择箭头工具】、【点工具】、【圆规工具】、【直尺工具】、【文本工具】A、【自定义画图工具】。

和一般的绘图软件相比，几何画板的工具要少很多，这是因为几何画板的主要用途之一是绘制几何图形，而几何图形的绘制，通常是用直尺和圆规，它们的配合几乎可以画出所有的欧氏几何图形，因为任何欧氏几何图形最后都可归结为“点”、“线”、“圆”。从某种意义上讲，几何画板绘图是欧氏几何“尺规作图”的一种现代延伸，因为这种把所有绘图建立在基本元素上的做法和数学作图思维中公理化思想是一脉相承的。

按住工具框的边缘，可以将其随意拖动到画板窗口的任何位置，不同位置形状不同。试一试，能否将工具框拖到某一个地方，使其变成图 4-2 所示的形状？

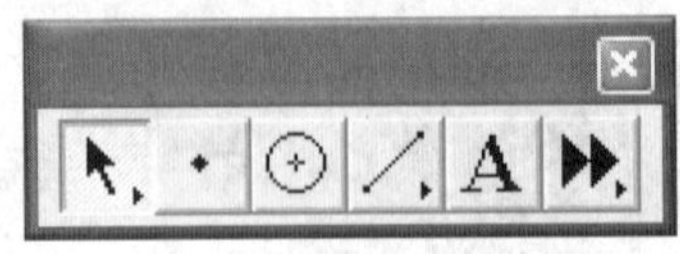

图 4–2

各工具的功能介绍如下。

![选择工具]：选择对象。这是它的主要功能，当然还有其他。

![点工具]：画点。可以在画板绘图区任何空白的地方或“线”上画点。“线”可以是线段、射线、圆、轨迹、函数图像。

![圆规工具]：画圆。只能画正圆不能画椭圆，是不是有点遗憾？（几何画板也能画椭圆，只是需要用另外的方法。）

![直尺工具]：画线。直尺工具当然用于画线段，还不仅仅如此！

A：加标注（即说明性的文字）或给对象标标签。

![自定义工具]：自定义工具。如果你觉得上述工具不够（如：不能直接画正方形），你可以定义新的工具。

选择某项绘图工具时，用鼠标单击一下该工具即可。

试一试，能否画出如图 4-3 所示的图形？

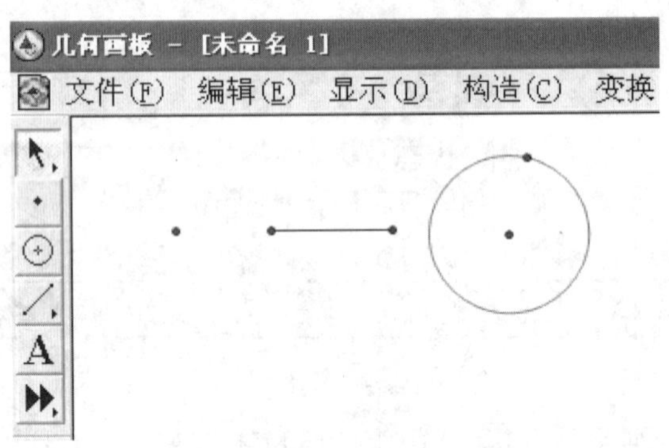

图 4–3

画点：单击【点工具】，然后将鼠标移动到画板窗口中单击一下，就会出现一个点。

画线：单击【直尺工具】，然后拖动鼠标，将光标移动到画板窗口中单击一下，再拖动鼠标到另一位置松开鼠标，就会出现一条线段。

画圆：单击【圆规工具】，然后拖动鼠标，将光标移动到画板窗口中单击一下（确定圆心），并按住鼠标拖动到另一位置（起点和终点间的距离就是半径）松开鼠标，就会出现一个圆。

画交点：单击【选择箭头工具】，然后拖动鼠标将光标移动到线段和圆相交处（光标由 变成横向 ，状态栏显示的是“点击构造交点”）单击一下，就会出现交点。如图 4-4 所示。

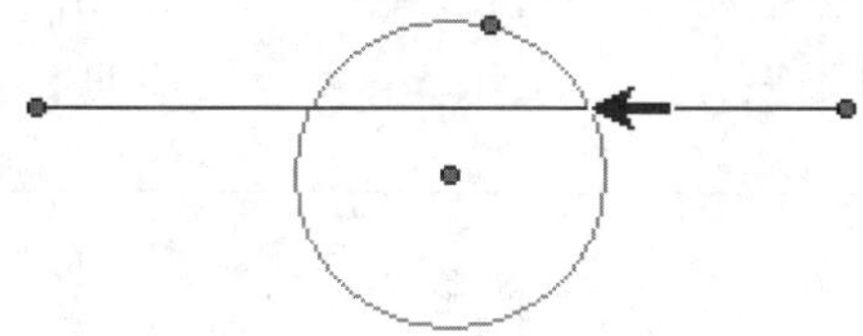

图 4–4

交点只能由线段（包括直线、射线）间、圆间、线段（包括直线、射线）与圆之间点击构造。

【选择箭头工具】和【直尺工具】的右下角都有一个小三角，用鼠标按住它约 1 s，看看会发生什么？

【选择箭头工具】展开如图 4-5 所示，有三个工具，分别是“移动”“旋转”“缩放”，其用途见下一节。

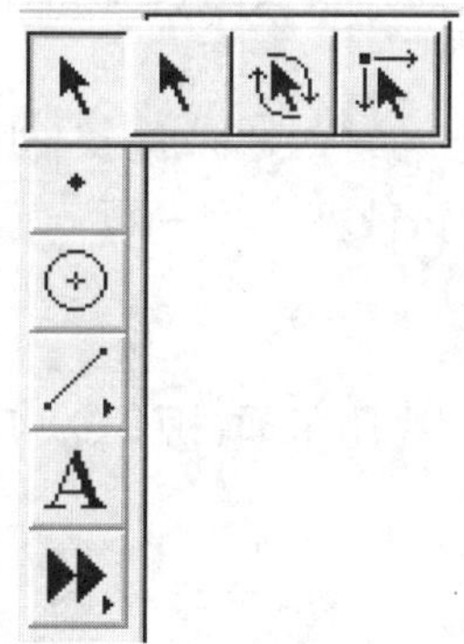

图 4–5

【直尺工具】展开，也有三个工具，如图 4-6 所示，分别是“线段”“射线”和“直线”。线段的画法我们知道了，下面介绍用它来画射线和直线呢？。

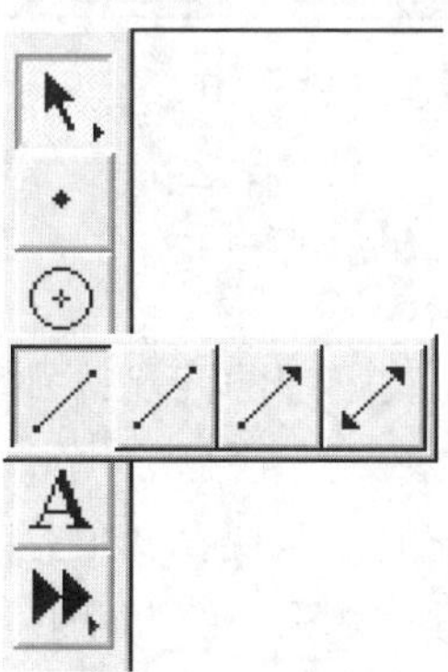

图 4–6

画射线：移动光标到【直尺工具】上，按住鼠标不放，待【直尺工具】展开后，不要松开鼠标，继续移动光标到射线工具上，松开鼠标，直尺工具变为，然后在画板绘图区单击鼠标并按住鼠标拖动，到适当位置松开，就画出一条射线，如图 4-7 所示。(在几何画板里是看不见射线上的箭头的，它是向一端无限延伸的)

图 4–7

画直线：依样画葫芦，请你画如图 4-8 所示的一条直线（在几何画板里同样也看不见直线上的箭头，它是向两端无限延伸的）。

图 4–8

用几何画板画出的线段、直线、射线和圆，分别多了两点。一方面构造它们只要两点就够了，另一方面它们可以被拖动。如，单击【选择箭头工具】按钮，移动光标到线段的端点处（注意光标会变水平）拖动鼠标，线段的长短和方向就会改变；正因为多出了“点”，才使它们有被改变的可能。

移动光标到线段的端点之间任何地方（光标成水平状）拖动鼠标，就可以移动线段。分别拖动一下直线、射线的点和线，尝试改变它们一下。

项目 2　用几何画板解决应用问题

1. 项目任务

如图 4-9 所示，一个三角形屋架，屋面的宽度是 13 m，立柱长 5 m，那么横梁有多长？

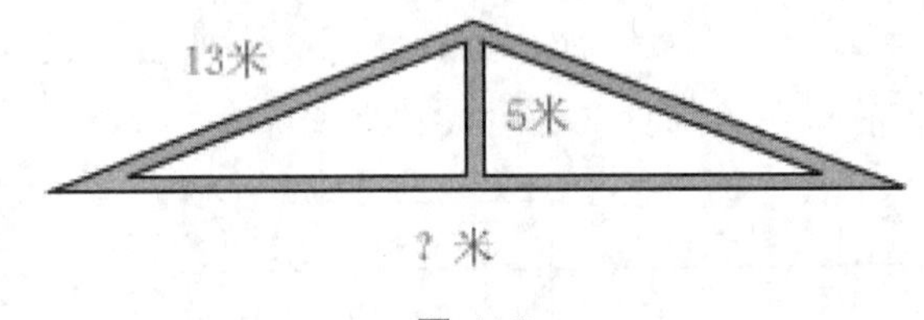

图 4–9

2. 项目分析

思路：这是直角三角形中应用勾股定理的问题，那么，是不是任意的直角三角形三边都有这种关系？

方案：大家都已经证明过勾股定理，但现在我们用不同的方法来重新认识一下，用几何画板画一个直角三角形，度量三条边，计算两直角边的平方和，计算斜边的平方，不断改变图形的大小形状（但保持直角不变），验证定理是否总成立。

3. 操作步骤

A　B

图 4–10

第 1 步　新建一个几何画板绘图文件。

第 2 步　在工作区中画一条线段 AB，如图 4-10 所示。

第 3 步　先按住 Shift 键，用“选择”工具选取点 A 和线段 AB；然后单击菜单“作图→垂线”，作出过点 A 且垂直于线段 AB 的直线。如图 4-11 所示。

注意：不要选另外一个端点 B，那样过 B 点也会有一条直线与 AB 垂直，本例中我们不需要同时画两条垂线。

技巧：只有这样画的图才能在拖动点改变图形的大小和形状时总是保持垂直的关系，如果只是画出一条自己看上去“垂直”的直线，就不能在改变形状时保持垂直关系。

第 4 步　选“画点”工具，移动鼠标到垂线上单击，如图 4-12 所示。

注意：观察状态栏中出现“点位于直线上”时单击，这样画的点永远位于直线上，不会拖到外面。

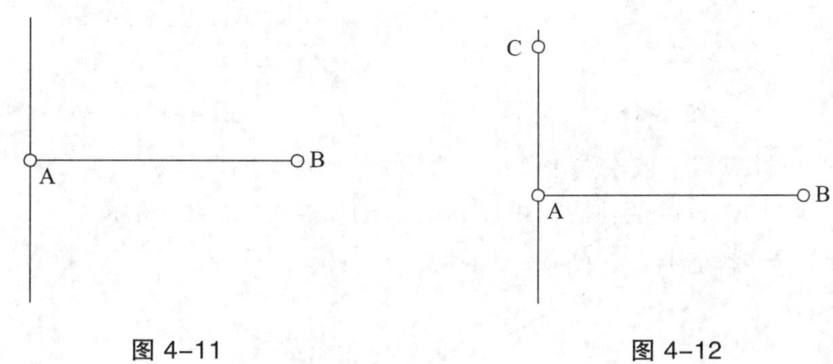

图 4-11　　　　图 4-12

第 5 步　先选取垂线 CD，单击菜单“显示→隐藏直线”，把垂线隐藏；然后用画线段工具画出线段 AC、线段 BC，如图 4-13 所示。

技巧：最后的图中应该是线段，但为了保证变化过程中保持垂直关系，必须先画辅助垂线，最后在不需要时把它隐藏。

第 6 步　用“文本”工具单击三角形的三边，得到如图 4-14 所示。

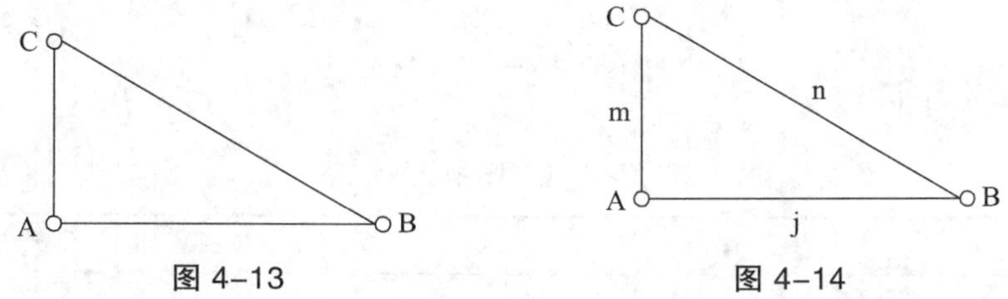

图 4-13　　　　图 4-14

第 7 步　用“文本”工具双击标签 n，在弹出的对话框中将 n 改动 a，如图 4-15 所示。

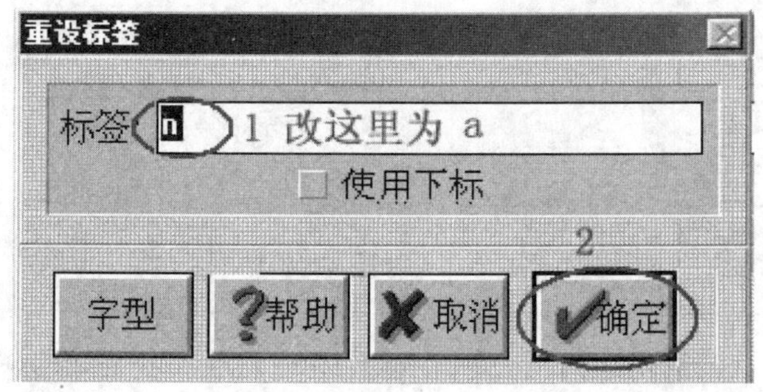

图 4-15

用同样的方法改 j 为 c，改 m 为 b，如图 4-16 所示。

说明：这样做是为了照顾我们的数学习惯，或者是题目本身的要求，这种改点或线的标签的方法，在操作过程中会经常用到。

第 8 步：同时选取线段 a、b、c，由菜单“度量→长度”，可以同时量出三条边的长度，如图 4-17 所示。

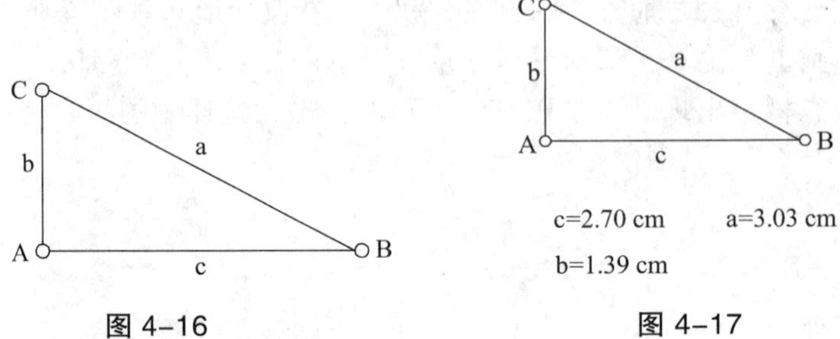

图 4–16　　图 4–17

第 9 步：弹出计算器，依次点击“b=…”、“^”、“2”、“+”、“c=…”、“^”、“2”，然后按“确定”，可以计算出 b^2+c^2 的值；同样可以算出 a^2 的值，如图 4-18 所示

说明：这里“^”表示乘方运算。

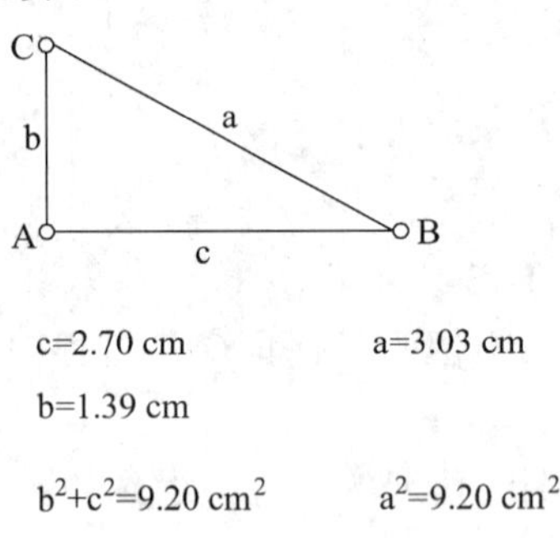

图 4–18

归纳结论见表 4-1

表 4–1　归纳结论

序号	操　作	现象	b^2+c^2 与 a^2 相等吗？
1	观察	b^2+c^2=____ a^2=____	
2	用鼠标拖动点 B 到另一位置。	b^2+c^2=____ a^2=____	
3	用鼠标拖动点 B 到另一位置。	b^2+c^2=____ a^2=____	
4	任意拖动三角形顶点改变直角三角形的形状。		
结论	b^2+c^2 ____ a^2		

可以看到，总是有两直角边的平方和等于斜边的平方，本例中的横梁用勾股定理算得一半为 12 米，全长为 24 米。

【自主练习】

1. 单击文本工具，使光标由箭头变为手形 ，然后分别移动鼠标，当光标移到对象处变为 时单击鼠标，对象显示出标签。

请将图 4-18 中的所有对象添上标签。去掉标签也容易，只需对图中的每一个对象单击，标签就没有了。几何画板中的每个几何对象都对应一个“标签”。当您在画板中构造几何对象时，系统会自动给您画的对象配标签。文本工具就是一个标签的开关，可以让几何画板中每个几何对象的标签显示和隐藏。

2. 量出直角三角形的两锐角的度数，验证直角三角形的两锐角互余。

3. 学画一个矩形，先完成本例到第三步得图 4-19，这里只是把原来的点 C 改成了 D。

（1）选取点 D 和线段 AB，由“作图”→“平行线”，画出过 D 且平行 AB 的直线。

（2）选取点 B 和直线 AD，同样画出过点 B 且平行于 AD 的直线。

（3）用“选择”工具定义出第四个顶点，标记标签为 C，如图 4-20 所示。

（4）隐藏三条直线，画出线段 AD、DC、CB，即得矩形 ABCD，如图 4-21 所示。

说明：拖动点 A、B 可以改变矩形的大小和位置并可以旋转一定的角度，拖动点 D 只能改变矩形在纵向上的大小，拖动点 C 不会改变矩形的大小，但可以改变矩形的位置，但无论如何改变，这个图形一定是矩形，你可以通过度量角和边来证实这一点。

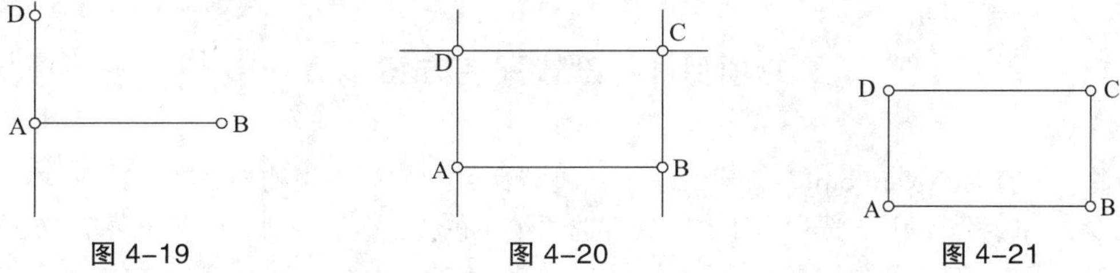

图 4–19　　图 4–20　　图 4–21

4.2　课堂演示文稿制作

【训练目标】

（1）通过合理的结构组织材料，使课堂的教学内容清晰易懂；

（2）掌握常用图表的使用方法，能够设置演示文稿中的动画效果；

（3）能够在演示文稿中插入并编辑多种多媒体素材，使演示文稿更生动；

（4）能设置演示文稿的播放方式，并能打包成 flash 文件。

【训练重点】

（1）演示文稿的设计以及母版的使用；

（2）演示文稿的动画效果设置；

（3）多种多媒体素材的插入与编辑。

【训练资源】

Microsoft Office PowerPoint。

【情景导入】

大部分人制作 PPT 都是网上下载个模版，然后把 word 文档的内容直接贴进 PPT 里，这样的 PPT 不仅容易让观者产生厌烦情绪，而且内容多而缺乏条理。PPT 的存在是为了将要说的内容简洁生动的体现，因此要尽量减少文字密度，中心论点、分论点列举清晰，多用图片或者动画、视频、声音来阐述。

下面以建立一个名为“高中生物教案”的课堂教学 PPT 为例，使读者进一步熟悉制作演示文稿的技巧，掌握在幻灯片中插入组织结构图、文本框、表格、图表等对象的方法。

设计要求：PPT 的内容结构清晰，布局整洁干净，包含多种多媒体素材，幻灯片放映时附带动画效果，整个 PPT 既要有美感，在内容放映安排上也要合理有序。

【训练项目】

项目 1 设置配色方案

步骤 1 启动 PowerPoint，新建一演示文稿，命名为“高中生物教案”。

步骤 2 选择“设计”选项卡下“主题”选项组中的“颜色”按钮，在下拉菜单中选择“新建主题颜色”，打开“新建主题颜色”对话框，如图 4-22 所示。

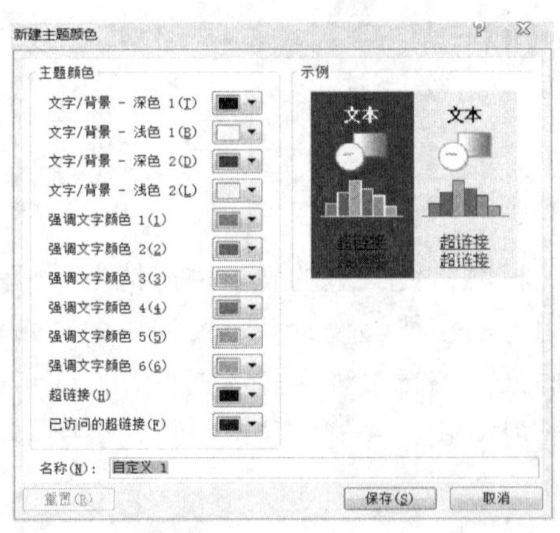

图 4-22 “新建主题颜色”对话框

步骤 3 在“新建主题颜色”对话框中，如图 4-23 所示，在“文字/背景-深色 1”下拉列表中选择“其他颜色”，打开“颜色”对话框。

步骤 4 在“颜色”对话框中的“红色”数值框中输入“6”，“绿色”数值框中输入“131”，

“蓝色”数值框中输入“148”。

步骤 5　按照上述方法，将文字/背景-浅色 1 也设为该颜色，再将强调文字颜色 1 设为：红 203、绿 224、蓝 182。

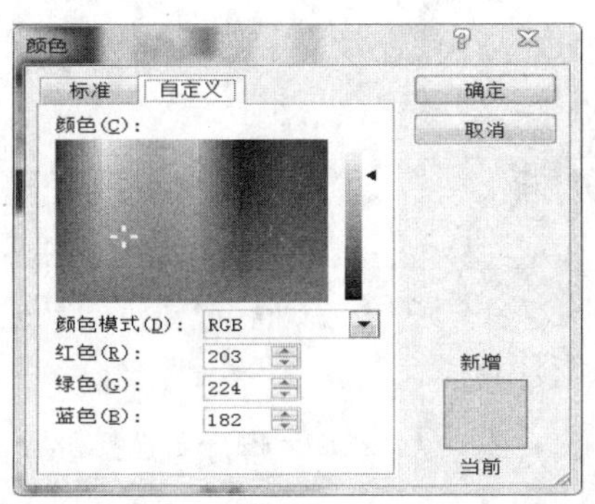

图 4-23　文字/背景颜色设对话框

项目 2　改变幻灯片的背景

具体要求：设置幻灯片的背景为渐变，颜色为自定义的填充颜色。

步骤 1　在幻灯片的空白处右击鼠标，在快捷菜单中选择“设置背景格式”，打开“设置背景格式”对话框。

步骤 2　在“设置背景格式”对话框中选择“渐变填充”单选按钮，在“颜色”下拉列表中选择单击“全部应用”按钮。如图 4-24 所示。

图 4-24　幻灯片背景设置

项目 3　幻灯片母版编辑

如果每张幻灯片都需要做一个效果，比如动画\图片\按钮之类，这个效果每张手动去做会相当麻烦，这时候应用幻灯片母版编辑则十分方便。母版的作用是在母版状态下做一次就可以应用到所有的幻灯片中。具体编辑如下：

1. 插入图片并进行编辑

步骤 1　选择“视图”选项卡下“演示文稿视图”选项组中的“母版”按钮，切换到幻灯片的母版视图，如图 4-25 所示。

图 4-25　“幻灯片母版”选择界面

步骤 2　进入母版视图后，选择第一张母版，然后单击“插入”菜单下“图像”选项卡中的“图片”按钮，打开“插入图片文件”对话框，选择自己要插入的图片进行插入。

步骤 3　将图片移动到幻灯片中自己想要的位置，并且可以通过“格式”选项卡进行图片的详细设置，包括图片颜色、大小、位置、效果等。如图 4-26 所示。

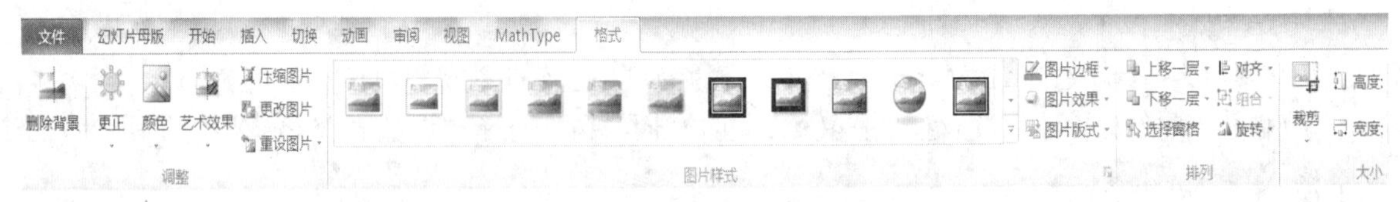

图 4-26　图片详细设置选项卡

2. 设置幻灯片

步骤 1　选中母版视图的“插入占位符”，选择“文本”，在幻灯片上画出文本占位的地方与空间。

步骤 2　选中母版视图中文本占位符的第一级文本，在浮动菜单的“字体”下拉列表中选择“宋体”，在“字号”下拉列表中选择“16”。

步骤 3　选中母版视图的第一级文本，在快捷菜单中选择“段落”，打开“段落”对话框。在“段前”的数值框中输入“10 磅”。如图 4-27 所示。

段落
缩进和间距(I)　中文版式(H)
常规
对齐方式(G)：左对齐
缩进
文本之前(R)：0.95 厘米　特殊格式(S)：悬挂缩进　度量值(Y)：0.95 厘米
间距
段前(B)：10 磅　行距(N)：单倍行距　设置值(A)：.00
段后(E)：0 磅
制表位(T)...　确定　取消

图 4-27　段落设置对话框

步骤 4　选中母版视图中文本占位符的第一级文本，选择快捷菜单中“项目符号”下面的“项目符号和编号”命令，打开“项目符号和编号”对话框，如图 4-28 所示。单击“图片”按钮，在“图片项目符号”中选择自己喜欢的图片符号，如图 4-29 所示。

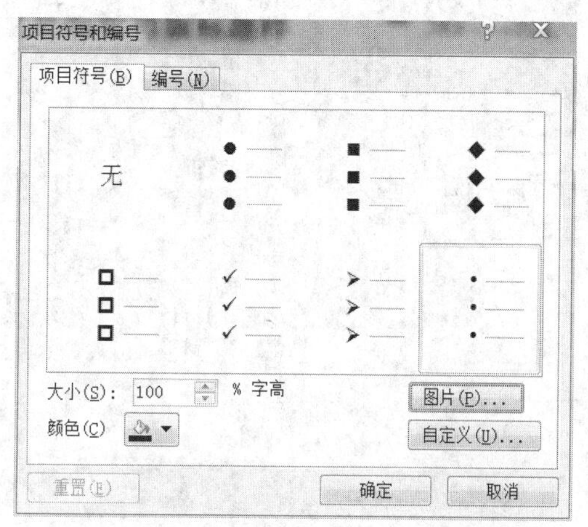

图 4–28　项目符号和编号

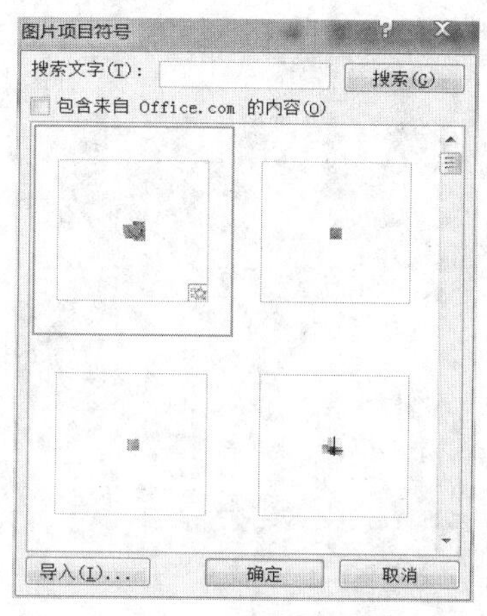

图 4–29　图片项目符号

3. 菜单栏绘制

步骤 1　选择“插入”菜单下“插图”选项卡中的“形状”，在其下拉菜单中找到“圆角矩形”进行插入，在幻灯片上根据自己想要的设计效果拖曳到合适的大小。如图 4-30 所示。

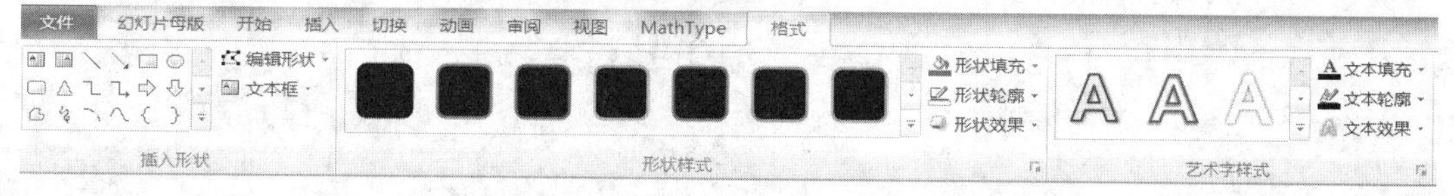

图 4–30　按钮形状设置对话框

步骤 2　单击“格式”选项下“形状样式”选项组中的“形状填充”按钮，在其下拉菜单中选择“渐变”下的“线性对角”。

步骤 3　单击“格式”选项卡下“形状样式”选项组中的“形状轮廓”按钮，在其下拉菜单中选择“无轮廓”。

步骤 4　单击“格式”选项卡下“形状样式”选项组中的“形状效果”按钮，在其下拉菜单中选择“棱台”子菜单下的“圆”。

步骤 5　选中圆角矩形，按住 CTRL 键不动，反复拖曳鼠标，复制出六个圆角矩形。

步骤 6　按住 SHIFT 键不动，依次单击各个圆角矩形，选中七个圆角矩形。单击“格式”选项下“排列”选项组中的“对齐”按钮，在其下拉菜单中选择“左对齐”，使各个图形的左边距相同。再在“对齐”按钮的下拉菜单中选择“纵向分布”，使各个图形的垂直间距相同。

步骤 7　角矩形上右键鼠标，在下拉菜单中选择“编辑文本”，输入文本“课程简介”。

步骤 8　将其余圆角矩形的文本分别改为“教学内容”、“重难点”、“实验”、“课程视频”、“图例”。

步骤 9　也可以按照自己设计的方案对模版进行细节调整。本综合实例按以上步骤设置好的最终效果如图 4-31 所示。

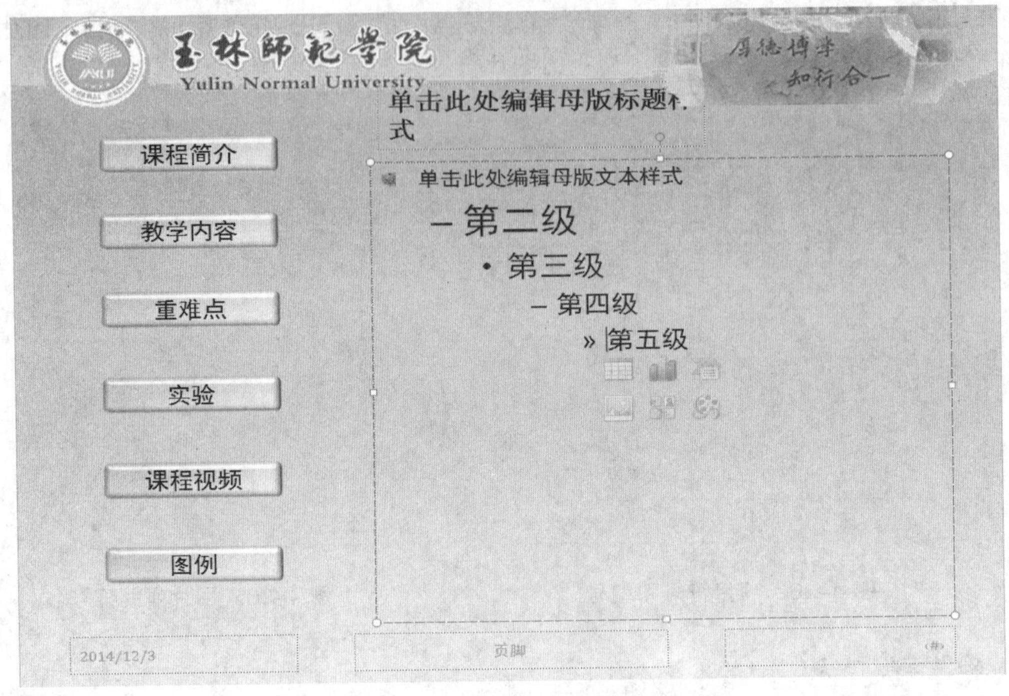

图 4–31　设置后的效果图

项目 4　编辑幻灯片

1. 幻灯片编辑

设置好幻灯片的母版以后，单击“视图”选项卡的“普通视图”按钮，切换回幻灯片普通视图。选择“开始”菜单的“幻灯片”选项卡中的“新建幻灯片”，在下拉选项中选择“标题幻灯片”。

2. 文本框和艺术字设置

步骤 1　选择“插入”菜单下“文本”选项组中的“艺术字”按钮，在下拉菜单中选择“填充-蓝色，强调文字颜色 1，塑料棱台，映像”的艺术字样式。

步骤 2　在幻灯片上插入一个艺术字对象。将艺术字的文本改为“高中生物课程”，右键快捷菜单中选择“字体”，将其设置为“华文中宋”，“字号”设置为“80”。

步骤 3　仿照步骤 2 插入副标题“主讲教师：XXX”，字体为宋体，字号为 32。颜色、字形可以根据自己的喜好决定。效果如图 4-32 所示。

3. 自定义动画在幻灯片中的应用

步骤 1　在幻灯片窗格中选择文字　“高中生物课程”，选择“动画”菜单下“高级动画”

选项卡中的“添加动画”按钮，打开“添加动画”下拉菜单。在下拉菜单中选择“进入”的效果“浮入”，点击“动画窗格”按钮可以查看设定的动画效果，还可以在此基础上添加“强调”或者“退出”效果，设定好后还可以在“触发”按钮中选择触发方式。如图 4-33 所示。

图 4–32　标题页效果图

图 4–33　自定义动画设置

步骤 2　给设定好的动画效果设置持续时间和延迟。

步骤 3　在幻灯片窗格中选择“主讲人：XXX”，选择“动画”选项卡，选择合适的动画效果，在“开始”下拉列表中选择“之后”。动画播放详细设置如图 4-34 所示。

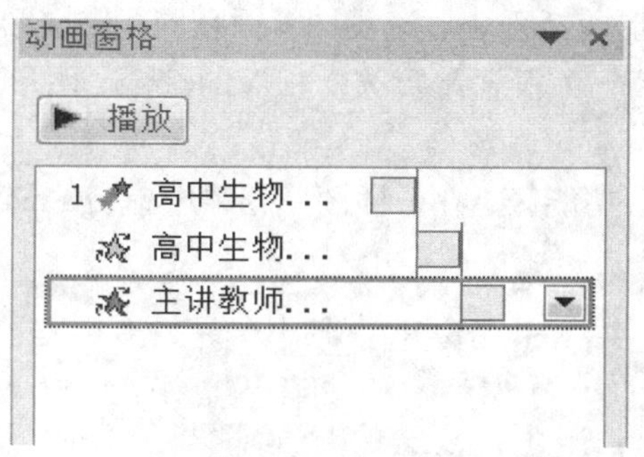

图 4–34　动画播放详细设置

项目 5　幻灯片版式设计

以课程简介这页 PPT 为例，单击“开始”菜单下“幻灯片”选项卡中的“新建幻灯片”，在下拉菜单中选择“内容和标题”版式。在相应的区域内，输入需要编辑的内容。

注意：输入文本时，若需要另起一行，但又不要分段时，应该使用换行符。可以按 Shift+Enter 键或选择“插入”|“分隔符”命令插入换行符。插入换行符后，会出现一个换行符标记。要

取消换行时，将其删除即可。

第二张幻灯片编辑后初步效果如图 4-35 所示。

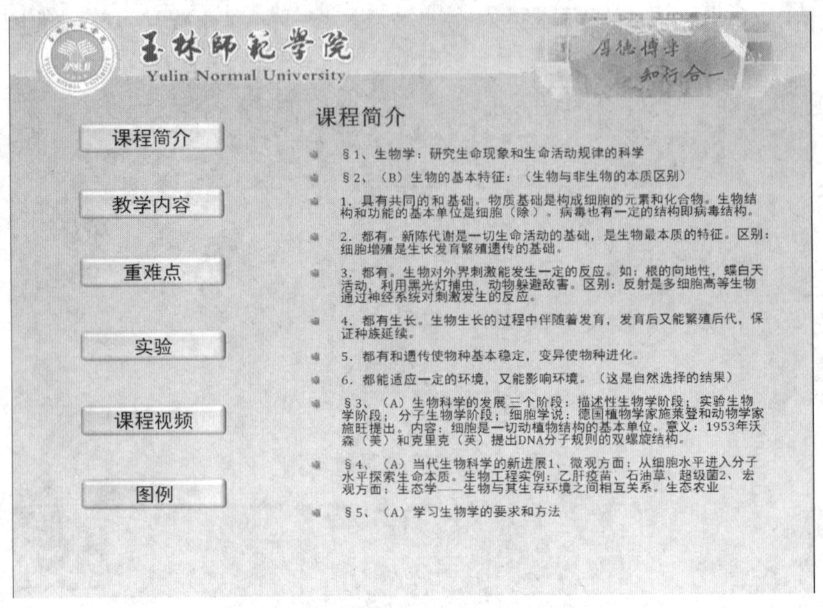

图 4-35 效果图

项目 6 组织结构图的应用

PPT 中提供的 Smart 图形包括列表、流程图、循环图、层次结构图、关系图、矩阵图和棱锥图，共有 80 余套图形模版。可根据需要选择相应的 Smart 图形建立结构图，使演示文稿更形象生动。

步骤 1 切换到“插入”功能区，在“插图”分组中单击 SmartArt 按钮，如图 4-36 所示。

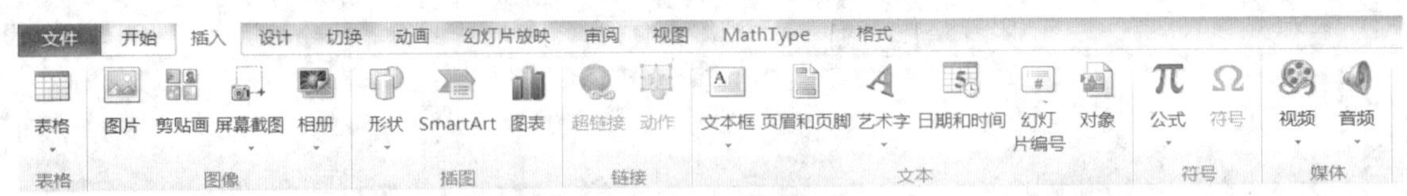

图 4-36 PPT 中“插入”菜单

步骤 2 在打开的“选择 SmartArt 图形”对话框中，单击左侧的类别名称选择合适的类别，然后在对话框右侧单击选择需要的 SmartArt 图形并单击“确定”按钮。如图 4-37 所示。

制作组织结构图时，需要注意添加的结构是上级形状、助手形状、下属形状还是同事形状。

上级形状：该形状在组织结构图中处于上层，并与下属形状或助手形状等任一其他形状相连。

助手形状：通过肘形连接符与其他形状相连，对于该形状所附加到的特定上级形状，此形状放置在任何附加下属形状的上面。

下属形状：组织结构图中置于上级形状下面并与之相连的形状。

同事形状：在组织结构图中位于另一个形状旁的形状，它们连接到同一个上级形状。

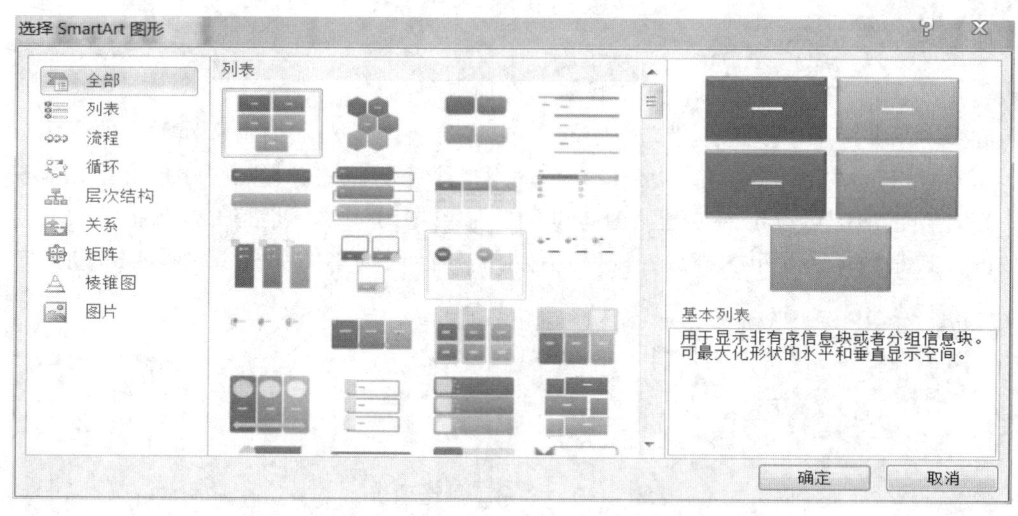

图 4-37　SmartArt 图形选项卡

本文以层次结构图为例。选择“水平层次结构图”插入，根据原图将不需要的结构删除，在细胞外液上要添加三个下属结构，添加下属结构时，首先将鼠标定位于最后一层子结构上，右键鼠标，在下拉菜单中选择“添加形状”，再选择“在后面添加形状”。

步骤 3　返回 Word2010 文档窗口，在插入的 SmartArt 图形中单击文本占位符，输入合适的文字即可。

步骤 4　选择“插入”菜单下“文本”选项卡中的“文本框”，在下拉菜单中选择“水平文本框”。将鼠标移到画布中，拖曳出文本框，在文本框内的插入点处输入文字。

最终结构如图 4-38 所示。

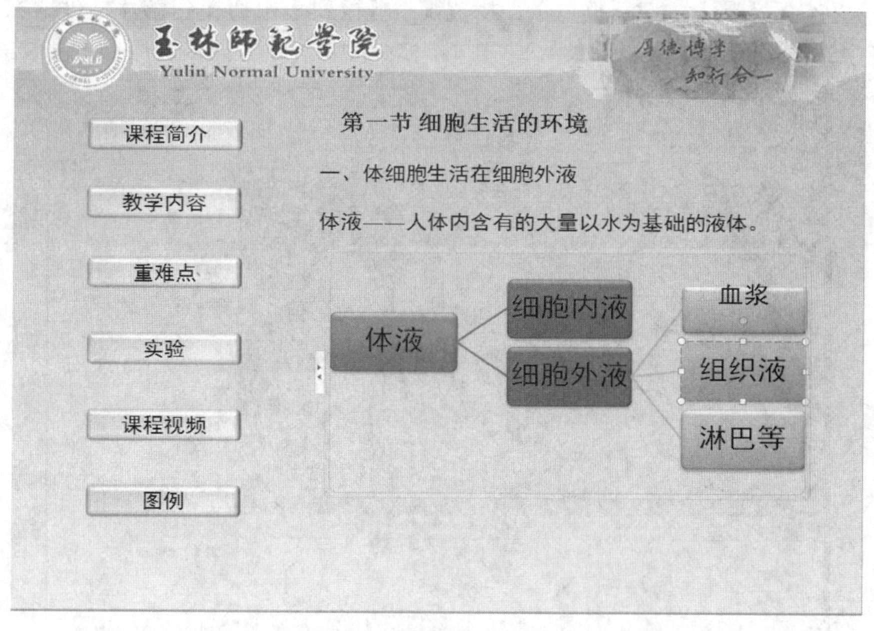

图 4-38　水平组织结构图

项目 7　插入声音

步骤 1　单击“插入”菜单，选“媒体”选项卡里的“音频”。

步骤 2　在下拉菜单中选择“文件中的音频”，在弹出的对话框中选择需要的音乐。

步骤 3　点击确定，然后在 PPT 中会自动生成个喇叭状的图形，可用鼠标拖动到需要的位置。在音频选项中可设定播放开始时自动播放、单击时播放还是跨幻灯片播放，也可以设置播放的模式是循环还是单次播放，同时还能对音频进行简单的剪裁。如图 4-39 所示。

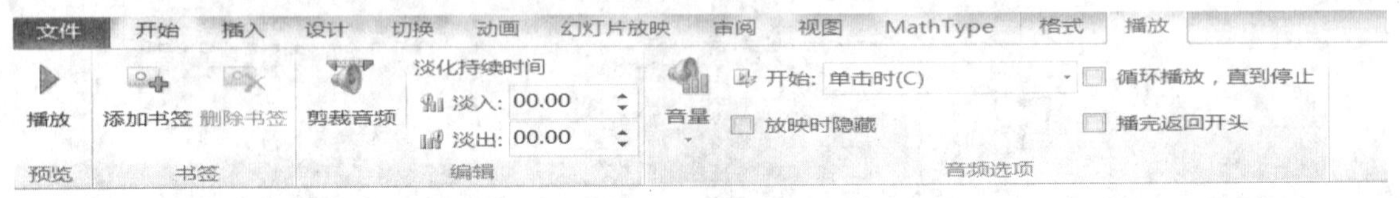

图 4-39　音频工具选项卡

步骤 4　在格式菜单栏里可对小喇叭的图形进行各种编辑和剪裁。根据实际需要进行设置即可。

项目 8　插入影片

PowerPoint 里面直接支持的视频格式有 avi，mpg，wmv，ASF。

步骤 1　进入“插入”菜单选项卡，找到“媒体”选项组，选择“视频”，有三种视频可插入：文件中的视频、来自网站的视频以及剪切画视频，可自己了解下各自的视频来源特色。

步骤 2　在“插入影片”对话框的“查找范围”下拉列表中切换到影片文件所在的文件夹，在文件列表中选取需要插入的影片“”，单击“确定”按钮。PPT 插入视频效果如图 4-40 所示。

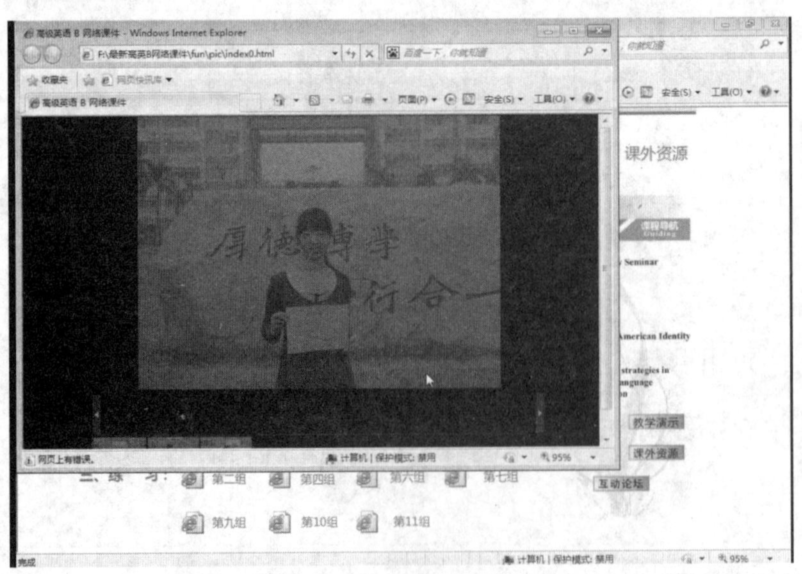

图 4-40　PPT 插入视频效果

步骤 3　插入视频后，可在“格式”和“播放”两个菜单栏对视频进行进一步的设置，包括视频播放模式、播放时间、简单的视频剪裁、视频形状、边框、效果等设置，如图 4-41 所示。

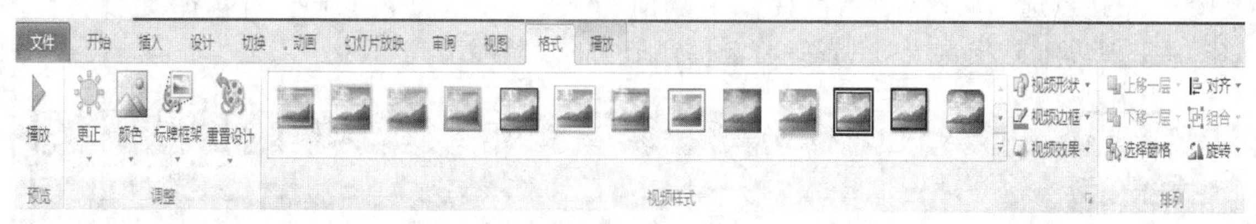

图 4-41　视频格式设置界面

项目 9　幻灯片超链接设置

对母版上的 6 个按钮进行超链接设置，点击按钮时能链接到相应的界面，如图 4-42 所示。

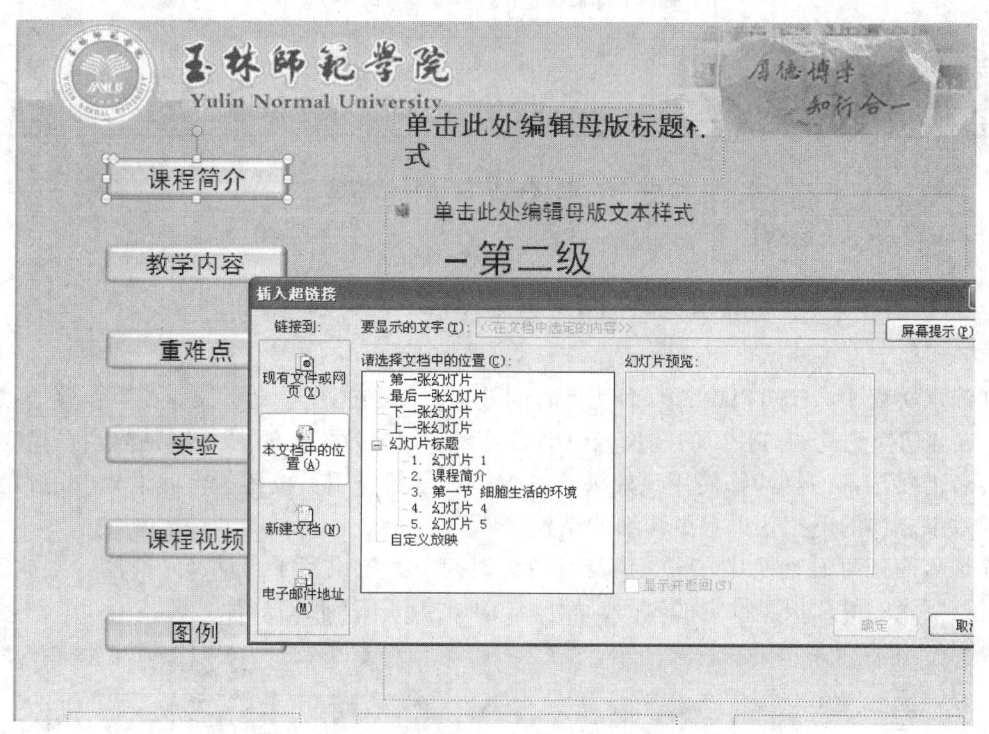

图 4-42　链接到 PPT 其他页面的设置界面

设置操作步骤如下：

步骤 1　切换到幻灯片的母版视图，选择原先设置有矩形按钮的母版幻灯片。

步骤 2　单击圆角矩形（例如文本为“课程简介”），选中该对象。（注意：选中该矩形，而不是选中文本）。右击鼠标，在快捷菜单中选择“超链接”命令，打开“插入超链接”对话框。

步骤 3　在“插入超链接”对话框下的“链接到”选项卡中选择“本文档中的位置”，然后在“请选择文档中的位置”列表框中选择第二张幻灯片。用同样的方法，为其他几个圆角矩形插入超级链接，链接到对应的幻灯片。

步骤 4　点击选择母版幻灯片置顶的“师范学院”图片，右键鼠标，在下拉菜单中选择“超链接”，链接点选“现有文件或网页”，在当前文件夹选项卡的下方地址栏内输入链接网址，如图 4-43 所示，这样点击图片时，将链接到相应的学院网站。

图 4-43　超链接链接到网址的设置

项目 10　幻灯片页面切换效果设置

在演示文稿中，还可以设置页面切换时的效果，使 PPT 更生动，操作如下：单击“切换”菜单，在“切换到此幻灯片”的选项卡中提供了多种切换效果，如图 4-44 所示。选择“推进”效果，若需要全部幻灯片都使用该效果，可单击“全部应用”按钮，将此设置应用到所有幻灯片。效果选项的下拉菜单有更详细的设置选项。

在该界面还可设置换片方式、声音、持续时间等。若设置了自动换片时间，则放映演示文稿时，每张幻灯片根据设定的时间，然后自动切换到下一张幻灯片。

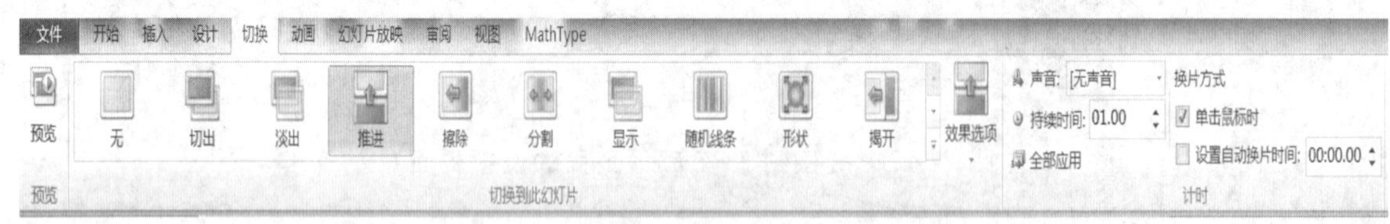

图 4-44　幻灯片页面切换效果选项卡

项目 11　幻灯片放映设置

制作好幻灯片后，可对幻灯片的放映顺序进行设置，具体操作如下：

步骤 1　选择“幻灯片放映”菜单后，单击“自定义幻灯片放映”，如图 4-45 所示。

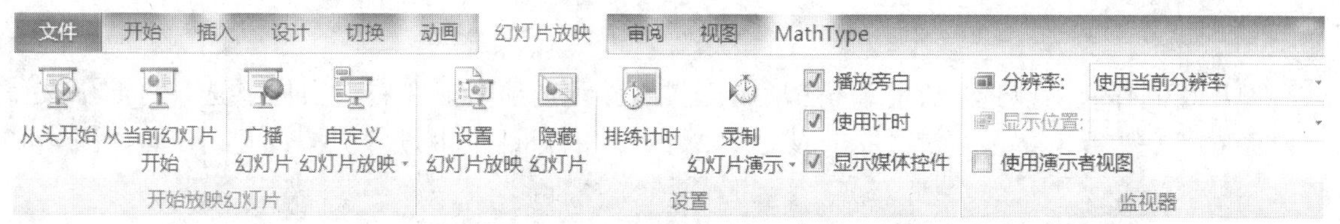

图 4-45　幻灯片放映界面

步骤 2　在弹出的“自定义放映”窗口选择“新建”，如图 4-46 所示，根据自己的需要选择幻灯片。点选“添加”或“删除”，依次排序幻灯片的播放顺序，如图 4-47 所示。

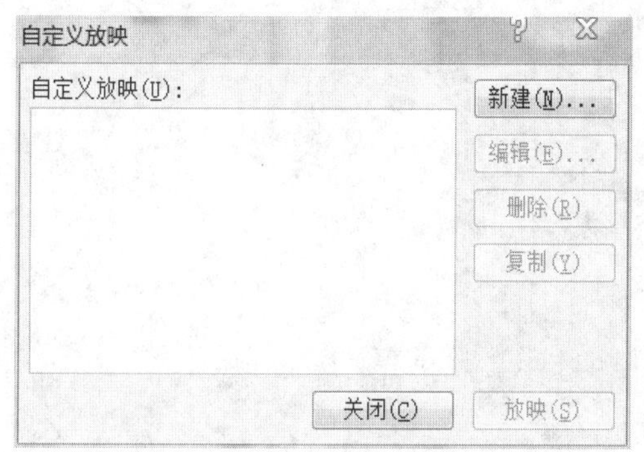

图 4-46　自定义放映对话框

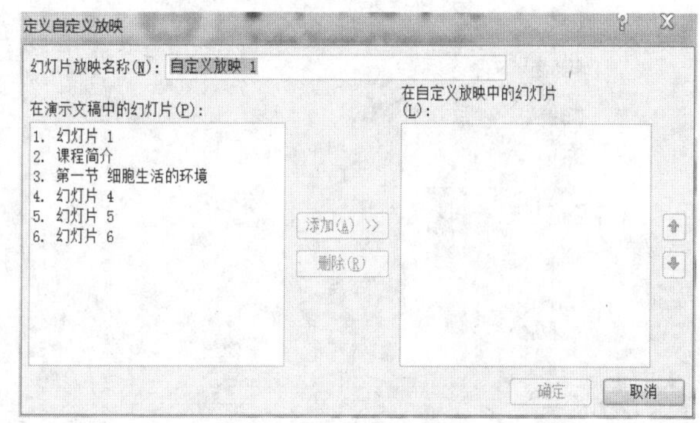

图 4-47　定义自定义放映对话框

步骤 3　设定好后，选择“幻灯片放映”菜单中的“设置”选项卡，单击“设置幻灯片放映”。在弹出的对话框中选择“自定义放映”，选择刚刚设定好的放映顺序，其他的放映选项按照需要勾选即可。如图 4-48 所示。

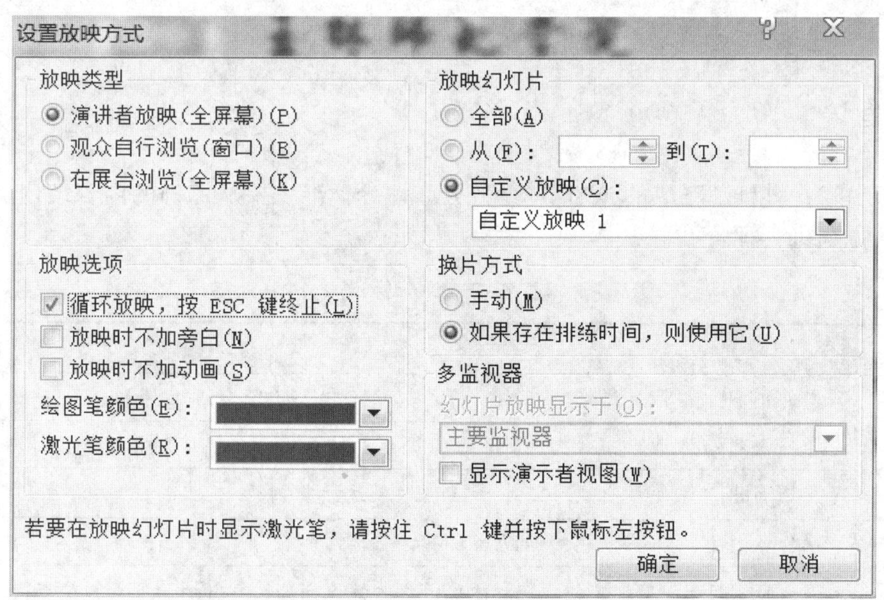

图 4-48　设置放映方式界面

项目 12　幻灯片打包

幻灯片制作完后点选“保存”，然后单击“文件”选项卡，在右边窗体点选“将演示文稿打包成 CD”，然后再单击按键“打包成 CD”，在显示的对话框中设定完毕即可。界面如图 4-49 所示。

图 4-49　幻灯片打包界面

【评分标准】

依据表 4-2，对自己完成的 PPT 进行打分。评分标准主要从课件的内容结构、课件的技术完成度两方面进行评价。

表 4-2　评分标准

项目	评价内容	分值	得分
科学规范性	课件内容无知识性错误，文字、符号、单位和公式符合标准	5	
知识体系	课件逻辑结构清晰，层次性强，重点突出，过渡恰当，整体风格统一协调	10	
知识覆盖	主题突出，课件素材能够清晰、准确地表达教材内容	10	
资源应用	课件素材能紧扣主题，恰当地表现教学内容	5	
目标设计	课件教学目标清晰，定位准确，体现课堂的知识框架，突出知识重点和难点，详略得当，内容呈现顺序合理，启发引导性强，有利于激发学生主动学习	10	

续　表

项目	评价内容	分值	得分
活动设计	课件能根据学习内容设计研究性或探索性的实践问题，培养学生创新精神与实践能力	10	
教学交互	较好的人机交互，便于教师和学生、学生和学生的交互和讨论	5	
习题设计	多种形式的题型，题量丰富；模拟实践环节，注重能力培养	5	
图形处理技术	正确调整图形分布的大小、方向，绘制与编辑简单的图形，选用适当的图像格式，图像文件大小适宜	5	
音频处理技术	选用适当的音频软件；应用音频剪辑技术；音频文件大小适宜	5	
视频处理技术	采用适当的视频软件；应用视频剪辑技术；视频文件大小适宜	5	
课件制作技术	选用和教学内容及设计相适应的软件，避免非必要的插件使用；正确引用文字、图片、音频、视频、动画等多种媒体；注重使用软件特色功能表达教学内容；提供学习的评估功能；课件文件大小适宜	5	
运行状况	操作方便、灵活、交互性强，无导航、链接错误，媒体播放正确，稳定性好	5	
媒体效果	文字、图片、音频、视频、动画切合教学主题，和谐协调，配合适当；各种媒体制作精细，吸引力强，激发学习兴趣	5	
界面设计	界面布局合理、新颖、活泼、有创意，整体风格统一，色彩搭配协调，视觉效果好，符合视觉心理	5	
整体效果	课件整体风格（包括版面设计、色彩搭配等）立意新颖、构思独特、设计巧妙，具有想像力和表现力	5	

【自主训练】

以自己的课程为对象，选取其中一小节的课程内容做主题，围绕该主题，搜集素材，制作一份 PPT。要求该 PPT 至少包含 10 页幻灯片，包含两种以上多媒体素材类型。具体操作可参考以下步骤：

（1）围绕自己的课程内容，选择 PPT 的设计模版和版式。

（2）设计 PPT 的标题，插入课程内容材料，将材料尽可能以图表、结构图的方式来表现。

（3）选择设计母版，对文字进行排版以及加入图片、多媒体素材，并对 PPT 的播放切换设置动画效果。

（4）根据 PPT 的内容进行润色，保存后放映，查看是否存在错误。

4.3　微课程制作

【训练目标】

（1）了解微课制作功能以及使用方法；

（2）能够利用 CamtasiaStudio 录制微课；

（3）懂得编辑、剪辑、合成微课视频。

【训练重点】

（1）制作微课课件；

（2）录制微课视频；

（3）编辑微课视频。

【训练资源】

工具软件：CamtasiaStudio。

【情景导入】

1. 微课的介绍

“微课”是指以视频为主要载体，记录教师在课堂内外围绕某个知识点（重点/难点/疑点）或教学环节而开展的精彩的教与学活动的全过程。“微课”的核心组成内容是课堂教学视频（课例片段），同时还包含与该教学主题相关的教学设计、素材课件、教学反思、练习测试及学生反馈、教师点评等辅助性教学资源，它们以一定的组织关系和呈现方式共同“营造”了一个半结构化、主题式的资源单元应用“小环境”。因此，“微课”既有别于传统单一资源类型的教学课例、教学课件、教学设计、教学反思等教学资源，又是在其基础上继承和发展起来的一种新型教学资源。

2. 微课的特点

（1）简要，教学时间较短：教学视频是微课的核心组成内容。“微课”的时长一般为 5 ~ 8 min，最长不宜超过 10 min。

（2）聚焦，教学内容较少：“微课”主要是为了突出课堂教学中某个学科知识点的教学，或是反映课堂中某个教学环节、教学主题的教与学活动。

（3）资源容量较小：从大小上来说，“微课”视频及配套辅助资源的总容量一般在几十兆，视频格式必须是支持网络在线播放的流媒体格式。

（4）资源组成/结构/构成“情景化”：资源使用方便。“微课”选取的教学内容一般要求主题突出、指向明确、相对完整。

（5）创新：教育理论创新，教学模式创新，运用新技术创新，丰富教学策略，激发学生兴趣，学生更加易于理解学习内容。

3. 微课制作的步骤

总体来说分三步：

第 1 步　根据上课重点、难点或疑点以及课堂教学内容构思，填写《学习任务单》。

第 2 步　根据《学习任务单》中学生学习的任务，录制微课程，主要分两种：第一种：（1）插上麦克风或者耳麦。（2）打开 CamtasiaStudio.exe 和 ppt，录制编辑微课。（3）编辑完成生成文件。第二种：（1）打开手机或相机的录像功能，准备好纸和笔。（2）利用手机或相机录制微课。（3）利用格式工厂转换成 H264 格式的 MP4 文件。

第 3 步　将 MP4 文件和学习任务单上传。

【训练项目】

项目 1　CamtasiaStudio 软件的使用

（1）从百度上搜索 CamtasiaStudio 8.4 软件，文件夹中下载 CS 8.4.4.rar 好压 RAR 压缩文件 304,773 KB ，然后右键解压缩。

（2）在解压缩后的文件中，找到文件 Camtasia Studio 8.4.4.exe ，双击执行安装。

（3）在弹出的对话框中点击安装后选择“是”，稍等 5 s，最后点击完成。

（4）第一次执行会自动打开软件，以后可以点击图标，注意文件名称的不同。

（5）打开软件会弹出对话框，如图 4-50 所示。

图 4–50

这时点击“录制屏幕”即可，或者点击“关闭”，先打开讲课用的 PPT。

点击 录制屏幕 后，软件会隐藏，弹出如图 4-51 所示的对话框。

图 4-51

点击全屏幕或者自定义录制，选择麦克风，请在录制屏幕前将麦克风或者耳麦插到微机的红色孔处。麦克风录制正常为这个状态，滑块用于控制录制声音的大小。点击 3 s 后开始录制屏幕，这时可以老师一边讲解 PPT，一边进行整个画面和声音的录制。讲解完后按键盘 F10 停止录制。结束录制后弹出如图 4-52 所示的预览窗口。

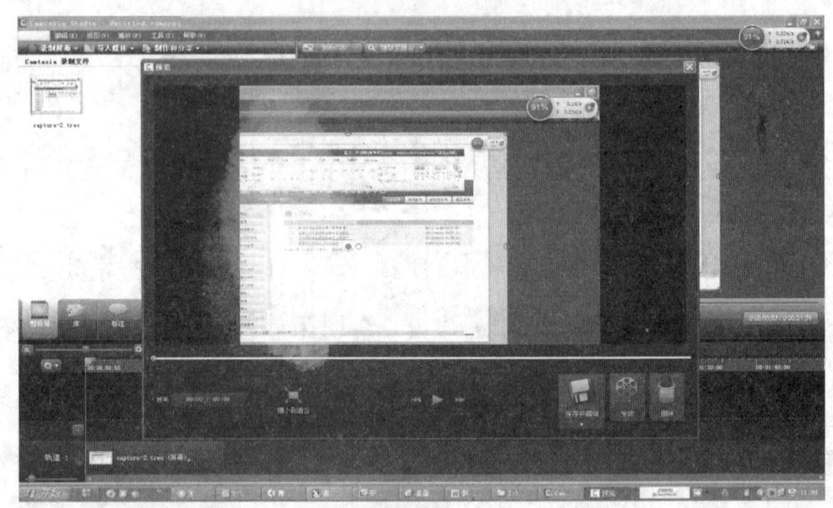

图 4-52

选择“保存并编辑”按钮，弹出对话框，选择项目保存的路径即可，如图 4-53 所示。

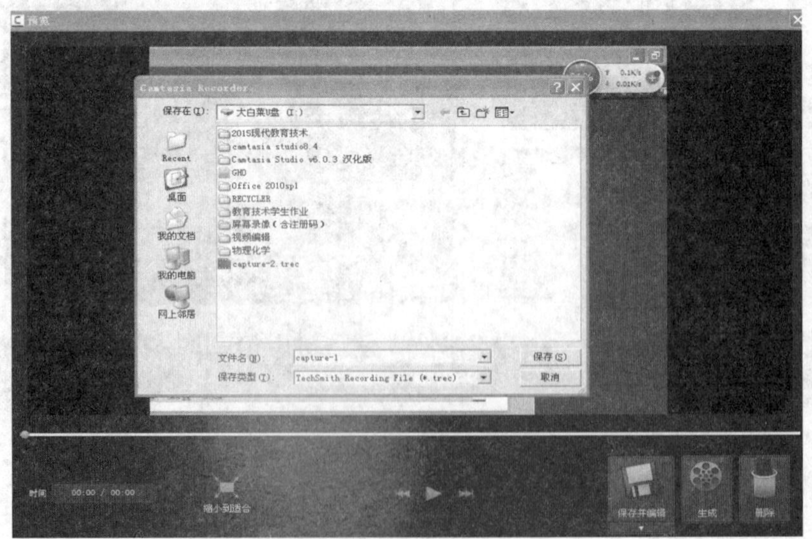

图 4-53

项目 2　编辑所录制的视频

如果在录制的过程中出现错误了，不要停止录制，再重新讲一遍即可，后期可以编辑。找到要删除的地方，拖动视频上面的开始/结束卡标，选中的视频可以进行剪切或者删除，如图 4-54（a）、（b）所示。

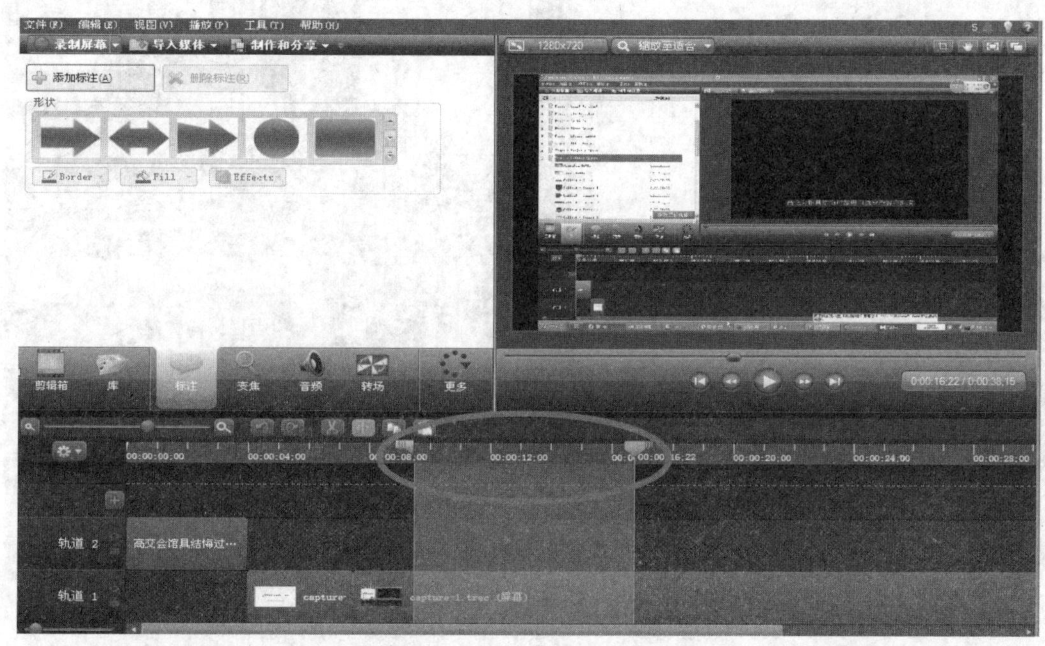

（a）

（b）

图 4–54　视频编辑界面

右键选择分割或者按 s 键（英文输入法），将要删除的区域分割两次，选中要删除的区域，按删除键，如图 4-55 所示。

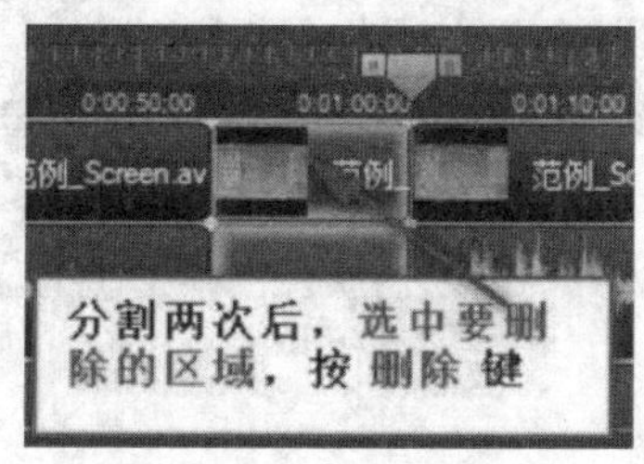

图 4–55

当需要给视频添加字幕时，把卡标移到视频的开始处，点击 更多 选择标题（这里也有其他的选项大家可以自己试试），界面如图 4-56 所示。

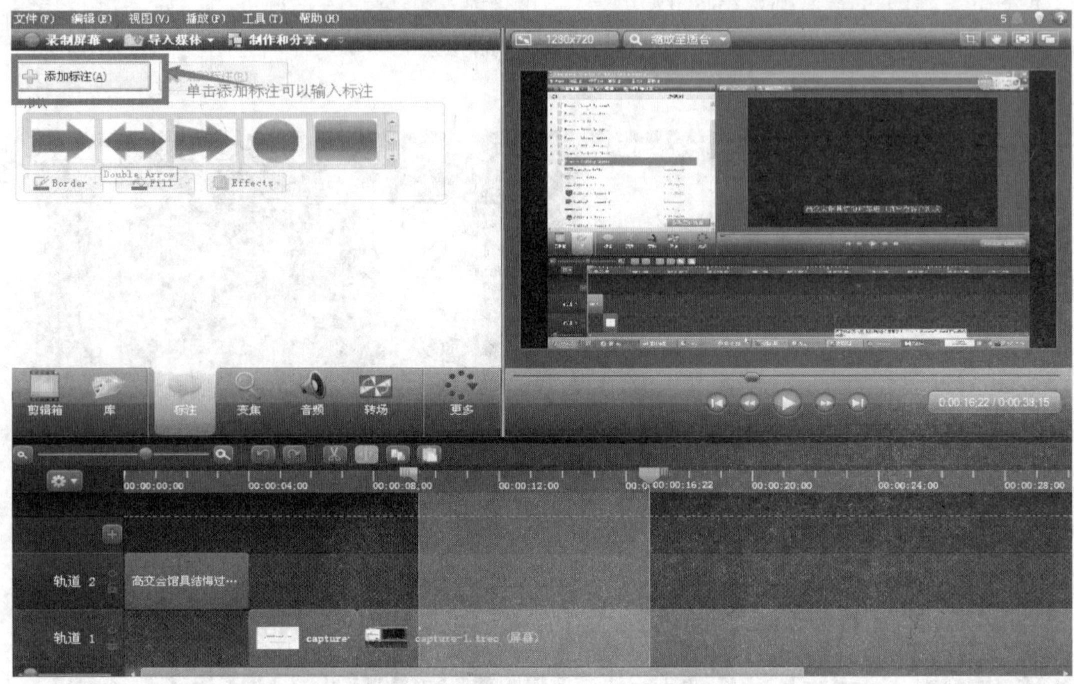

（a）

（b）

图 4-56 添加字幕界面

播放所有的视频，确认没有问题后点击 生成并共享 ，准备生成视频文件。弹出对话框，选择如图 4-57 所示。

(a)

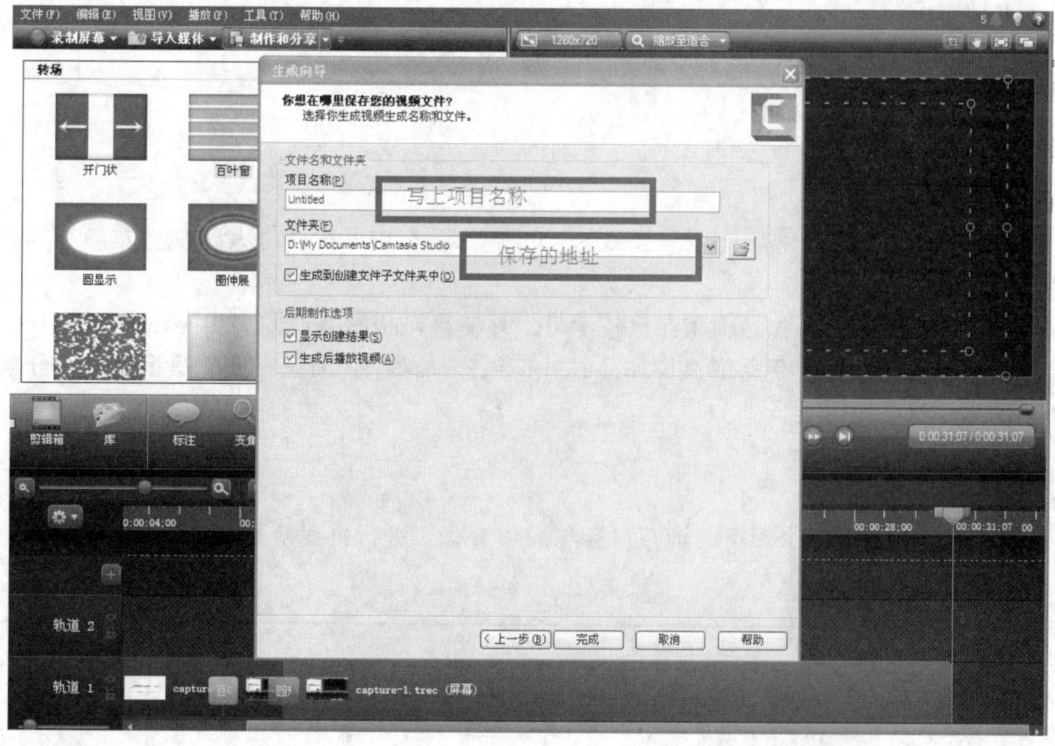

(b)

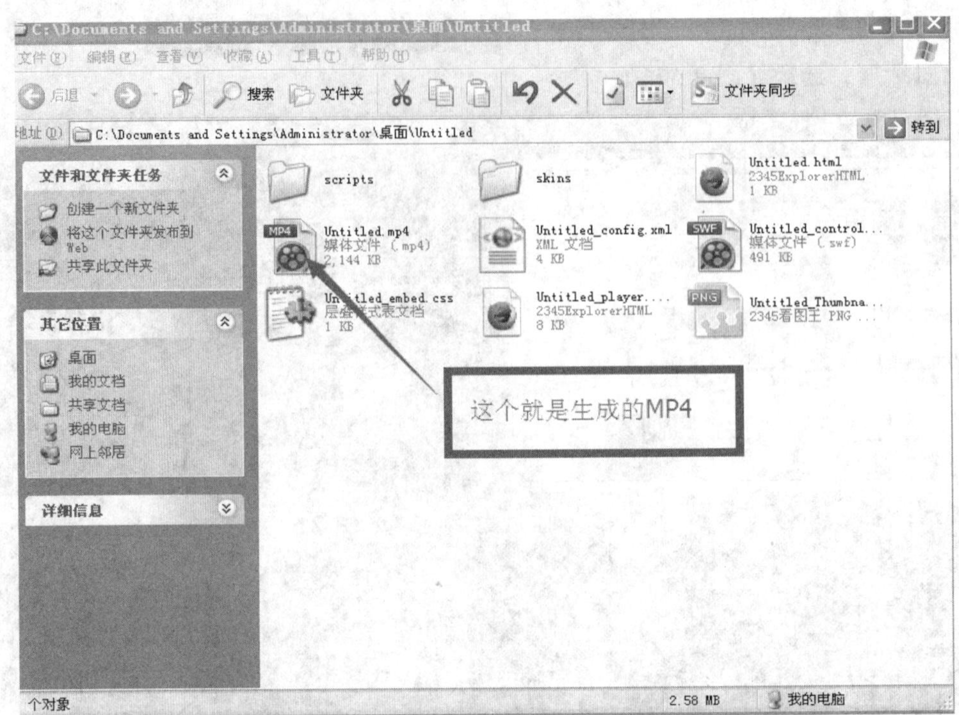

（c）

图 4–57　视频文件生成界面

至此微课录制编辑结束。

【评价反思】

1. 成果展示

录制一个微课 MP4 作品（用 CamtasiaStudio 制作一个用 PPT 上小学语文三年级第五课的微课）。

（1）向同学展示微课作品，相互比较学习，并解释作品的处理方法和技巧。

（2）教师挑选出几个优秀的微课作品，并请该作品的作者向全班同学演示作品，分享制作作品的过程与心得体会。

2. 自评

依据表 4-3，对照每个项目的训练目标与操作过程，进行自我检测与评价。

表 4–3　自评表

项目	训练内容	掌握程度	存在问题
微课录制、编辑与输出	微课录制	□熟练 □一般 □不熟练 □未掌握	
	微课剪辑	□熟练 □一般 □不熟练 □未掌握	
	微课编辑	□熟练 □一般 □不熟练 □未掌握	

3. 互评

依据表 4-4，与邻近同学就微课作品的制作完成情况进行相互评价，并给出修改建议和意见。

表 4-4 互评表

指标	指标描述	得分	建议或意见
科学性（20 分）	视频内容表述清晰、准确，无二义性（10 分）		
	内容健康，无迷信、黄色和反动内容（10 分）		
教学性（30 分）	能有效地支持所属教学单元的内容（10 分）		
	适用于相应的使用者（10 分）		
	包含应有的信息量（10 分）		
艺术性（20 分）	声音与画面协调、一致（10 分）		
	画面过渡自然、流畅（10 分）		
技术性（30 分）	文件格式和大小恰当（10 分）		
	视频字幕等标注清楚明了（10 分）		
	技术运用的丰富性、适当性（10 分）		

4. 教师评价

教师结合部分学生作品，就学生在微课制作过程中的典型问题、运用的关键技术技巧等进行点评与总结。

5. 自我反思与改进

结合互评与教师的点评，改进与完善自己的学习成果，并依据表 4-5 总结与反思在本任务中所训练的各种技能技巧。也可以将训练心得写成博文并发表在课程论坛中，以便与其他学习同伴或教师进行深度交流。

表 4-5 自我反思记录

训练主题	
我完成的项目	
我的学习收获	
自己的优势	
自己还需继续努力的方面	

【自主训练】

1. 变式练习

选取小学数学中关于两位数运算的内容，利用“CamtasiaStudio”软件进行录制，利用“会声会影”进行编辑，输出微课视频。

2. 综合训练

以小组为单位，自选某一主题，制作微课视频并向他人进行展示。具体操作可以参考以下步骤：

（1）选定一个重难点，进行规划设计；

（2）设计制作 PPT 课件；

（3）利用 CamtasiaStudio 录制微课视频输出；

（4）利用“会声会影”进行编辑处理。

【学习资源】

1. 知识提点

· 微课的基本概念；

· 微课常用的处理软件。

2. 相关推介（见表 4-6）

表 4-6 学习资源推介表

参考资料	资料简介
网站：中国微课网 http：//dasai. cnweike.cn/?c=main&a=siteIndex	全国微课创新教育社区，里面提供有大量中小学优秀微课作品
工具：微课录制软件 http：//www.xp510.com/xiazai/Graphics/Animation/17530.html	CamtasiaStudio 是一个屏幕录制软件，提供了专业的视频录制（屏幕/声音/摄像头）和丰富的视频剪辑功能，可以轻松制作视频教程、产品演示、现场记录等各类视频
工具：会声会影软件 http：//www.cncrk.com/downinfo/62631.html	会声会影 x6 是一套操作简单、功能强大的 DV、HDV 影片剪辑软件，不仅拥有完全符合家庭或个人所需的影片剪辑功能，甚至可以挑战专业级的影片剪辑软件
工具：格式工厂 http：//rj.baidu.com/soft/detail/13052.html?ald	格式工厂（format factory）是一套万能的多媒体格式转换软件，它提供以下功能：所有类型视频转到 MP4/3GP/MPG/AVI/WMV/FLV/ SWF；所有类型音频转到 MP3/WMA/AMR/OGG/AAC/WAV；所有类型图片转到 JPG/BMP/PNG/TIF/ICO/GIF/TGA；抓取 DVD 到视频文件，抓取音乐 CD 到音频文件；MP4 文件支持 iPod/iPhone/PSP/ 黑莓/安卓 HTC 等指定格式；支持 RMVB、水印、音视频混流

第 5 章　数字化办公处理

5.1　Word 文字处理

【训练目标】

（1）掌握图文混排方法；
（2）掌握利用“文本框”中的“照射型提要栏”制作试卷密封区；
（3）熟悉使用“邮件合并”功能将数据源合并到主文档中进行批量打印等操作方法。

【训练重点】

（1）图片、文本框、表格的排列方式；
（2）“照射型提要栏”中文字的排版；
（3）“邮件合并”时编辑数据源文本。

随着信息技术的推广，教师已初步具备计算机使用、操作能力。本节通过具体案例的设计与制作，从应用层面阐述了 Word 作为教学管理工具在信息化教育中的应用。

【训练项目】

项目 1　班级板报制作

1. 项目任务

制作教师节板报，效果如图 5-1 所示。

2. 制作分析

教师节板报有图文、表格，需要使用图文混排功能。在制作中，图片、文本、表格的位置要不断变化，找到自己认为比较美观的位置，所以文本输入使用插入文本框的方式，便于移动，图片采用“浮于文字下方”的排列方式。

3. 制作步骤

（1）准备好图片素材，新建文档，在页面布局中设置纸张方向为横向。
（2）插入文本框，输入“教师节板报”主题，把第一张照片复制、粘贴到文档页面。选择照片，激活“图片工具”，在其下的“格式”选项卡中单击“自动排列”按钮，选择下拉列表中的“浮于文字下方”，如图 5-2 所示。

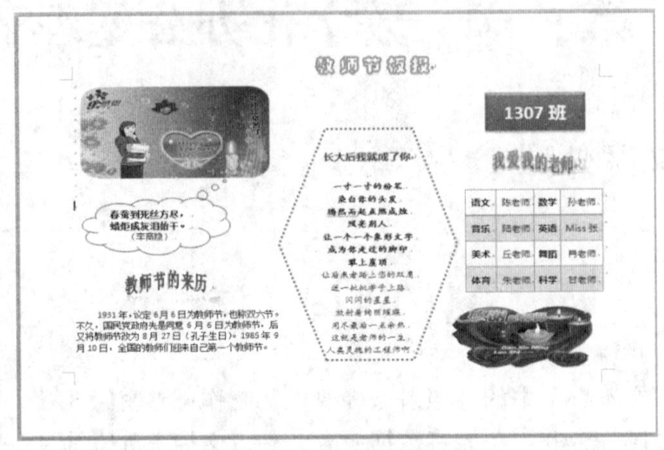

图 5–1　效果图

图 5–2

（3）单击“插入”选项卡，选择“形状”按钮下的“标注—云形标注”，调整形状大小，设置形状的排列方式为“浮于文字下方”。单击“格式”下的“形状样式”，为形状选择一个样式，然后输入文字，结果如图 5-3 所示。

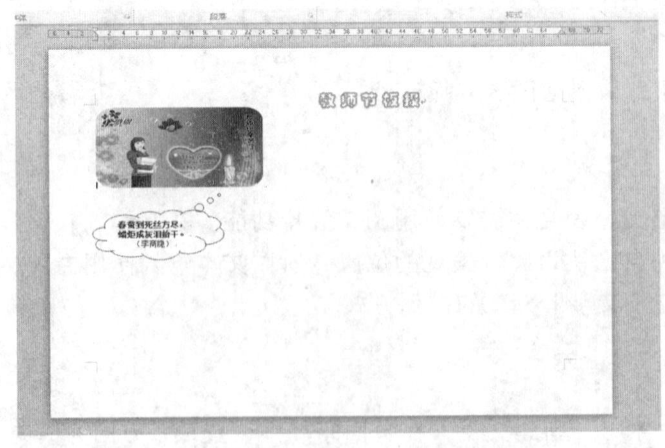

图 5–3

（4）插入“教师节的来历”艺术字，插入文本框，输入文字内容，把艺术字与文本框均设置为“浮于文字下方”，如图 5-4 所示。

图 5–4

（5）插入文本框，输入文字后，选择文本框，单击“格式”下的“编辑形状”，选择“更改形状”下拉列表“基本形状”中的“六边形”；在“形状轮廓”中选择“虚线”，设置虚线样式；在“形状轮廓”中选择“主题颜色”，设置虚线的颜色为蓝色。如图 5-5 所示。

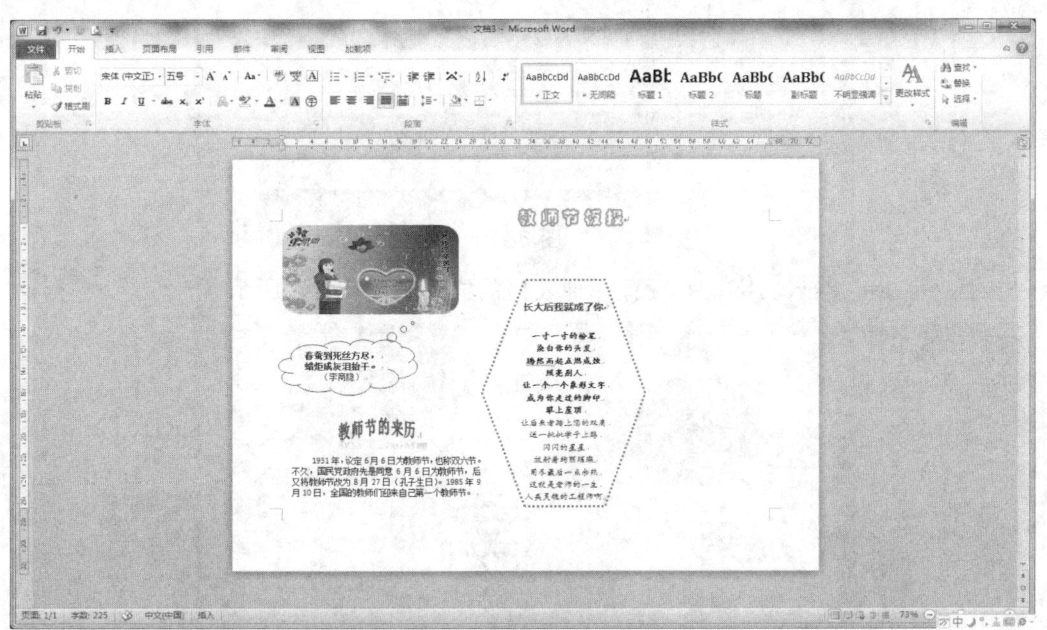

图 5–5

（6）插入文本框，输入“1307 班”后，选择文本框，单击“格式”下的“形状样式”，选择“强烈效果—紫色，强调颜色 4”，如图 5-6 所示。

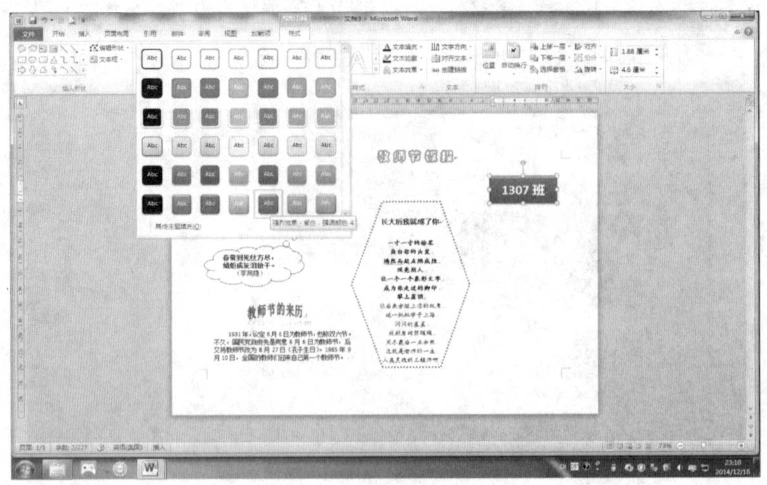

图 5–6

（7）插入“我爱我的老师”艺术字，艺术字设置为“浮于文字下方”，如图 5-7 所示。

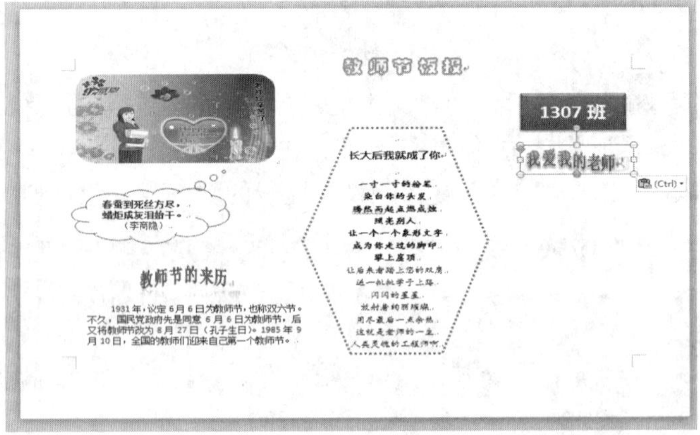

图 5–7

（8）插入表格，输入文字，并设置一种表格的样式，如图 5-8 所示。

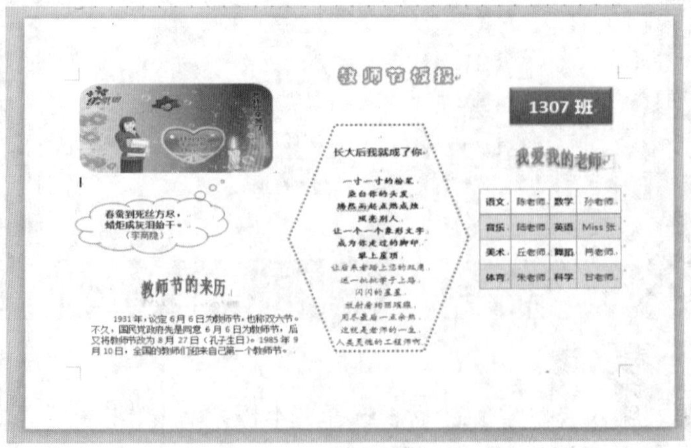

图 5–8

（9）插入图片，调整图片大小，设置为“浮于文字下方”，如图 5-9 所示。

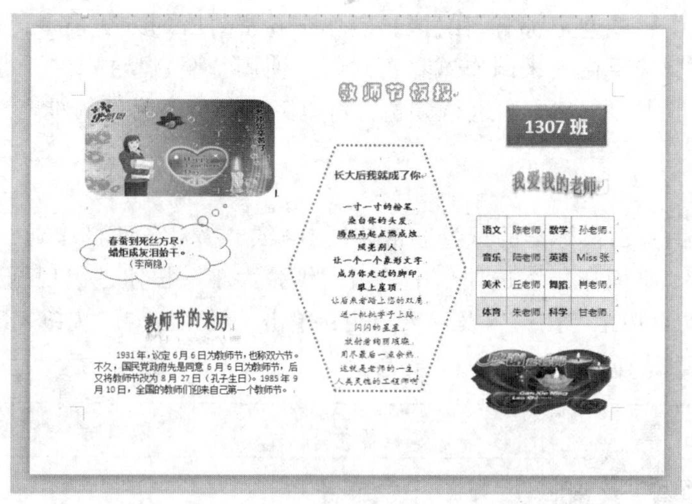

图 5–9

项目 2　制作试卷密封区

1. 项目任务

制作如图 5-10 所示的试卷密封区。

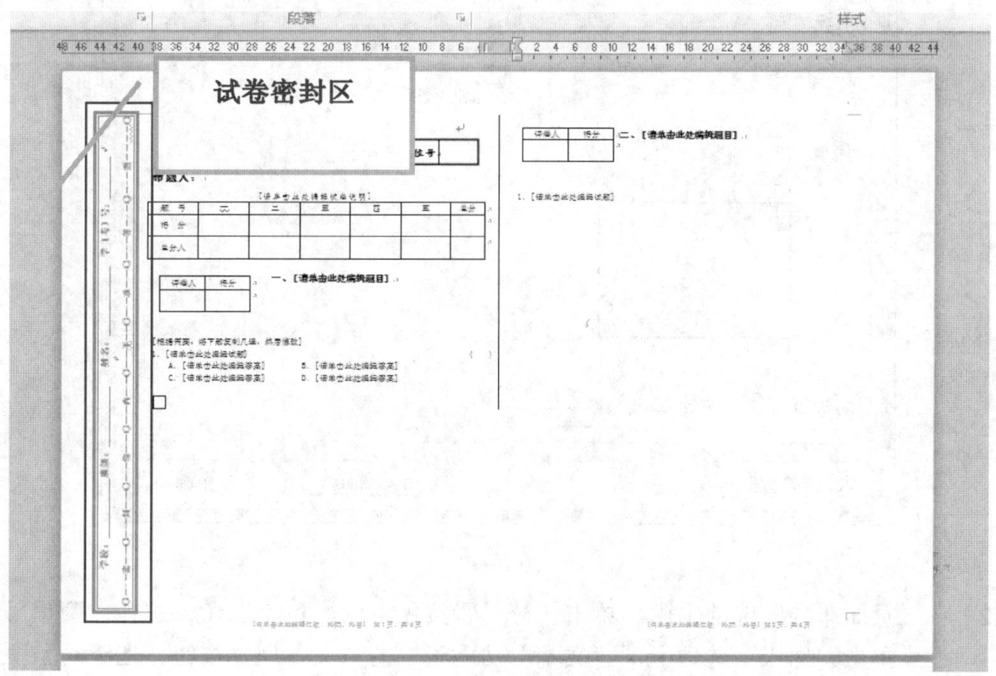

图 5–10

2. 制作分析

标准试卷模版中，试卷上都有密封区，制作试卷密封区的方法很多，这里介绍通过“文本框”中的“照射型提要栏”来制作试卷密封区。使用“照射型提要栏”文本框制作密封区时，不需要对文本框中的文字方向进行调整，可以降低制作密封区的难度。

3. 制作步骤

（1）设置试卷的页面：标准的试卷通常使用 B4 纸，横排分两栏印刷，因此在制作之前，先要设置页面。在“页面布局”选项卡中单击“纸张大小”按钮，出现纸张选择下拉列表，选择 B4 纸；单击“页边距”按钮，设置页边距；单击“纸张方向”按钮，选择“横向”方向。如图 5-11 所示，纸张版面设置完毕。

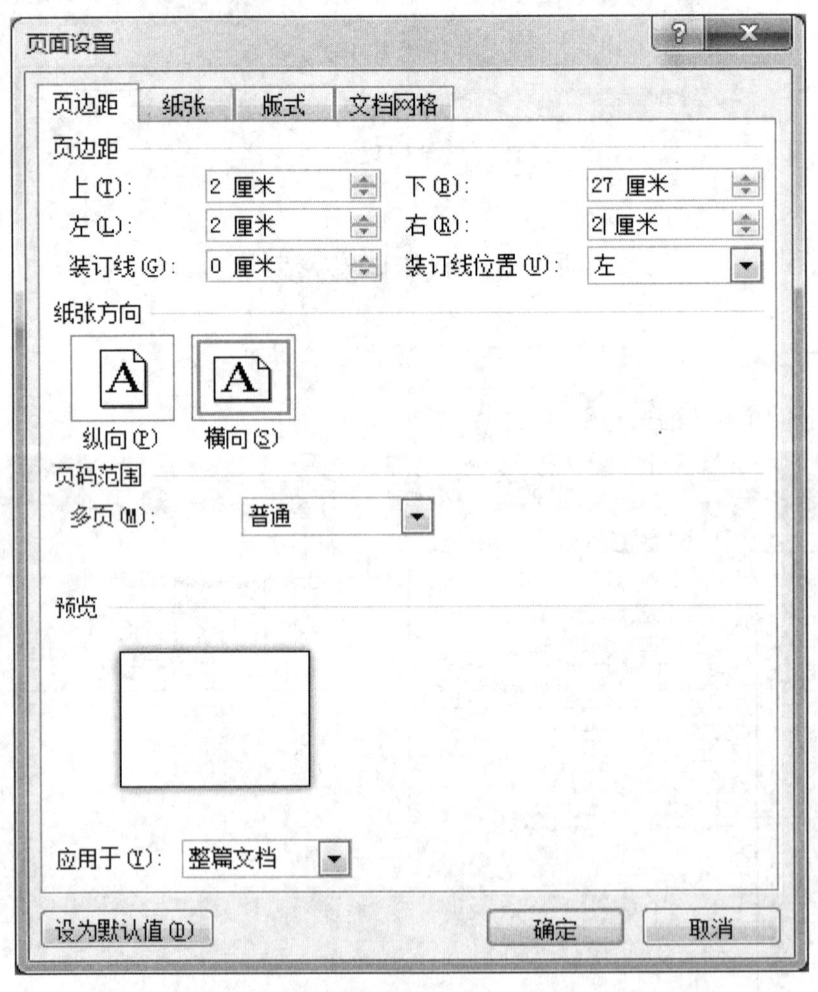

图 5–11

（2）在“页面布局”选项卡中，单击“分栏”按钮下的黑色小三角，选择“两栏”，把页面分为两栏。单击“插入”选项卡下“文本”功能组中的“文本框”按钮，把滚动条往下拉，找到 “照射型提要栏”，如图 5-12 所示。

（3）单击“照射型提要栏”，这时会在当前文档的左侧出现文本框。把其中的文字替换成“学校______班级______姓名______考号______”和“______装______订______线______”等文字。为方便后面的编辑工作，将“______装______订______线______”另起一行输入。输入完成后，选中该文本框，按下“Ctrl+E”快捷键，使文字在文本框内居中对齐，也可以根据需要，更改文本框内容的格式。如图 5-13 所示。

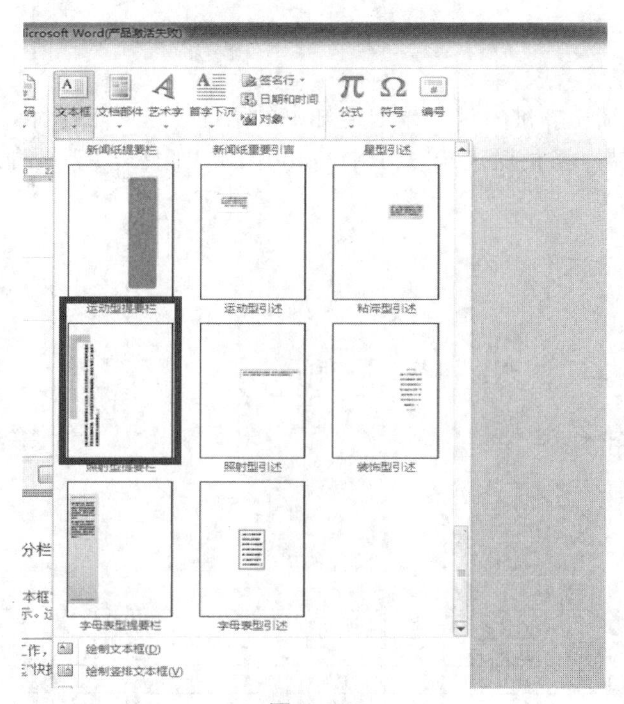

图 5–12

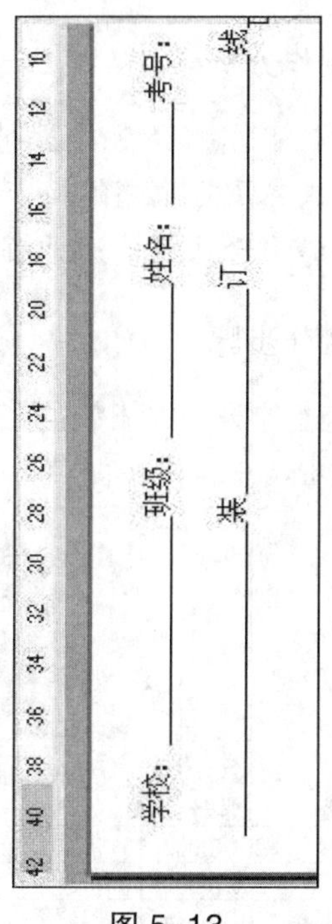

图 5–13

（4）设置文本框样式。选择“照射型提要栏”时，文本框的左上方会有一片蓝色区域，需要去除。选中文本框，在“格式”选项卡中选择“文本框样式”中的第一个样式，即“虚线轮廓-深”样式，蓝色区域即可去除，同时也可以通过“形状轮廓”修改边框线的大小与颜色。如图 5-14 所示。

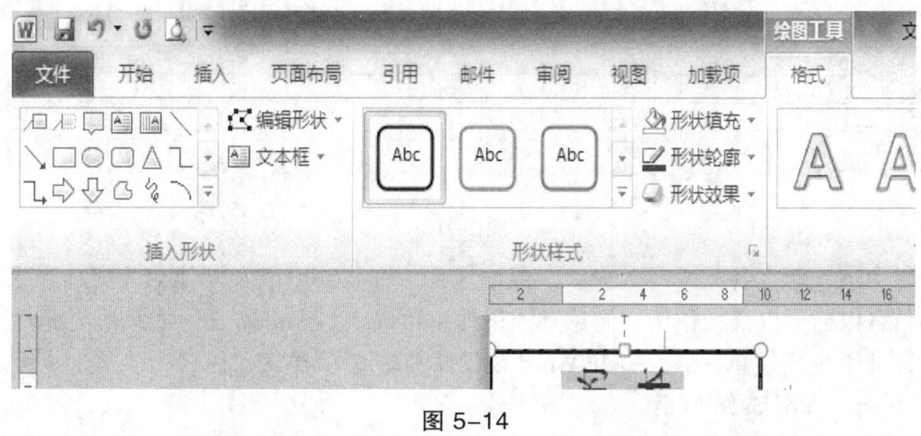

图 5–14

（5）编辑文本，调整文本框并移到合适的位置，试卷密封区制作完成。

项目 3　批量打印成绩单

1. 项目任务

批量打印成绩单。

2. 制作分析

在学校工作，经常会遇到批量制作成绩单、准考证、录取通知书的情况。这些工作都具有工作量大、重复率高的特点，既容易出错，又枯燥乏味，利用 Word 中的“邮件合并”功能则可以巧妙、轻松、快速地解决这些问题。

3. 制作步骤

（1）建立学生成绩数据。

新建 Excel 表格，保存为“成绩数据.xlsx”文档，如图 5-15 所示。

成绩数据.xlsx - Microsoft Excel

	A	B	C	D	E	F	G	H	I	J	K
1	班　级	学号	姓名	通讯地址	邮编	语 文	数 学	英 语	政治	历史	总 分
2	2014级5班	20140062	陈洁	玉林市	537000	102	102	136	73	72	485
3	2014级5班	20140063	林震丽	陆川县	537700	104	112	124	77	66	483
4	2014级5班	20140064	梁崔妮	玉林市	537000	98	95	117	85	73	468
5	2014级5班	20140065	张爱花	博白县	537600	88	118	103	87	67	463
6	2014级5班	20140066	陈雨山	玉林市	537000	107	104	105	85	59	460
7	2014级5班	20140067	黄敏	博白县	537600	96	116	99	74	74	459
8	2014级5班	20140068	肖艳	容县	537500	99	73	118	89	77	456
9	2014级5班	20140069	甘咏梅	兴业县	537800	98	95	114	75	70	452
10	2014级5班	20140070	陈海迎	玉林市	537000	99	110	104	72	53	438
11	2014级5班	20140071	朱兵	容县	537500	93	92	113	72	66	436
12	2014级5班	20140072	李晓柳	兴业县	537800	92	91	92	84	74	433
13	2014级5班	20140073	吴琼念	玉林市	537000	95	97	94	74	63	423
14	2014级5班	20140074	何水迎	玉林市	537000	87	84	81	85	71	408
15	2014级5班	20140075	谢贤	玉林市	537000	98	75	82	81	66	402
16	2014级5班	20140076	钟朝红	兴业县	537800	87	83	67	80	61	378

图 5–15

在表格中录入学生各门学科的成绩、通讯地址、邮政编码以及其他相关信息。除了学科成绩，其他信息以后可以继续使用，邮编和通讯地址可以在打印邮寄学生成绩信封的时候使用。

（2）设计学生成绩单样式。打开 Word 设计学生成绩单样式，保存为“学生成绩通知单模版.docx”文档，如图 5-16 所示。

（3）点击“邮件”选项卡→“开始邮件合并”组→“开始邮件合并”按钮，选择下拉列表中的“信函”命令，如图 5-17 所示。

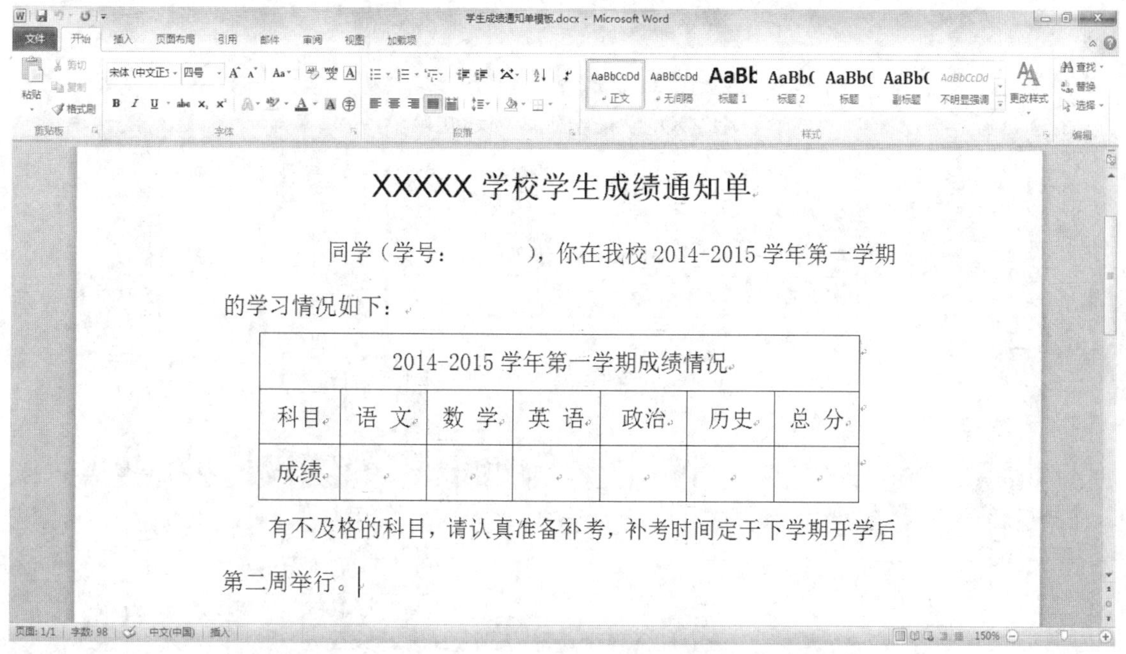

图 5–16

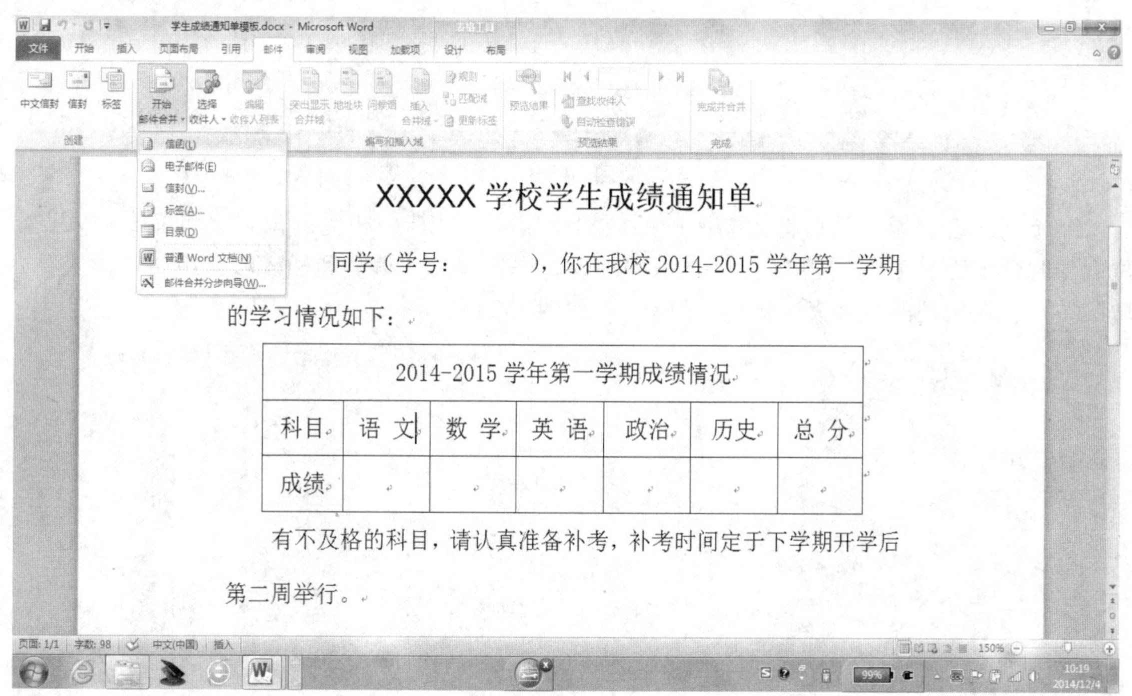

图 5–17

（4）点击“邮件”选项卡→“开始邮件合并”组→“选择收件人”按钮，选择下拉列表中的“使用现有列表”命令，如图 5-18 所示，在“选择数据源”对话框中找到“成绩数据.xlsx”，单击对话框中的“打开”按钮，出现“选择表格”对话框，选择导入的表格，单击“确定”，如图 5-19 所示。

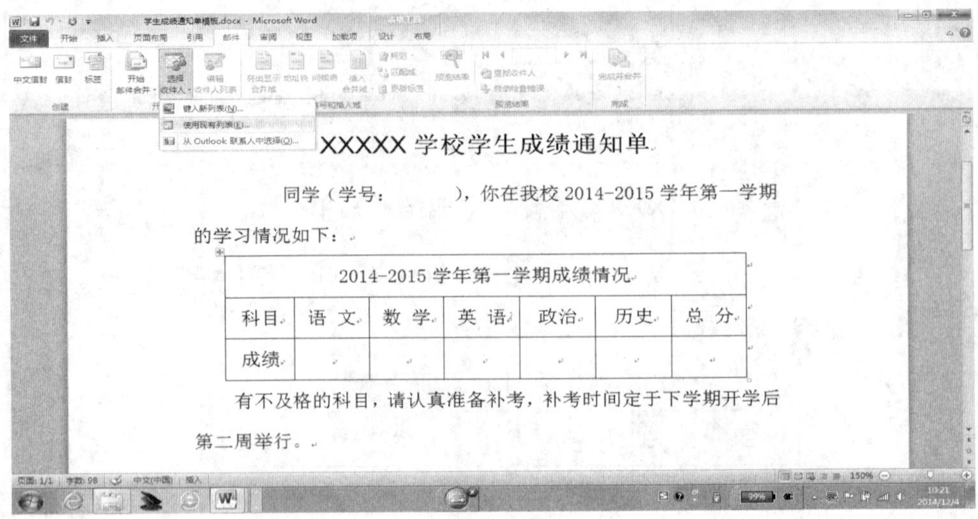

图 5–18

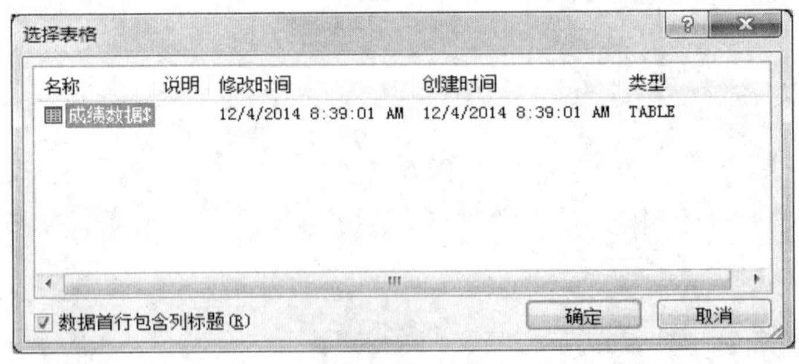

图 5–19

（5）插入合并域：是指将数据源中的数据引用到主文档中相应的位置。将文本插入点定位到“同学（姓名）”文本后，然后点击“邮件”选项卡→“编写和插入域”组→“插入合并域”按钮，在出现的域列表中选择“姓名”，如图 5-20 所示。

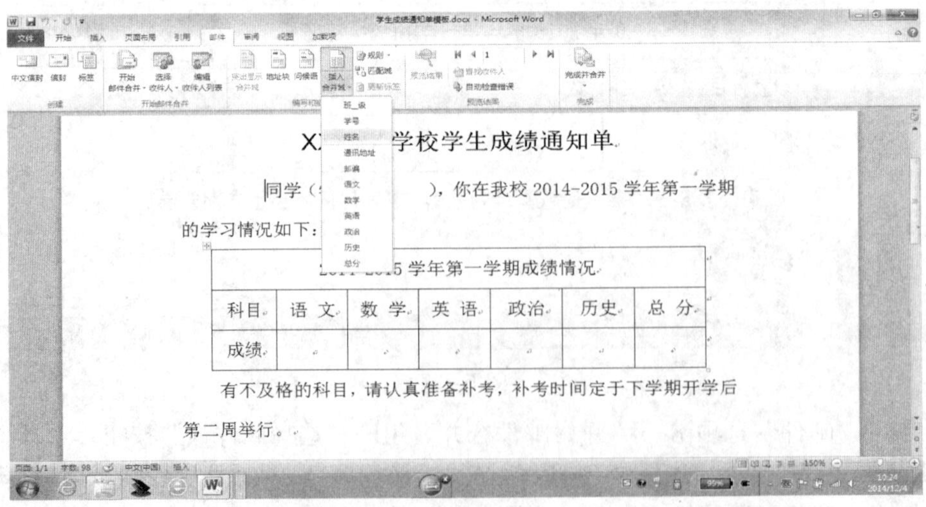

图 5–20

（6）用同样的方法在“学生成绩通知单模版”的“学号”后面以及“语文”“数学”“英语”“政治”“历史”“总分”下面，分别插入“学号”“语文”“数学”“英语”“政治”“历史”“总分”的域名，如图 5-21 所示。

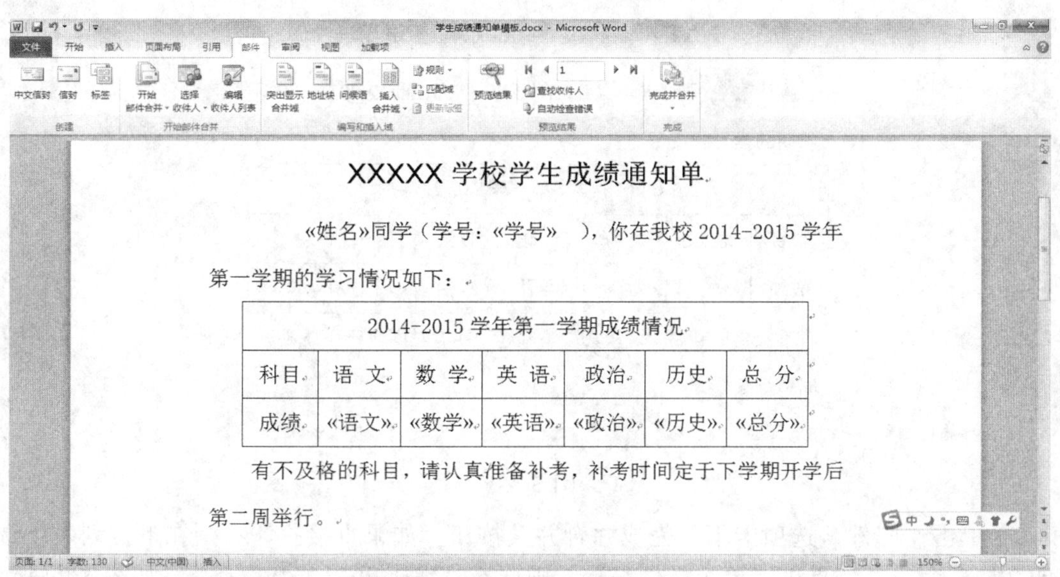

XXXXX 学校学生成绩通知单

«姓名»同学（学号：«学号»　），你在我校 2014-2015 学年第一学期的学习情况如下：

2014-2015 学年第一学期成绩情况						
科目	语 文	数 学	英 语	政治	历史	总 分
成绩	«语文»	«数学»	«英语»	«政治»	«历史»	«总分»

有不及格的科目，请认真准备补考，补考时间定于下学期开学后第二周举行。

图 5-21

（7）单击“邮件”选项卡下的“预览结果”按钮进行查看，如图 5-22 所示。

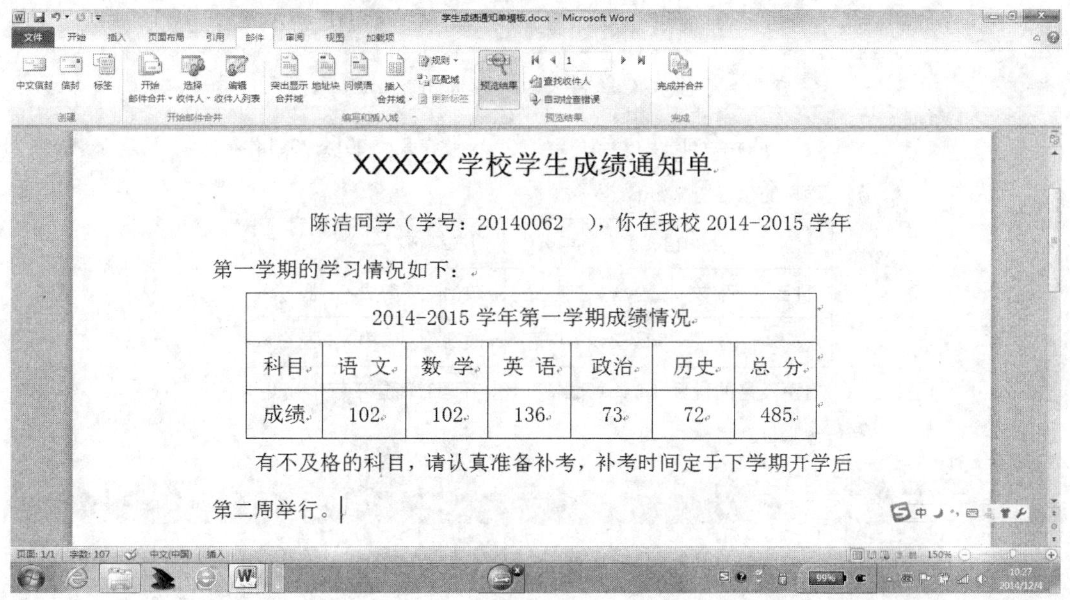

XXXXX 学校学生成绩通知单

陈洁同学（学号：20140062　），你在我校 2014-2015 学年第一学期的学习情况如下：

2014-2015 学年第一学期成绩情况						
科目	语 文	数 学	英 语	政治	历史	总 分
成绩	102	102	136	73	72	485

有不及格的科目，请认真准备补考，补考时间定于下学期开学后第二周举行。

图 5-22

（8）如果需要修改插入的文字大小或字体等，可以再次单击“预览结果”按钮退出预览状态，选中文档中要修改的域名，在“开始”选项卡中进行文字编辑，比如把“姓名”域改成隶书，如图 5-23 所示。再回到“邮件”选项卡下单击“预览结果”按钮进行查看。

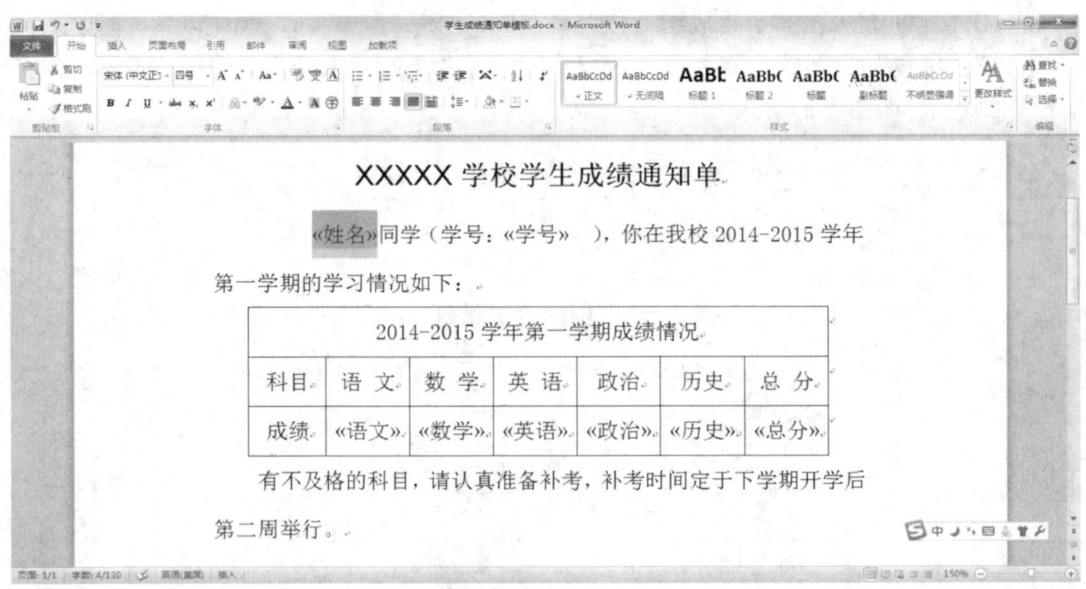

图 5-23

（9）单击“邮件”选项卡下“完成并合并”按钮，如果直接打印，则在下拉列表中选择“打印文档”命令，如果进行单个文件编辑，则选择“编辑单个文档”命令，如图 5-24 所示。

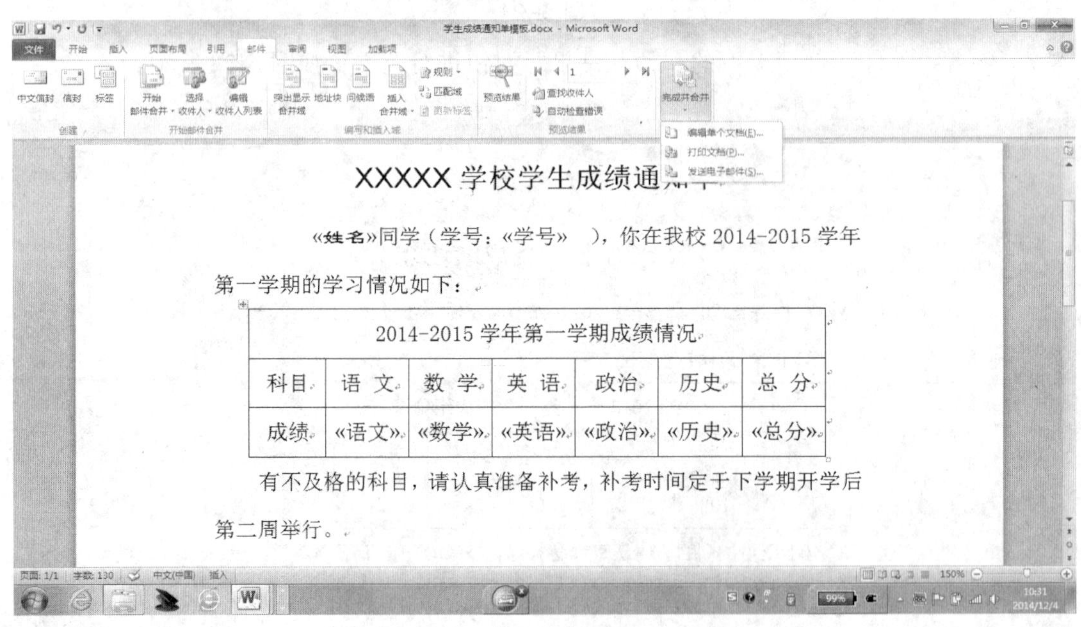

图 5-24

【评价反思】

1. 成果展示

展示学习制作的作品，并总结自己在学习过程中的收获与感想。

2. 自评

依据表 5-1，对照每个项目的训练目标与操作过程，进行自我检测与评价。

表 5-1　训练项目自评表

项目名称	优	良	中	合格	不合格	收获与改进
Word 2010 基础操作掌握程度	□	□	□	□	□	
班级板报制作	□	□	□	□	□	
批量成绩单制作	□	□	□	□	□	
试卷密封区制作	□	□	□	□	□	
批量录取通知书制作	□	□	□	□	□	
个人简历表制作	□	□	□	□	□	

3. 互评

依据表 5-2 进行互评。

表 5-2　互评评价量规

评价指标	优	良	中	合格	不合格	建议或意见
Word 2010 基础操作的熟练程度	□	□	□	□	□	
Word 2010 操作技巧应用能力	□	□	□	□	□	
操作的条理性	□	□	□	□	□	
收获与改进的深度与广泛性	□	□	□	□	□	

4. 教师评价

教师就学生学习 Word 应用技巧时存在的典型问题和关键技巧进行点评与总结。

5. 自我反思与改进

结合互评与教师的点评，改进与完善自己的学习成果，并依据表 5-3 总结与反思在本任务中所训练的各种技能技巧。也可以将训练心得写成博文，将其发表在学习论坛上，以便其他同学或教师进行深度交流。

表 5-3　自我反思记录

训练主题	
我完成的项目	
我的学习收获	
自己的优势	
自己还需继续努力的方面	

【自主训练】

1. 使用绘制表格的方法制作个人简历表，效果如表 5-4 所示。

表 5-4　个人简历表

<table>
<tr><td>姓　名</td><td></td><td>性　别</td><td></td><td>出身年月</td><td></td><td rowspan="3">照
片</td></tr>
<tr><td>身份证号码</td><td></td><td>民族</td><td></td><td>政治面貌</td><td></td></tr>
<tr><td>婚姻状况</td><td></td><td>健康状况</td><td></td><td>身高</td><td></td></tr>
<tr><td>现户口所在地</td><td></td><td>所学专业</td><td colspan="2"></td><td>学历</td><td></td></tr>
<tr><td>最后毕业学校</td><td></td><td>毕业时间</td><td colspan="2"></td><td>技术职称</td><td></td></tr>
<tr><td>现工作单位</td><td></td><td>参加工作时间</td><td colspan="2"></td><td>现从事专业</td><td></td></tr>
<tr><td rowspan="5">主要简历</td><td>起止年月</td><td colspan="3">在何单位（学校）</td><td colspan="2">任何职务</td></tr>
<tr><td></td><td colspan="3"></td><td colspan="2"></td></tr>
<tr><td></td><td colspan="3"></td><td colspan="2"></td></tr>
<tr><td></td><td colspan="3"></td><td colspan="2"></td></tr>
<tr><td></td><td colspan="3"></td><td colspan="2"></td></tr>
<tr><td>业务专长及
工作成果</td><td colspan="6"></td></tr>
<tr><td>通讯地址</td><td colspan="2"></td><td>邮政编码</td><td colspan="3"></td></tr>
<tr><td>联系电话</td><td colspan="2"></td><td>Email 地址</td><td colspan="3"></td></tr>
</table>

2. 利用邮件合并完成成批制作、打印学生录取通知书，通知书的纸张大小为（20 cm×12 cm），其样本如图 5-25 所示。

姓名	学院	专业
周阿慧	外国语	英语
陈龙腾	数学与信息科学	应用数学
张云云	文学与传媒	汉语言文学
阮竹林	数学与信息科学	信息管理与信息系统
徐慧	美术与设计	环境艺术设计

（a）

录取通知书

同学：

通过全国普通高等学校入学考试，你已被华海大学学院专业录取，请于 2014 年 9 月 13 日到 2014 年 9 月 15 日间，到学校办理入学手续。

华海大学

2014 年 8 月 10 日

（b）

图 5-25 数据源和学生录取通知书样本

5.2 Excel 电子表格

【训练目标】

（1）掌握使用常用的公式计算数据；

（2）掌握数据透视图表的操作方法，如创建数据透视表、编辑数据透视表、创建数据透视图、设置数据透视图等；

（3）能够管理表格数据，如数据排序等；

（4）能够使用数据透视图表分析数据。

【训练重点】

（1）公式格式的输入；

（2）数据透视表的理解与认识；

（3）数据透视表的创建与修改。

【情景导入】

作为 Microsoft 办公软件中的一员，Excel 与 Word 一样，已为广大教师熟悉和使用，并逐步应用于教育教学。每学期结束，教师都要对各门课程的成绩进行统计和分析，以综合评价学生对课程的掌握情况，发现教学中存在的问题，以利于教师改进教学工作，提高教学质量。由于每学期每门课程都要重复做这项工作，给教师带来很大的工作量，而且容易造成统计错误。Excel 强大的数据处理能力完全可以胜任成绩统计工作，且其丰富的图表功能还能使统计数据更加直观。借助 Excel 的模版功能，可以使设计好的成绩统计功能重复应用于每门课程，这不仅大大减少了教师的工作量，而且避免了错误统计数据的产生。

【训练项目】

项目 1　使用 Excel 统计成绩

1. 项目任务

建立学生考试成绩统计表，并对成绩进行统计，对名次进行排序。

2. 制作分析

输入学生考试成绩，并算出各科平均分、个人总成绩，然后才能对成绩进行排序。

3. 制作步骤

（1）在 Excel 中制作一个“学生档案.xlsx”文件，并在“Sheet1”工作表中输入学生成绩。

（2）将工作簿中的“Sheet2”工作表改名为“成绩统计”，在 A1 单元格中输入“=学生档案!A1”，选中 A1 ~ A24 单元格，按自动填充的方法从 A24 拖动到 F24，学生的信息会自动填好，如图 5-26 所示。

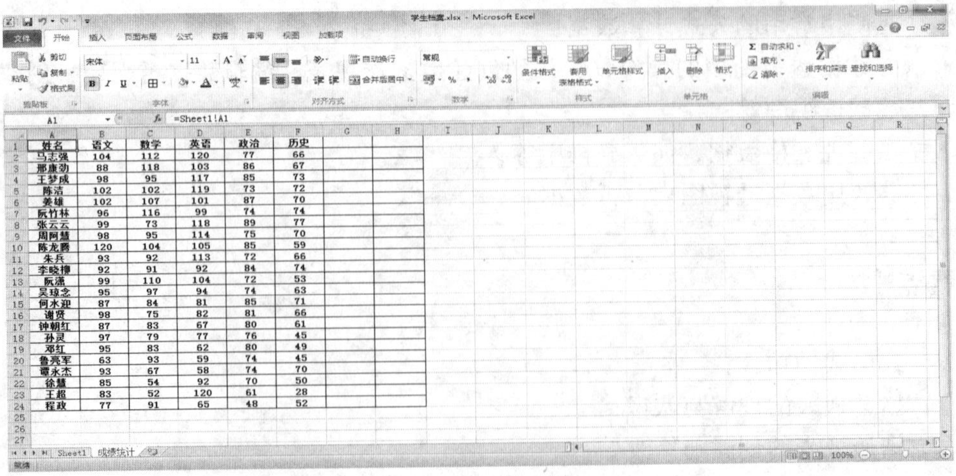

姓名	语文	数学	英语	政治	历史
马志强	104	112	120	77	66
邢康劲	88	118	103	86	67
王梦成	98	95	117	85	73
陈洁	102	102	119	73	72
姜雄	102	107	101	87	70
阮竹林	96	116	99	74	74
张云云	99	73	118	89	77
周阿慧	98	95	114	75	70
陈龙腾	120	104	105	85	59
朱兵	93	92	113	72	66
李晓柳	92	91	92	84	74
阮潇	99	110	104	72	53
吴琼念	95	97	94	74	63
何水迎	87	84	81	85	71
谢贤	98	75	82	81	66
钟朝红	87	83	67	80	61
孙灵	97	79	77	76	45
邓红	95	83	62	80	49
鲁亮军	63	93	59	74	45
谭永杰	93	67	58	74	70
徐慧	85	54	92	70	50
王超	83	52	120	61	28
程政	77	91	65	48	52

图 5-26

（3）计算学生各科的平均分和总分。

在 B26 中填入“=AVERAGE（B2：B24）”，可以求出单元格 B2 到 B24 的平均值，即计算出语文科的平均分，如图 5-27 所示。

B26　=AVERAGE(B2:B24)

	A	B	C	D	E	F	G
10	阮潇	99	110	104	72	53	
11	朱兵	93	92	113	72	66	
12	李晓柳	92	91	92	84	74	
13	吴琼念	95	97	94	74	63	
14	何水迎	87	84	81	85	71	
15	谢贤	98	75	82	81	66	
16	钟朝红	87	83	67	80	61	
17	孙灵	97	79	77	76	45	
18	邓红	95	83	62	80	49	
19	谭永杰	93	67	58	74	70	
20	徐慧	85	54	92	70	50	
21	王超	83	52	120	61	28	
22	鲁亮军	63	93	59	74	45	
23	程政	77	91	65	48	52	
24	姜雄	102	107	101	87	70	
25							
26		93.5					

图 5-27

在 G2 中填入“=SUM（C2：F2）”，可求出 C2 到 F2 的总和，即计算出该学生（陈洁）的总分，如图 5-28 所示。

G2　=SUM(C2:F2)

	A	B	C	D	E	F	G
1	姓名	语文	数学	英语	政治	历史	总分
2	陈洁	102	102	119	73	72	366
3	马志强	104	112	120	77	66	
4	王梦成	98	95	117	85	73	
5	邢康劲	88	118	103	87	67	
6	陈龙腾	120	104	105	85	59	
7	阮竹林	96	116	99	74	74	
8	张云云	99	73	118	89	77	
9	周阿慧	98	95	114	75	70	
10	阮潇	99	110	104	72	53	
11	朱兵	93	92	113	72	66	
12	李晓柳	92	91	92	84	74	
13	吴琼念	95	97	94	74	63	
14	何水迎	87	84	81	85	71	
15	谢贤	98	75	82	81	66	
16	钟朝红	87	83	67	80	61	
17	孙灵	97	79	77	76	45	
18	邓红	95	83	62	80	49	

图 5-28

同理，利用自动填充功能，求出其他各科的平均分和每个学生的总分。

（4）名次排序。

在“数据”选项卡中，单击“排序”按钮，在出现的对话框中选择主要关键字为“总分”，排列依据为“数值”，次序为“递减”，单击“确定”按钮，就会按总分从高到低进行排名，如图 5-29 所示。

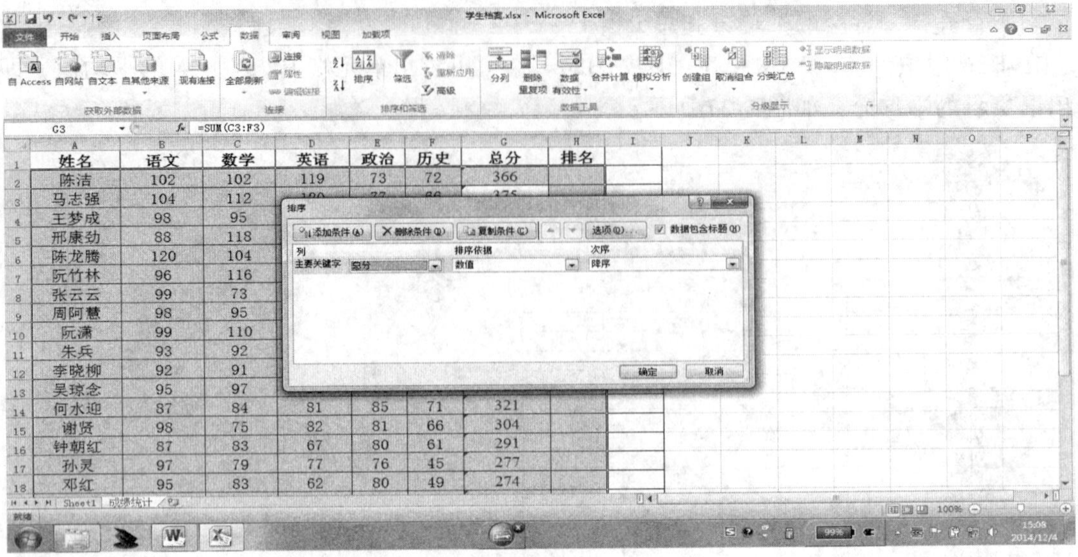

图 5-29

在 H2 和 H3 单元格中分别输入“1”和“2”，选中 H2 和 H3 单元格，同时向下拖动到 H24，H2 到 H24 单元格中会自动填入序列号 1 ~ 23，名次排序完毕。

（5）统计成绩。

先统计出各分数段的人数。在工作表中点击 C30 单元格，输入“=countif(B2:B24,">90")”，然后在 C31 单元格中输入“=countif(B2:B24,">=80")-C30”，再在 C32 单元格中输入“=countif (B2：B24，">=70") -C30-C31”，最后在 C33 单元格中输入“=countif (B2：B24，">=60") -C30-C31-C32”。这样，语文成绩中 90 分以上、80 ~ 89 分、70 ~ 79 分、60 ~ 69 分的分数段人数就统计出来了，如图 5-30 所示。

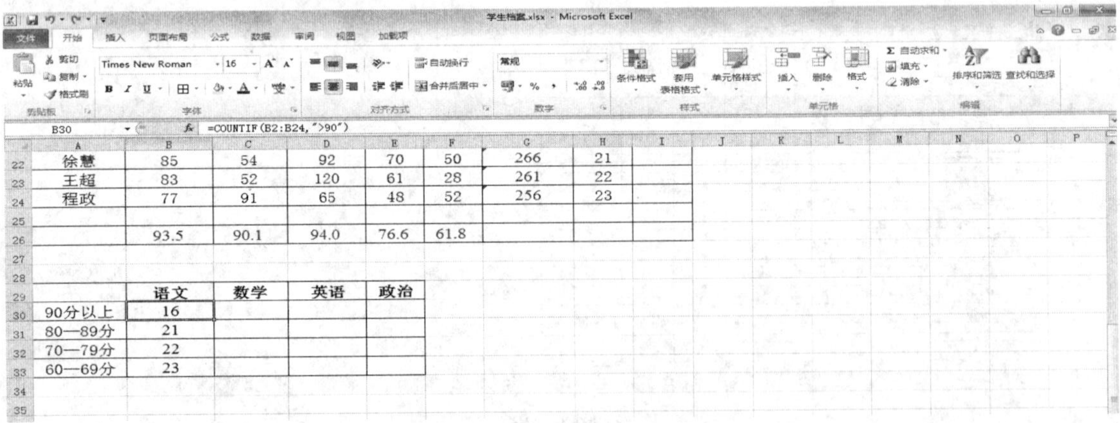

图 5-30

用同样的方法，统计出其他科目各分数段的人数。

（6）制作成绩分布图。

选择 A30 到 B33 单元格，单击“插入→图表→饼图”按钮，从子图表类型中选择“分离型饼图”，形成成绩分布图，如图 5-31 所示。

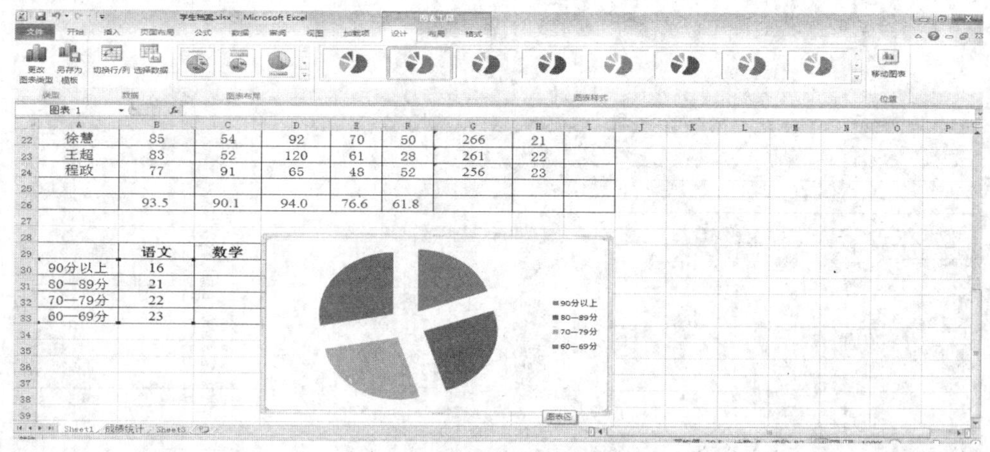

	A	B	C	D	E	F	G	H
22	徐慧	85	54	92	70	50	266	21
23	王超	83	52	120	61	28	261	22
24	程政	77	91	65	48	52	256	23
25								
26		93.5	90.1	94.0	76.6	61.8		

	A	B	C
29		语文	数学
30	90分以上	16	
31	80—89分	21	
32	70—79分	22	
33	60—69分	23	

图 5-31

注意事项：当“学生档案”中的学号或学生情况发生变化时，“成绩统计”中的数据也随之变化。当数据有变化时，利用公式和函数计算的结果也会自动更新。即“Sheet1”工作表与“成绩统计”工作表存在关联。

项目 2　“学生考试成绩数据透视表”的制作

1. 项目任务

期中考试结束了，学生的成绩已按年级排名，学校想了解每班总分 400 分以上的学生的各科成绩。我们可以通过创建学生成绩数据透视表来达到目的，如图 5-32 所示。

	A	B	C	D	E	F	G	H	I
1	班级	准考号	姓名	语文	数学	英语	政治	历史	总分
2	074	003	童永仲	106	135	113	89	82	525
3	074	002	王成成	111	118	124	74	69	496
4	071	009	王洁	102	102	136	73	72	485
5	071	011	马欣雅	104	112	124	77	66	483
6	074	029	王慧	111	108	98	82	72	471
7	072	016	谢思雨	98	95	117	85	73	468
8	071	042	王燕	88	118	103	87	67	463
9	071	045	章丽君	107	104	105	85	59	460
10	071	028	焦光明	96	116	99	74	74	459
11	071	017	王会琴	99	73	118	89	77	456
12	072	047	程成	98	95	114	75	70	452
13	072	066	卢程瑶	99	110	104	72	53	438
14	072	034	周红玉	93	92	113	72	66	436
15	071	061	阮锦绣	92	91	92	84	74	433
16	072	054	阮文群	95	97	94	74	63	423
17	073	086	梁敏	87	84	81	85	71	408
18	072	089	丁莺莺	98	75	82	81	66	402
19	073	099	王甜甜	87	83	67	80	61	378
20	073	074	王玲	97	79	77	76	45	374
21	071	046	章思思	95	83	62	80	49	369
22	072	081	梅永杰	93	67	58	74	70	362
23	072	113	徐慧	85	54	92	70	50	351
24	073	186	王超	83	52	120	61	28	344
25	073	106	鲁亮军	63	93	59	74	45	334

班级	姓名	求和项:语文	求和项:数学	求和项:英语	求和项:政治	求和项:历史	求和项:总 分
071	焦光明	96	116	99	74	74	459
	马欣雅	104	112	124	77	66	483
	阮锦绣	92	91	92	84	74	433
	王会琴	99	73	118	89	77	456
	王洁	102	102	136	73	72	485
	王燕	88	118	103	87	67	463
	章丽君	107	104	105	85	59	460
071 汇总		688	716	777	569	489	3239
072	程成	[illegible]	95	114	75	70	452
	丁莺莺	[illegible]	75	82	81	66	402
	卢程瑶	[illegible]	110	104	72	53	438
	阮文群	[illegible]	97	94	74	63	423
	谢思雨	98	95	117	85	73	468
	周红玉	93	92	113	72	66	436
072 汇总		581	564	624	459	391	2619
073	梁敏	87	84	81	85	71	408
073 汇总		87	84	81	85	71	408
074	童永仲	106	135	113	89	82	525
	王成成	111	118	124	74	69	496
	王慧	111	108	98	82	72	471
074 汇总		328	361	335	245	223	1492
总计		1684	1725	1817	1358	1174	7758

图 5-32

2. 制作分析

数据透视表是一种让用户可以根据不同的分类、不同的汇总方式，快速查看各种形式的数据汇总的报表。使用数据透视表可以深入分析数值数据，并且可以解决一些预料不到的数据问题。可以通过“插入→表格→数据透视表”创建数据透视表。

3. 创建步骤

（1）打开“学生考试成绩表”，在“插入”选项卡中，单击“数据透视表”下面的黑色小三角，在弹出的下拉列表中选择“数据透视表”。如图 5-33 所示。

班级	准考号	姓名	语文	数学	英语	政治	历史	总分
074	003	童永仲	106	135	113	89	82	525
074	002	王成成	111	118	124	74	69	496
071	009	王洁	102	102	136	73	72	485
071	011	马欣雅	104	112	124	77	66	483
074	029	王慧	111	108	98	82	72	471
072	016	谢思雨	98	95	117	85	73	468
071	042	王燕	88	118	103	87	67	463
071	045	章丽君	107	104	105	85	59	460
071	028	焦光明	96	116	99	74	74	459
071	017	王会琴	99	73	118	89	77	456
072	047	程成	98	95	114	75	70	452
072	066	卢程瑶	99	110	104	72	53	438
072	034	周红玉	93	92	113	72	66	436

图 5-33

（2）在弹出的“创建数据透视表”对话框中，选中“选择一个表或区域”，并在“成绩表”中拖动鼠标，选中总分 400 分以上的学生信息；然后在“选择放透视表的位置”中选择“新工作表”。如图 5-34 所示。

班级	准考号	姓名	语文	数学	英语	政治	历史	总分
074	003	童永仲	106	135	113	89	82	525
074	002	王成成	111	118	124	74	69	496
071	009	王洁	102	102	136	73	72	485
071	011	马欣雅	104	112	124	77	66	483
074	029	王慧	111	108	98	82	72	471
072	016	谢思雨	98	95	117	85	73	468
071	042	王燕	88	118	103	87	67	463
071	045	章丽君	107	104	105	85	59	460
071	028	焦光明	96	116	99	74	74	459
071	017	王会琴	99	73	118	89	77	456
072	047	程成	98	95	114	75	70	452
072	066	卢程瑶	99	110	104	72	53	438
072	034	周红玉	93	92	113	72	66	436
071	061	阮锦绣	92	91	92	84	74	433
072	054	阮文群	95	97	94	74	63	423
073	086	梁敏	87	84	81	85	71	408
072	089	丁莺莺	98	75	82	81	66	402
073	099	王甜甜	87	83	67	80	61	378
073	074	王玲	97	79	77	76	45	374

创建数据透视表
请选择要分析的数据
选择一个表或区域(S)
表/区域(T)：七年级!$A$1:$I$18
使用外部数据源(U)
选择连接(C)...
连接名称：
选择放置数据透视表的位置
新工作表(N)
现有工作表(E)
位置(L)：七年级!$L$23
确定　取消

图 5–34

（3）单击“创建数据透视表”对话框中的“确定”按钮后，系统自动新建一个空白工作表存放创建的空白数据透视表，并激活数据透视表工具的“选项”和“设计”两个选项卡，且打开“数据透视表字段列表”任务窗格。如图 5-35 所示。

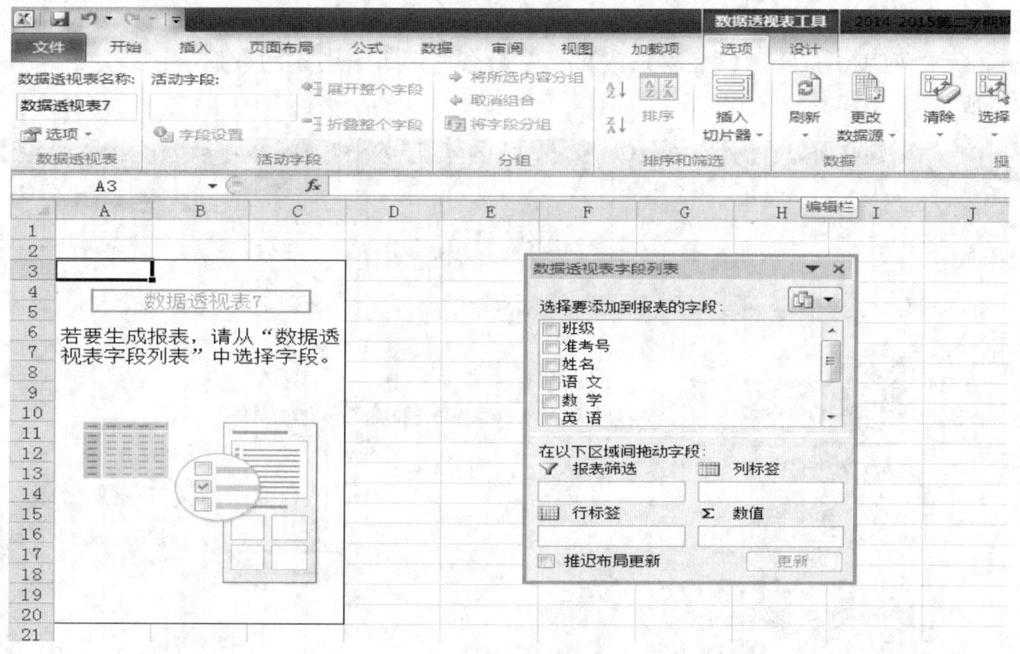

图 5–35

（4）将存放数据透视表的工作表重命名为“数据透视表”，然后在“数据透视表字段列表”任务窗格的“选择要添加到报表的字段”列表框中单击选中所需字段对应的复选框，创建出带有数据的数据透视表，如图 5-36 所示。

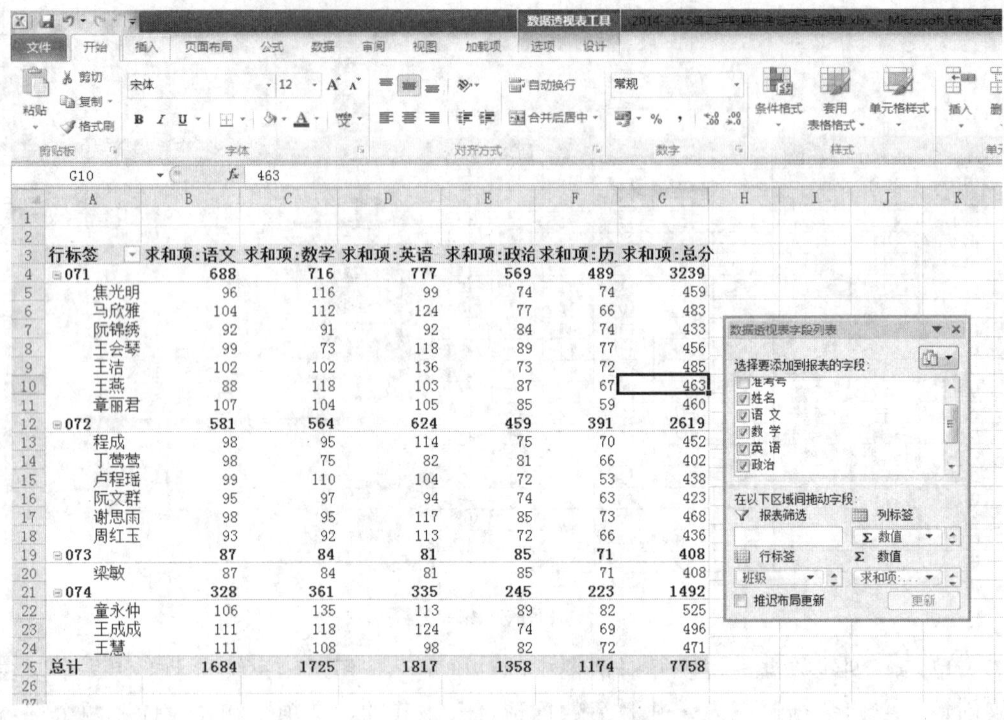

图 5–36

（5）在数据透视表工具的“设计”选项卡中，单击“报表布局”按钮下的黑色小三角，在打开的下拉列表中选择“以表格形式显示”命令，即可给创建的数据透视表加表格线，如图 5-37 所示。

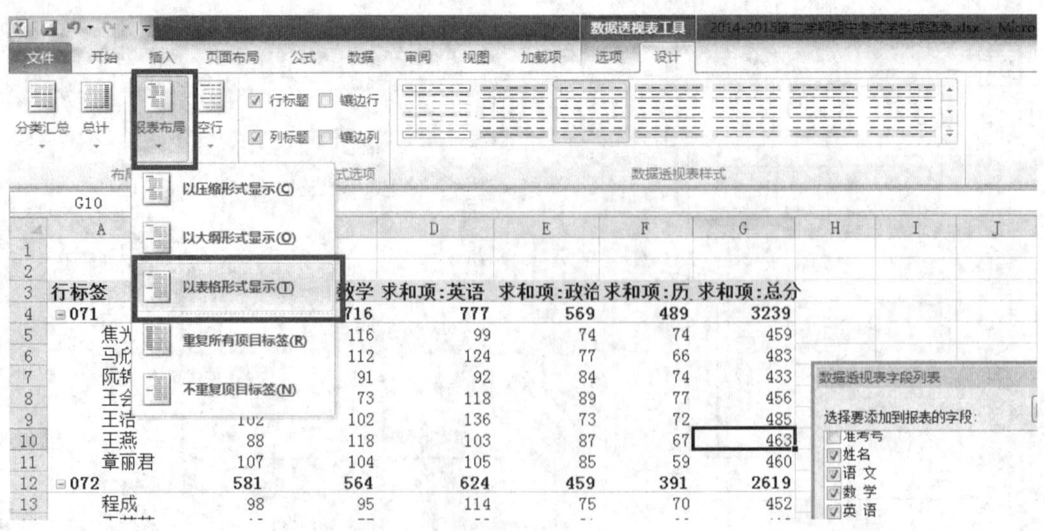

图 5–37

（6）在数据透视表工具的“设计”选项卡的“数据透视表样式”中，单击选择所需样式，即可完成数据透视表的美化。如图 5-38 所示。

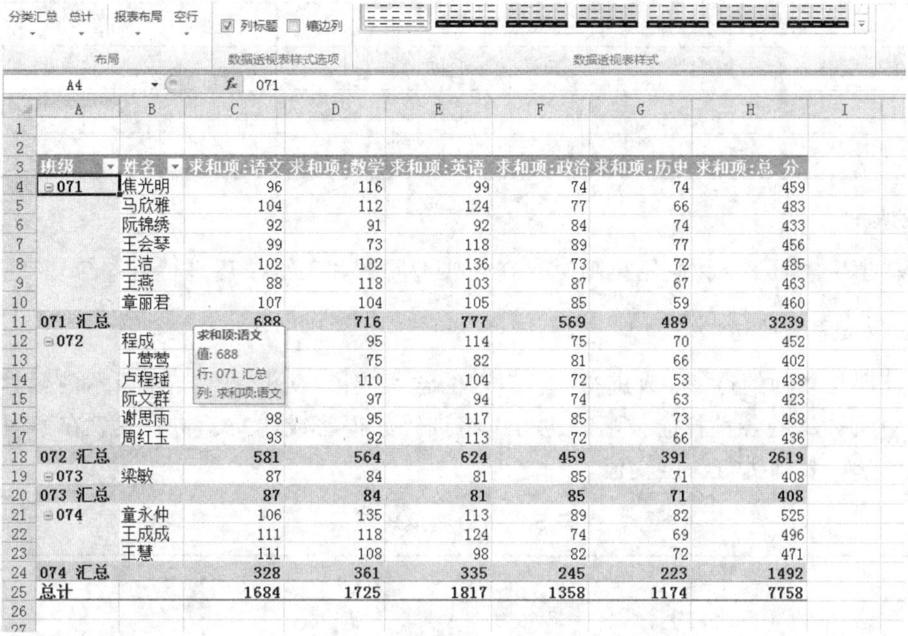

班级	姓名	求和项:语文	求和项:数学	求和项:英语	求和项:政治	求和项:历史	求和项:总 分
071	焦光明	96	116	99	74	74	459
	马欣雅	104	112	124	77	66	483
	阮锦绣	92	91	92	84	74	433
	王会琴	99	73	118	89	77	456
	王洁	102	102	136	73	72	485
	王燕	88	118	103	87	67	463
	章丽君	107	104	105	85	59	460
071 汇总		688	716	777	569	489	3239
072	程成	[illegible]	95	114	75	70	452
	丁莺莺	[illegible]	75	82	81	66	402
	卢程瑶	[illegible]	110	104	72	53	438
	阮文群	[illegible]	97	94	74	63	423
	谢思雨	98	95	117	85	73	468
	周红玉	93	92	113	72	66	436
072 汇总		581	564	624	459	391	2619
073	梁敏	87	84	81	85	71	408
073 汇总		87	84	81	85	71	408
074	童永仲	106	135	113	89	82	525
	王成成	111	118	124	74	69	496
	王慧	111	108	98	82	72	471
074 汇总		328	361	335	245	223	1492
总计		1684	1725	1817	1358	1174	7758

图 5-38

【评价反思】

1. 成果展示

展示学习制作的作品，并总结自己在学习过程中的收获与感想。

2. 自评

依据表 5-5，对照每个项目的训练目标与操作过程，进行自我检测与评价。

表 5-5 训练项目自评表

项目名称	优	良	中	合格	不合格	收获与感悟
Excel 2010 基础操作掌握程度	□	□	□	□	□	
成绩统计表制作	□	□	□	□	□	
学生成绩数据透视表制作	□	□	□	□	□	
学生参赛表制作	□	□	□	□	□	
公式的应用	□	□	□	□	□	

3. 互评

同学间依据表 5-6 进行互评。

表 5-6 互评评价量规

评价指标	优	良	中	合格	不合格	建议或意见
Excel 2010 基础操作的熟练程度	□	□	□	□	□	
Excel 2010 操作技巧应用能力	□	□	□	□	□	
操作的条理性	□	□	□	□	□	
收获与感悟的深度与广泛性	□	□	□	□	□	

4. 教师评价

教师就学生学习 Excel 应用技巧时存在的典型问题和关键技巧进行点评与总结。

5. 自我反思与改进

结合互评与教师的点评，改进与完善自己的学习成果，并依据表 5-7 所示内容总结与反思在本任务中所训练的各种技能技巧。也可以将训练心得写成博文，将其发表在学习论坛上，以便其他同学或教师进行深度交流。

表 5-7 自我反思记录

训练主题	
我完成的项目	
我的学习收获	
自己的优势	
自己还需继续努力的方面	

四、自主训练

1. 设置表格的格式

对图 5-39 所示参赛表进行格式设置，最终效果如图 5-40 所示。

	A	B	C	D	E	F	G	H	I
1	2014年平山中学学生参加省级球类比赛表								
2	序号	学号	班级	姓名	性别	参赛项目	参赛时间	参赛费用	
3	1	0408	201403	李云甲	男	羽毛球	2014/11/18	520	
4	2	0401	201405	梁昌明	男	乒乓球	2014/11/18	390	
5	3	0409	201408	梁柳英	女	羽毛球	2014/11/19	500	
6	4	0423	201401	蒙雪玲	女	排球	2014/11/20	480	
7	5	0413	201404	阙尧官	男	乒乓球	2014/11/20	320	
8	6	0312	201303	覃宝君	男	排球	2014/11/22	580	
9	7	0320	201306	韦海玉	女	篮球	2014/11/22	310	
10	8	0304	201309	梧冬妮	女	羽毛球	2014/11/23	560	
11	9	0302	201307	杨韦怡	男	篮球	2014/11/23	510	
12									
13									

图 5-39 参赛表格式设置

序号	学号	班级	姓名	性别	参赛项目	参赛时间	参赛费用
2014年平山中学学生参加省级球类比赛表							
1	0408	201403	李云甲	男	羽毛球	2014/11/18	¥ 520.00
2	0401	201405	梁昌明	男	乒乓球	2014/11/18	¥ 390.00
3	0409	201408	梁柳英	女	羽毛球	2014/11/19	¥ 500.00
4	0423	201401	蒙雪玲	女	排球	2014/11/20	¥ 480.00
5	0413	201404	阚宪官	男	乒乓球	2014/11/20	¥ 320.00
6	0312	201303	覃宝君	男	排球	2014/11/22	¥ 580.00
7	0320	201306	韦海玉	女	篮球	2014/11/22	¥ 310.00
8	0304	201309	梧冬妮	女	羽毛球	2014/11/23	¥ 560.00
9	0302	201307	杨韦怡	男	篮球	2014/11/23	¥ 510.00

图 5-40 参赛表效果图

（1）表标题“2014 年平山中学学生参加省级球类比赛表”合并居中，宋体，18 号，加粗。

（2）列标题设置：字体为宋体，字号为 11，加粗显示，水平居中，垂直居中，列标题底纹设置为浅蓝色。

（3）表格数据为宋体，10 号，水平居中，垂直居中。

（4）设置数据表行高为 25 像素，列宽为最合适的列宽。

（5）给数据表添加边框线，其中外框线为双细线，内框线为点横线。

（6）“参赛费用”列保留两位小数，货币类型。

（7）对于参赛费用大于 500 元的用红色底纹显示。

（8）重命名工作表为“学生参赛表”。

2. 公式的应用

在图 5-41 所示数据的基础上，计算出今年比去年多招生的人数、每年的招生总数、今年各专业人数占总人数的比例，结果如图 5-42 所示。

专业名称	去年人数	今年人数	今年比去年增加的人数	今年招生人数占总人数的比例
招生情况表				
护理	241	310		
康复治疗技术	235	290		
汽车维修技术	236	285		
计算机应用技术	235	270		
物流管理	235	275		
社区管理	235	300		
应用英语	235	250		
乐器维护服务	235	240		
合计				

图 5-41 招生情况表数据截图

专业名称	去年人数	今年人数	今年比去年增加的人数	今年招生人数占总人数的比例
护理	241	310	69	21%
康复治疗技术	235	290	55	17%
汽车维修技术	236	285	49	15%
计算机应用技术	235	270	35	11%
物流管理	235	275	40	12%
社区管理	235	300	65	20%
应用英语	235	250	15	5%
乐器维护服务	235	240	5	2%
合计	1887	2220	333	

招生情况表

图 5-42　招生情况表计算机结果图

（1）计算今年比去年增加的人数。

操作提示：单击需要输入公式的 D3 单元格，输入等号“=”，单击 C3，输入减号“-”后单击 B3，即可得到公式“=C3-B3”，按回车键并填充公式即可得到其他专业新增人数的结果。

（2）合计每年招生总人数。

操作提示：单击合计右边的第一个单元格 B11，单击“公式—自动求和—求和”选项，重新定位求和区域为 B3：B4，按下回车键，即可得到去年招生总数的结果，把函数向右填充即可得到今年招生总数结果。

（3）计算今年各专业招生人数占今年总人数的比例。

操作提示：单击 E3 单元格，输入等号“=”，单击 D3，输入除号“/”后单击 D11，把 D11 改为绝对应用$D$11，即可得到公式“=D3$D$11”，按回车键并填充公式即可得到其他专业占今年总人数的比例。

参考文献

[1] 汪基德. 由教育信息技术的定义所想起的问题——兼论教育技术学与教育学领域中概念的泛化与歧义[J]. 电化教育研究，2006（2）：36.

[2] 张景中，王继新，张屹等.教育信息技术学科的形成和展望[J].中国电化教育，2007（11）：13-16.

[3] 张剑平. 现代教育技术[M]. 北京：高等教育出版社，2013.

[4] 刘珍芳，昝辉. 多媒体教育课件的设计与成效[M]. 北京：中国水利水电出版社，2009.

[5] http：//wenku.baidu.com/view/6181f5addd3383c4bb4cd2e2.html

[6] http：//wenku.baidu.com/view/4ac00fe505087632311212a7.html?re=view

[7] 谢海燕，吴红梅. Office 2010 办公自动化高级应用实例教程[M]. 北京：水利水电出版社，2013.

[8] http：//www.doc88.com/p-586398353755.html

[9] 瞿堃. 教育技术应用训练教程. 北京：高等教育出版社，2010.

[10] 陶维林. 几何画板实用范例教程（第 3 版）[M]. 北京：清华大学出版社，2013.

[11] 张建琼. 微格教学实训教程[M]. 北京：科学出版社，2014.